JEANNE DES ANGES

ICH WAR
DIE TEUFELIN
VON LOUDUN

Hrsg. von Helmut Werner

JEANNE DES ANGES

ICH WAR DIE TEUFELIN VON LOUDUN

Die Memoiren einer Besessenen

(1642 von ihr selbst niedergeschrieben)

Ein Klassiker zum Thema
Besessenheit und Exorzismus

tosa

Helmut Werner

Jahrgang 1942, studierte nach dem Abitur Orientalistik, Klassische Philologie und Romanistik in Frankfurt und Göttingen. Bei längeren Aufenthalten in Frankreich und Nordafrika lernte er Schüler des Alchemisten Canseliet kennen und fand durch diese Zugang zur Esoterik. Daneben beschäftigte er sich intensiv mit der französischen erotischen Literatur, insbesondere mit der zwischen 1850 und 1939.

Nach einer zeitweisen Tätigkeit als Gymnasiallehrer begann er Sachbücher speziell zu den Themen „Esoterik" und „erotische Klassiker" zu schreiben. Daneben gab er Lexika der Esoterik, der Numerologie und der Traumdeutung, eine Enzyklopädie der Zauberpflanzen, Duftstoffe, Edelsteine und Farben sowie Anthologien „Paracelsus" und „Görres" und Textausgaben (Etteilla Tarot, Kabbalah und Nostradamus mit Kommentar) heraus. Helmut Werner ist Gründer und leitender Koordinator des Marc-Roberts-Teams.

Alle Rechte vorbehalten
Copyright © 2008 bei tosa
im Verlag Carl Ueberreuter Ges. m. b. H.,
Alser Straße 24, 1090 Wien
Covergestaltung: Studio Höpfner-Thoma GraphicDesign, Gräfelfing
Coverbild: Corbis, Wien
Satz: xl-graphic, Wien
Druck: Druckerei Theiss GmbH., St. Stefan im Lavanttal

www.tosa-verlag.com

INHALTSVERZEICHNIS

VORWORT
11

ABFASSUNGSZEIT, ECHTHEIT UND
WIEDERENTDECKUNG DER
„MEMOIREN EINER BESESSENEN"
23

DER HISTORISCHE HINTERGRUND:
DIE SCHWESTER DES ANGES UND
DIE EREIGNISSE IN LOUDUN
25

ZEITTAFEL
75

**DIE MEMOIREN EINER
BESESSENEN**
77

AUSZUG AUS DEN BRIEFEN DER JEANNE DES ANGES
259

BIBLIOGRAFIE
309

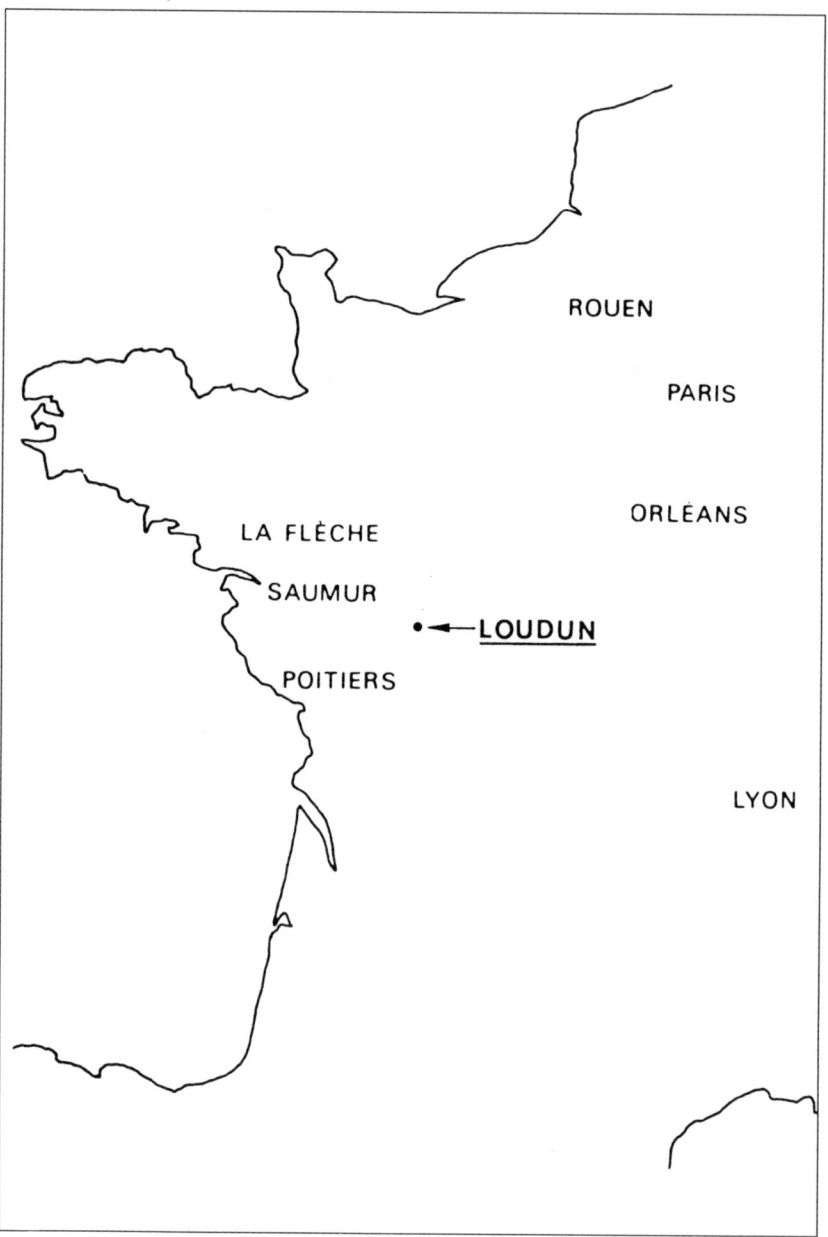

ROUEN

PARIS

ORLÉANS

LA FLÈCHE

SAUMUR

•◄—**LOUDUN**

POITIERS

LYON

VORWORT

Die Memoiren der Jeanne des Anges (1606–1665), die 1642 niedergeschrieben wurden, geben uns wichtige Einblicke in die Schattenseiten der menschlichen Existenz. Bezeichnenderweise wurden sie 1886 nachgedruckt, also in einer Zeit, wo man sich in Frankreich mit Vorliebe mit den anrüchigen Epochen der Geschichte beschäftigte.

Jeanne des Anges

Nachdem die großen Hexen kurz vor und nach Beginn des 17. Jahrhunderts unter der Regierung Heinrichs IV. in Frankreich zu Ende waren, gingen trotzdem die unmenschlichen Hexenprozesse weiter. Eine ganze Reihe von Priestern fielen ihnen zum Opfer, weil Nonnen sie bei der staatlichen Obrigkeit als Hexenmeister denunzierten. Sie warfen diesen Priestern vor, sie hätten durch einen Pakt mit dem Teufel bewirkt, dass er selbst oder seine Dämonen in ihren Körper eingedrungen seien.

Nach der christlichen Lehre hat der Satan Adam und Eva verführt, den Willen Gottes zu verletzen. Durch diese Erbsünde trat der Satan in die Welt der Menschen ein und versucht ständig seinen Herrschaftsraum zu erweitern, indem er sich Macht über die Menschen verschafft. Dabei bedient er sich einer ganzen Hierarchie von Dämonen, die ursprünglich Engel waren, aber von Gott abgefallen sind. Dieses Eindringen des Teufels und seiner Dämonen in den menschlichen Körper ist eine von Gott zugelassene Folge der Erbsünde. Diese Lehrmeinung ist jedoch kein unfehlbarer Glaubenssatz, sondern ist durch Aussagen der Bibel und der kirchlichen Tradition begründet. Im Neuen Testament finden sich zahlreiche Stellen, wo Jesus Dämonen austreibt. Das Ansehen Jesu als Dämonenaustreiber war so groß, dass seine Gegner ihm unterstellten, er würde mit dem Satan gemeinsame Sache machen, weil anders seine Erfolge bei der Austreibung der Dämonen nicht zu erklären seien. In dieser oft zitierten Stelle (N. T.: Matth. 12, 22–32; Mark. 3, 22–30 ; Luk. 11, 14–23) heißt es: Man brachte einen blinden und stummen Besessenen zu Jesus, den er heilte. Dieser Mann konnte wieder sehen und reden. Das Volk vermutete, es müsse sich bei Jesus um den verkündeten Retter der Juden, den Messias, handeln. Die Gegner Jesu, Pharisäer, aber erhoben den Verdacht, Jesus treibe keine Dämonen aus, es sei denn, mit der Hilfe von Beelzebub, dem Fürsten der Dämonen.

Von solchen biblischen Stellen aus entwickelte das Christentum eine ausführliche Lehre von der Besessenheit. Man bezeichnete solche besessene Menschen als „Energumenoi", was „Menschen, in denen ein Fremder bestimmt" bedeutet. Der Kirchenlehrer Origines (185–253/254) unterschied schon zwei Formen der Besessenheit: 1. partielle B: Menschen, welche die Macht über ihren Verstand und ihre Sinne behalten, und 2. totale B.: Der Satan bzw. die Dämonen kontrollieren Verstand und Sinne. Von dem Kirchenlehrer Clemens von Alexandien (um 215) wurde als wichtiges Erkennungsmerkmal der Besessenheit die Kenntnis der Sprache der Dämonen bzw. anderer Sprachen angesehen. Erkennbar sind nach Ansicht des Theologen Zenon von Verona (4. Jh.) auch Besessene an der Verzerrung der Gesichtszüge, Verschränkung der Augen, Schaumbildung am Mund und Heulen und Weinen. Die erste Systematik der Besessenheitslehre stammt von Wilhelm von Auvergne (1200), der die Besessenheit und Krankheit voneinander abgrenzte. Der Teufel könne nur den Körper, aber keineswegs die Seele in Besitz nehmen. Echte Besessenheit muss von einem Priester geheilt werden, wenn auch der Besessene Symptome einer Krankheit zeigt. Die zahlreichen Schriften, die sich mit der Besessenheit und ihrer Heilung beschäftigten, wurde 1614 in dem Rituale Romanum zusammengefasst. Unter dem Titel XI wurde 21 Instruktionen (Anweisungen) gegeben, wie ein Besessener erkannt werden kann. Man unterscheidet drei Formen der Besessenheit:

1. Circumsessio oder Umsessenheit: Ein Mensch wird von dem Teufel oder den Dämonen umlagert, die ihn an der Erfüllung seiner Aufgaben hindern.

2. Obsessio: Die dämonischen Mächte haben von seinem Körper Besitz ergriffen. Sie bedienen sich seiner Organe, quälen ihn, aber verleihen ihm auch ungewöhnliche Kräfte bzw. Fähigkeiten. Sichtbar wird diese Form der B. durch organische Leiden.

Stellungen und Bewegungen von Besessenen

3. Possessio: Körper und Geist eines Menschen werden von den dämonischen Mächten so beherrscht, dass er ein willenloses Werkzeug ist. Äußerlich erkennbar besonders an Nervenleiden. Merkmale der Besessenheit sind: die Beherrschung von bisher unbekannten bzw. nicht gelernten Sprachen, ungewöhnliche Kräfte, Hellsehen, die Abneigung gegen alle kirchliche Dinge und Einrichtungen. Keine Ehrfurcht vor den Heiligen, besonders vor Maria, der Gottesmutter und den Priestern. Es verdient aber hervorgehoben zu werden, dass nach dem Rituale Romanum ein Besessener auch krank sein kann. In diesem Fall obliegt einem Arzt die Behandlung der Krankheit. Damit ist sogleich die Erkennung einer echten Besessenheit zu einem schwierigen Problem geworden.

In der modernen katholischen Theologie teilt man diese Phänomene, die das „Besessenheitssyndrom" bilden, ein in:

1. religiöse Phänomene: Widerwille bzw. Ablehnung kirchlicher Dinge (Weihwasser, Gebete, Heilige etc.)

2. körperliche Ph.: Stummheit, Taubheit, Sehstörungen, Geruchsstörungen, Veränderungen an der Haut wie Brandblasen, Blutungen, Auftreten von Zeichen, Kreuze etc.,

Störung der Nahrungsaufnahme, Schlafstörungen, Blähungen, Schwellungen oder unerklärbare Krankheiten.

3. psychische Ph.: Halluzinationen, Störungen im Gesichtssinn und Gehör, Träume, Unstetigikeit und Ruhelosigkeit („Gehetztwerden") Selbstmordabsichten, Selbstquälereien.

4. parapsychische Ph.: Hellsehen, Kenntnis unbekannter Sprachen, die Fähigkeit, Gedanken an andere zu übertragen (Mentalsuggestion), das Erkennen von verborgenen Gegenständen (Kryptoskopie), die Fähigkeiten, das wahre Wesen eines anderen Menschen zu erkennen (Xenoskopie), die Fähigkeit, Geräusche in der Ferne zu hören (Teleakustik), das Wissen um die Zukunft und die Kenntnis vergangener Dinge.

Stellungen und Bewegungen von Besessenen

Bis in die Gegenwart beschäftigt die Theologen die Frage, weshalb ein bestimmter Mensch vom Satan bzw. seinen Dämonen besessen wird. In der Vergangenheit glaubte man, besonders Menschen mit einem melancholischen oder cholerischen Temperament würden wegen ihres Charakters Opfer des Satans werden. Heute sieht man eher einsame Menschen, besonders wenn sie Minderwertigkeitsgefühle oder Schuldbewusstsein haben, als mögliche Opfer der Besessenheit an. Theologisch wird die Besessenheit damit gerechtfertigt, dass Gott einen Menschen, der eine persönliche Schuld auf sich geladen habe, gebessert werden soll. Es gibt aber auch Theologen, die eine besondere Disposition und die Heilung bzw. Prüfung eines Menschen wegen einer persönlichen Schuld ablehnen.

Besessene

Ein großes Problem bereitet die medizinische Beurteilung einer Besessenheit. Nach der bisherigen Darstellung kann eigentlich nur ein Arzt, der religiös eingestellt ist, die Unterscheidung von Krankheit und Besessenheit beurteilen. Auch wer die Existenz eines Teufels und seiner Dämonen ablehnt, kann in der Besessenheit nur ein Nervenleiden sehen. Von den Theologen werden die Krankheitssymptome der Besessenheit unterschiedlich erklärt. Man kann die Krankheit schlechtweg als Folge der Besessenheit ansehen oder man glaubt, der Teufel imitiert die Krankheit bzw. eine schon vorhandene Krankheit wird vom Teufel nur benutzt. Seit dem 19. Jahrhundert haben die Psychiater die Besessenheit als Hysterie gedeutet. In diesem Nervenleiden sind auch Symptome der Besessenheit zu erkennen. Krankheitszeichen wie Starrheit, motorische Erregung, Krämpfe, Lähmung, unkontrollierte Gestik und fehlende Schmerzempfindung, die das klinische Bild der Hysterie bestimmen, finden sich auch bei besessenen Menschen. In der modernen Psychiatrie neigt man aber eher dazu, in der Besessenheit eine Persönlichkeitsspaltung zu sehen. Der besessene Mensch hat neben seiner eigenen Persönlichkeit noch ein zweite, die auf den Teufel bzw. einen seiner Dämonen zurückgeht, der sich in der Person eines solchen Menschen äußert. Im Gegensatz zu der gewöhnlichen Persönlichkeitsspaltung können bei einem Besessenen in seiner zweiten Person, die vom Teufel gebildet wird, auch Dinge zutage treten, die nicht aus seinem Unterbewusstsein kommen. In seinem Buch „Dämonische Besessenheit heute" beschreibt der bekannte Exorzist Pater Rodewyk diese zweite Person eines Besessenen so:

Besessene

„Sie ist voller Leben und Geist, voll Affekt und Dynamik, ein Gegner von unversöhnlichem Hass und zielklarem Wollen, ein Feind voll List und Trug. Sie ist ganz Herr ihrer selbst, von starkem Selbstbewusstsein ohne Minderwertigkeitsgefühle, die zudem sehr wohl weiß, was sie kann, und ebenso genau ihre Grenzen kennt. Sie steht in ausgesprochenem Gegensatz zu dem Besessenen, den sie nicht nur in einzelnen Schichten, wie so oft bei Bewusstseinsspaltungen, sondern durch und durch kennt und mit dem sie anstellt, was sie will." Wenn bei einer gewöhnlichen Persönlichkeitsspaltung Teufelsvorstellungen vorkommen, dann handelt es sich hierbei um einen Teufel, der den volkstümlichen Vorstellungen entspricht. Aber der Teufel, der in den Körper eines Besessenen eingedrungen ist, ähnelt in seinen Äußerungen dem des Neuen Testamentes. Die Ursache, dass ein Mensch in Teilpersönlichkeiten zerfällt, wird in der modernen Psychiatrie in Unfällen gesucht, die zu einem vollständigen Erinnerungsverlust führten. Diese Ichspaltung kann aber auch auf sich widersprechende Wertvorstellungen oder Lebenswünsche zurückgehen, die von einem solchen Menschen nicht integriert worden sind. Möglich ist auch, dass ein Schock in der frühen Jugend Auslöser einer solchen psychischen Störung ist. Die Besessenheit als eine Form der Persönlichkeit kann heute durch eine medikamentöse Therapie geheilt bzw. in ihrer Wirkung stark zurückgedrängt werden. Von den Verfechtern einer Besessenheit durch den Teufel oder seine Dämonen wird die Ansicht vertreten, dass wiederholt auftretende Persönlichkeitsspaltungen ein Hinweis sind, es handele sich nicht um eine dämonische Besessenheit, sondern um ein gewöhnliches Nervenleiden. Denn ein Teufel, der durch einen Priester ausgetrieben wurde, kehrt im Regelfall nicht mehr in den Körper seines Opfers zurück.

Diese Methode der Teufelsaustreibung bezeichnet man als Exorzismus. Der Exorzismus ist ein Befehl im Namen Gottes an den Teufel, einen Menschen, ein Tier oder einen Gegenstand zu verlassen bzw. in Ruhe zu lassen und nicht mehr wiederzukommen. Solche Dämonenaustreibungen finden sich in allen Religionen, die den Glauben an Dämonen und Magie kennen. Eine besondere Bedeutung haben solche Teufelsaustreibungen schon in der Frühzeit des Christentums. Man könnte Jesus sogar als den ersten christlichen Exorzisten bezeichnen, der den Teufel bzw. Dämonen aus kranken Menschen austrieb, um sie zu heilen. Ein solcher Heilungsexorzismus konnte in den Anfängen des Christentums von jedem Laien praktiziert werden. Zusammengefasst wurde das Ritual des Exorzismus in dem schon erwähnten Rituale Romanum aus dem Jahr 1614. Man unterscheidet den kleinen und großen Exorzismus. Wenn ein Mensch nur von Dämonen bedroht ist oder Gegenstände wie Wasser, Salz oder Öl ihre Reinheit erhalten, um bei rituellen Handlungen, benutzt zu werden, kommt der kleine Exorzismus in Anwendung. Einen solchen Exorzismus kann jeder Laie sprechen, um Dämonen abzuwehren. Der große Exorzismus, den man zur Austreibung der Dämonen aus dem menschlichen Körper benutzt, besteht aus Drohworten gegen den Teufel und die Dämonen, Gebeten, Schriftlesungen, besonders Zitieren von Psalmen und Abwehrgesten wie Kreuzzeichen. Der Ausfahrbefehl an den Satan, der das Kernstück des Exorzismus ausmacht, lautet:

Satan, Feind des Glaubens, Todfeind des Menschenge-schlechtes, Wurzel allen Übels, Brutstätte der Laster, Ver-führer der Menschen, Verräter der Völker, Anstifter des Neides, Quelle der Habsucht, Ursache der Zwietracht, Erreger der Schmerzen, fahr aus, du Frevler ..., gib Raum, du Scheusal, gib Raum, du Ungeheuer ...!

Um die Besessenheit zu beseitigen, muss der Exorzist Fragen an den Teufel stellen. Der Teufel soll seinen Namen angeben und den Grund, weshalb er in diesen Menschen eingefahren ist, und durch welche Mittel er ihn bezaubert hat. Exorzismen dürfen nicht zur Volksbelusti-gung und möglichst nur in Kirchen oder Häusern durch-geführt werden. Wenn der Besessene dazu in der Lage ist, soll er an den religiösen Handlungen wie Beichte, heilige Messe, Kommunion, fasten und Gebeten teilnehmen. Der Exorzismus darf erst beendet werden, wenn der Teufel ausgetrieben ist. Von dem Exorzisten wird verlangt, dass er in reiferem Alter steht, unbescholten ist, an religiösen Handlungen teilnimmt und sich Reinheit und Heiligkeit durch Askese erworben hat. Der große Exorzismus darf nur mit Genehmigung des zuständigen Bischofs durchge-führt werden.

Eine Sonderform des Exorzismus ist der „Exorzismus probativus" (der Probeexorzismus), mit dessen Hilfe zunächst festgestellt werden soll, ob ein Mensch besessen ist. Der Satan soll gezwungen werden, sich zu offenbaren. Als Anzeichen seiner Anwesenheit in einem Menschen gelten: Unruhe, Lästerung, Aufregung und der Trancezu-stand eines Menschen.

Dieses Exorzismusritual erfuhr im Jahre 1999 einige

wichtige Veränderungen, die mehr betonen, dass es sich bei diesem Ritus um einen Gottesdienst handelt. Die Möglichkeit, dass ein Mensch von dem Teufel und seinen Dämonen besessen ist, wird nicht in Zweifel gezogen. Im alten Exorzismus wurde der Teufel direkt angesprochen und aufgefordert, den von ihm besessenen Menschen zu verlassen. Da man diese Erwähnung des Teufels in einer gottesdienstlichen Feier als anstößig ansah, darf der Befehl an den Teufel und seine Dämonen im neuen Exorzismus von 1999 nur noch in Verbindung mit der Bitte an Gott, den Auszug des Teufels zu veranlassen, vorkommen. Diese Bitte an Gott kann selbstverständlich auch als einzige Form der Teufelsaustreibung benutzt werden.

Während der Regierungszeit Ludwigs XIII. (1610–1653) ereigneten sich einige Fälle von Besessenheit in Nonnenklöstern, die sich wie eine Epidemie ausbreiteten. Der berühmteste ist ohne Zweifel der von Loudun, der seinen Ruhm den authentischen Memoiren der Hauptbeteiligten, der Oberin Jeanne des Anges, verdankt.

*Titelblatt der
französischen
Ausgabe von
1886*

BIBLIOTHÈQUE DIABOLIQUE

(COLLECTION BOURNEVILLE)

SOEUR JEANNE

DES ANGES

SUPÉRIEURE

DES URSULINES DE LOUDUN

(XVIIᵉ SIÈCLE)

AUTOBIOGRAPHIE D'UNE HYSTÉRIQUE POSSÉDÉE

D'après le manuscrit inédit de la bibliothèque de Tours

ANNOTÉ ET PUBLIÉ PAR LES DOCTEURS

Gabriel LEGUÉ et GILLES de la TOURETTE

Préface de M. le Professeur CHARCOT
Membre de l'Institut

PARIS

AUX BUREAUX DU PROGRÈS
MÉDICAL
14, rue des Carmes, 14

A. DELAHAYE & LECROSNIER
ÉDITEURS
Place de l'École-de-Médecine

G. CHARPENTIER et Cⁱᵉ, ÉDITEURS
13, rue de Grenelle, 13

1886

ABFASSUNGSZEIT, ECHTHEIT UND WIEDERENTDECKUNG DER „MEMOIREN EINER BESESSENEN"

Der Text dieser Ausgabe enthält zum ersten Mal die vollständige, ungekürzte Übersetzung des französischen Originals. Die früheren deutschen Ausgaben, die auf der Übersetzung von Alfred Kind aus dem Jahr 1910 beruhen, sind unvollständig und enthalten zahlreiche freie Wiedergaben des französischen Textes. Es wurden 83 Textlücken ergänzt. In der Ausgabe von Kind wurde nicht vermerkt, dass die Übersetzung unvollständig ist. Die späteren Herausgeber haben diese alte Übersetzung auch nicht auf ihre Vollständigkeit überprüft.

Das französische Original wurde 1886 von Gilles de la Tourette und Gabriel Legue, zwei Schülern des bekannten Pariser Psychiaters Charcot, veröffentlicht. Die beiden Herausgeber hatten 1884 in der Stadtbibliothek von Tours ein Manuskript (No. 1157) entdeckt, das auf dem Einband den Titel trägt: Histoir DDD Loudun. Ausgeschrieben lautet dieser Titel, der wahrscheinlich vom Buchbinder herrührt, „Histoire des Diables de Loudun" (Die Geschichte der Teufelin von Loudun). Wahrscheinlich rührt der Titel „Histoire de Possession de la Mere Jeanne des Anges, de la Maison de Coze, Superieuse des Religieuses Ursulines de Loudun" (Geschichte der Besessenheit der Mutter Jeanne des Anges, aus dem

Stammhaus von Coze, Oberin der Ursulinerinnen in Loudun).

Der Einband, die Schrift und die Rechtschreibung dieses 460-seitigen Quartbandes verraten, dass mit hoher Wahrscheinlichkeit dieses Buch aus dem 17. Jahrhundert stammt. Abgefasst wurde diese Autobiografie 1642 auf Befehl der Generaloberin der Ursulinerinnen in Bordeaux. Das Werk umspannt einen Zeitraum von 1633, dem Beginn der Besessenheit, bis 1642. Beigefügt sind Auszüge aus Briefen, die die Autorin an ihren Beichtvater, den Jesuiten Saint-Jure gerichtet hatte.

Wahrscheinlich war dieser handschriftliche Bericht der Schwester des Anges auch zur Veröffentlichung bestimmt; denn durch die zahlreichen gehässigen Bemerkungen über den Pater Urbain Grandier sollte sein Feuertod, zu dem er 1634 verurteilt wurde, gerechtfertigt werden und die freigeistigen Kritiker dieser Hinrichtung und

Jeanne des Anges

seine Anhänger in die Schranken verwiesen werden. Sicherlich sollte diese Autobiografie auch eine Rechtfertigung der Wunder der Schwester des Anges sein, mit denen ihr Orden noch hundert Jahre später gute Geschäfte machte. Erst 1750 hat der Erzbischof von Poitiers, Caussade, diesem Treiben der Ordensschwestern von Loudun ein Ende bereitet.

DER HISTORISCHE HINTERGRUND: DIE SCHWESTER DES ANGES UND DIE EREIGNISSE IN LOUDUN

Da die Memoiren erst mit dem Jahr 1634 beginnen, ist es erforderlich, nicht nur die Vorgeschichte, sondern auch die geschichtlichen Ereignisse knapp darzustellen, die den Hintergrund bilden.

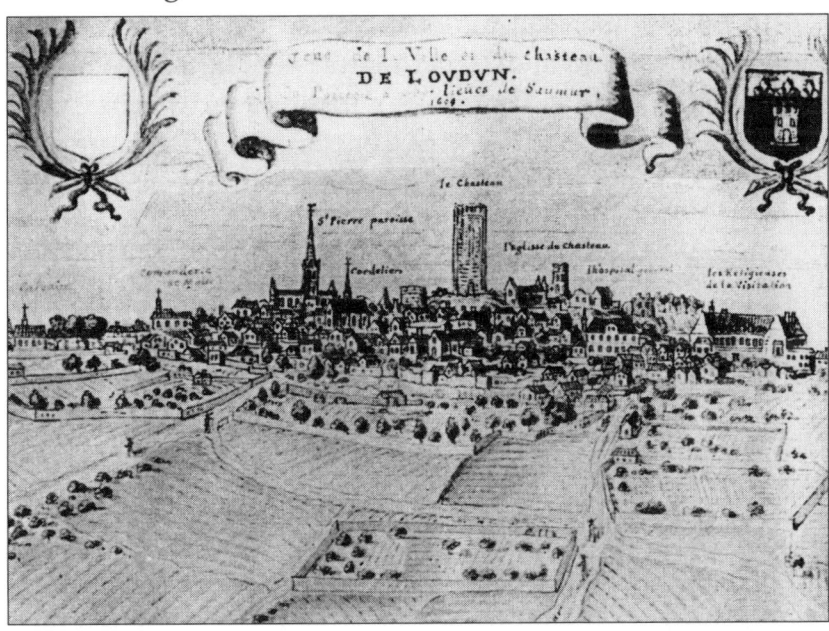

Ansicht von Loudun (19. Jh.)

Im Jahr 1626 ließen sich in Loudun, das zu jener Zeit eine der bedeutendsten Städte Poitous war, eine Anzahl von Ursulinerinnen nieder. Als dieser Orden wenige Jahre zuvor gegründet wurde, erhielt er von den Päpsten Paul III. und Gregor XIII. die Anerkennung. Aufgrund einer königlichen Verfügung, die durch Vermittlung von Heinrich de Goudi, Bischof von Paris, zustande kam, war den Ursulinerinnen das Recht verliehen worden, in ganz Frankreich Klöster zu gründen. Von diesem Recht machte dieser Orden einen umfassendsten Gebrauch. Schon bald danach gründeten die Ursulinerinnen in Bordeaux ein Kloster, wo der Kardinal de Sourdis sie unter seinen ganz besonderen Schutz stellte.

Von dort kamen sie 1618 nach Poitiers, einige Jahre später ließen sich acht Ursulinerinnen in Loudun nieder. Der Bischof selbst hatte sie damit beauftragt, da die angesehenen Bürger der Stadt ihn dazu gedrängt hatten. Die Nonnen mieteten für den geringen Preis von zweihundertfünfzig Franken ein zwar geräumiges, aber völlig verwahrlostes und hässliches Haus in der Straße Paquin an. Dieses Haus war schon seit langer Zeit von niemandem bewohnt gewesen. Die Leute in Loudun erzählten sich, dass böse Geister darin ihr Unwesen trieben.

Die Ursulinerinnen richteten sich, so gut es eben ging, in dieser armseligen Wohnung ein. Sie waren sehr arm, denn man hatte sie ohne Geld, Vorräte und Möbel von Poitiers nach Loudun geschickt. Die Stadtbewohner besorgten ihnen Betten. Aber als die Oberin von Poitiers dies erfuhr, befahl sie, dass man die Betten sofort zurückgeben und sich mit einfachen Strohsäcken begnügen solle. Diesen unglücklichen Frauen fehlte es oft sogar an Brot und Wäsche. Die ersten Monate ihrer Niederlassung in Loudun waren für sie sehr langweilig und traurig. Das armselige Kloster, das gleichzeitig als Erziehungsanstalt für junge Mädchen aus der Stadt dienen sollte, hatte noch keine jungen Mädchen, die dort gegen Bezahlung leben sollten. Man war daher fast vollständig isoliert. Doch besserte sich die Lage der Schwestern sehr bald. Die Oberin war eine sehr kluge Frau, die sich in allen Lebenslagen zu helfen wusste. Aber auch ihre Gefährtinnen halfen ihr nach Kräften und nahmen auch die härtesten Arbeiten auf sich, um sich ihr tägliches Brot zu verdienen. Als die katholische Bevölkerung von Loudun von der traurigen Lage der Nonnen erfuhr, kümmerte sie sich aus Mitleid um diese jungen Frauen. Nach einem Jahr schon hatten die Ursulinerinnen eine kleine Zahl von Pensionärinnen und das Pensionat erwarb sich einen guten Namen. Währenddessen wurde die Oberin in Anerkennung ihrer Verdienste abberufen, damit sie ein Amt bekleidete, das ihren Fähigkeiten eher entsprach. Mit großem Bedauern sahen ihre Mitschwestern, wie sie aus dem Kloster wegging. Es wurde nämlich mithilfe dieser guten und klugen Frau gegründet, unter deren tatkräftigen und klugen Leitung es so schnell Bedeutung erlangt hatte. Sie waren deshalb sehr besorgt, ob die neue Oberin sie mit derselben Klugheit und Güte führen und die Vorzüge des engen Zusammenlebens nicht unter diesem Wechsel vermindert würden. Ihre Unruhe verwandelte sich in Schrecken, als sie erfuhren, welche Wahl in dem Mutterhaus von Poitiers getroffen worden war.

Die neue Oberin hieß Schwester Jeanne des Anges. Sie kam zur Welt am 2. Februar 1605 im Schloss Coze in Saintonge als Tochter des vornehmen und mächtigen Herrn Louis Béclier, Baron de Cozes, Herrn von Eschillais und de la Ferrière und der Dame Charlotte Goumart d'Eschillais, die einem ebenso edlen und alten wie vornehmen Geschlecht entstammte.

Ihre Eltern, die reich und hoch angesehen waren, wollten ihr eine ihrer Geburt entsprechende gute Erziehung geben. Zu diesem Zweck wurde das Kind einer ihrer Tanten, der Vorsteherin der Abtei von Saintes anvertraut. Jeanne de Béclier war damals zehn Jahre alt. Sie war ein sehr lebhaftes, schwieriges Kind, mit einem sehr bizarren Charakter. Trotz aller Sorge, die ihre Tante ihr zukommen ließ, konnte sie sich nicht an die Lebensweise der Abtei gewöhnen. Trotzdem blieb sie fünf Jahre dort. Aber zuletzt war sie so unausstehlich geworden und zeigte so unnatürliche Neigungen, dass ihre Tante daran zweifelte, ob sie jemals die perverse Natur des Mädchens beherrschen könnte. Deshalb musste sie Jeanne zu ihren Eltern zurückschicken. So kehrte dieses Mädchen im Alter von 15 Jahren in das väterliche Schloss zurück. Aber sie machte ihrer Familie große Sorgen, da weder gute Ratschläge noch ernster Tadel den geringsten Eindruck auf sie machten. Sie schien davon nur gelangweilt zu werden. Eines Tages überraschte sie ihre Familie durch die Mitteilung, dass sie den Entschluss gefasst habe, in das Kloster zu gehen.

Es konnte nun wirklich kaum jemanden geben, der weniger für das Klosterleben vorbestimmt zu sein schien als Jeanne. Doch auch diesmal gab man wieder ihrer seltsamen Laune nach. Jeanne wünschte nämlich dem neuen

Orden der Ursulinerinnen beizutreten, der gerade gegründet worden war. Während der ganzen Zeit ihres Noviziats zeichnete sie sich zwar durch außerordentlichen Eifer, aber auch durch die seltsamsten Neigungen aus. So hatte sie eine besondere Liebhaberei dafür, die abschreckendsten körperlichen Leiden und Wunden zu pflegen. Einer Nonne, die an einem Drüsenleiden erkrankt und mit Geschwüren bedeckt war, schenkte sie ihre ganze Aufmerksamkeit. Ein anderes Mal heilte sie eine arme Pensionärin, die ganz „mit Grind, Krätze und Ungeziefer bedeckt war", und sie benutzte dafür Quecksilbersalben, die sie selbst zubereitet hatte. In der Zeit ihres Noviziates verlor sie plötzlich zwei Brüder und vier Schwestern.

Ihre trostlosen Eltern ließen nichts unversucht, um Jeanne zu bewegen, zu ihnen zurückzukehren. Aber Jeanne des Anges zeigte sich eigenwillig und erklärte, dass sie den festen Entschluss gefasst habe, Nonne zu werden. Am 8. September 1623 legte sie die Gelübde ab.

Von diesem Augenblick an erkannten ihre Gefährtinnen schnell ihre vielen Fehler. Da sie sich gleichzeitig ihren Fantasien hingab, eitel war und sich ständig verstellte, bereitete sie bald der ganzen Kongregation große Sorge. Sie wurde fast jeden Tag ermahnt. Aber weder Bitten noch Drohungen konnten sie berühren oder auch nur den kleinsten Einfluss auf ihren Charakter ausüben. Das einzige Resultat all dieser Bemühungen bestand darin, dass ihr das Klosterleben plötzlich nicht mehr gefiel und sie den Wunsch hatte, es wieder zu verlassen. Da jedoch ihre Familie sehr reich und das Kloster sehr arm war, lag es im

Interesse des Ordens, sie zu behalten, und ihre Gefährtinnen wurden deshalb angewiesen, all ihre Launen und Fantasien zu erdulden. Nun fasste sie den Entschluss, dort zu bleiben. Als dann geplant wurde, in Loudun ein neues Kloster zu gründen, verspürte sie in sich das glühende Bedürfnis nach Abwechslung und Neuem, das einen Grundzug ihres Charakters bildete. Sie verstand es, so geschickt zu intrigieren, dass sie als eine der acht Nonnen nach Loudun geschickt wurde, deren Aufgabe es war, unter der Leitung der Oberin die neue Niederlassung des Ordens zu gründen.

Als sie dort angekommen war, überraschte Jeanne ihre Genossinnen durch ein völlig verändertes Betragen. Sie benahm sich gehorsam, respektvoll und schien sehr fromm geworden zu sein. Niemals hatte man sie so gesehen. Ihre Wandlung war vollständig. Sie zeigte die größte Aufmerksamkeit ihrer Oberin gegenüber, überhäufte sie mit Liebenswürdigkeiten und Schmeicheleien und verstand es, durch ihr zuvorkommendes und bescheidenes Wesen alle berechtigten Vorurteile zu zerstreuen, die man bisher gegen sie gehabt.

Sie hatte unablässig nur ein Ziel vor Augen, selbst Oberin des Klosters zu werden; sie hatte keinen anderen Gedanken und konnte mit einer seltenen Ausdauer alle Hebel in Bewegung setzen, die sie der Verwirklichung ihres Plan näher brachte. Sie musste nicht allzu lange darauf warten. Die Priorin blieb nur ein Jahr in Loudun und vor ihrer Abreise bestimmte sie, dass Schwester Jeanne des Anges, von der sie so geschickt umgarnt wurde, ihre Nachfolgerin sein solle.

Jeanne de Anges war so geschickt, dass sie ihre Freude darüber nicht verriet. Deshalb machte diese erst einige Schwierigkeiten, ehe sie den ehrenvollen Posten annahm. Sie drückte mit heuchlerisch bescheidenen Worten ihr tiefes Bedauern darüber aus, dass man sie zu einer solchen Stellung auserwählt habe, denn doch verschiedene ihrer Gefährtinnen seien bei Weitem eher dazu berechtigt und auch würdiger, dieses Amt zu übernehmen. Kurzum, sie wusste so geschickt zu manövrieren, dass man ihr Zögern für Bescheidenheit auslegte und man sie geradezu zwang, diese Stellung anzunehmen.

Sie war listig genug, sich den Anschein zu geben, als sei sie nur gehorsam. So war sie schon im Alter von fünfundzwanzig Jahren an der Spitze einer Kongregation, deren Bedeutung täglich wuchs. Und von diesem Augenblick an war es ihr einziger Ehrgeiz, den Orden, dem sie angehörte, mehr und mehr zu vergrößern, ihn zu bereichern und ihm einen bedeutenden Ruf zu verschaffen. Es gelang ihr, die Töchter aus den ersten Familien der Stadt in ihre Gemeinschaft aufzunehmen, um dadurch dem Kloster Glanz und Ansehen zu verleihen.

Die Zahl der Nonnen, die anfangs nur acht gewesen waren, erhöhte sich sehr bald auf siebzehn. Schon nach wenigen Jahren lebten Mädchen aus den höchsten gesellschaftlichen Kreisen in diesem Kloster, wie die folgende Übersicht zeigt:

Madame Claire de Sazilly, (deren Klostername Claire de Saint-Jean war), eine nahe Verwandte des Kardinals Richelieu.

Die beiden Damen de Barbezières, aus dem Hause der

Nougeret, (mit dem Klosternamen Louise de Jesus und Catherina der Opferung Maria).

Madame de la Motte (Schwester Agnes de Saint-Jean), Tochter des Marquis de la Motte-Barace in Anjou.

Madame d'Escoubleau de Sourdis (Schwester Jeanne des heiligen Geistes), die aus derselben Familie stammte wie der berühmte Erzbischof von Bordeaux.

Die beiden Damen Dampierre, die Schwägerinnen von Jean Martin, Baron de Laubardemont, und Verwandte des Herren de la Roche-Pozay, Bischofs von Poitiers.

Die zweite Priorin, Madame de Fougère, nannte sich Schwester Gabriele der Inkarnation. Die Namen der andern Nonnen sind nur unvollkommen erhalten Sicher ist, dass sie alle, wie ihre Oberin, dem Adel oder doch den höchsten bürgerlichen Kreisen angehörten, bis auf eine, die Schwester Seraphine Archer.

Mit solchen Mitgliedern konnte der Erfolg für das Kloster nicht ausbleiben. Denn das Bürgertum sah es als eine Ehre an, seine Töchter dahin zu schicken, weil sie dort durch adlige Damen erzogen und im guten Ton und in den feinen Manieren unterrichtet wurden. Von nun an glaubte man an den Erfolg. Das Pensionat der Ursulinerinnen hatte bald eine solche Beliebtheit, welche die kühnsten Hoffnungen überstieg.

Kaum hatte Jeanne des Anges den Rang der Superiorin erworben, als sie ihren Launen und Einfällen keinerlei Schranken mehr auferlegte. Sie füllte ihre Zeit damit aus, Intrigen einzufädeln anstatt sich mit Andachtsübungen zu beschäftigen. Zwar hatte sie sich demütig und bescheiden ein ganzes Jahr lang gezeigt, aber jetzt benahm sie sich hochmütig und unverträglich. Die Veränderung brachte ihre Mitschwestern zur Verzweiflung. Sie verbrachte ganze Tage im Sprechzimmer, um über alle Neuigkeiten in der Stadt informiert zu werden. Mit lebhaftem Vergnügen hörte sie sich alle Gerüchte und den Klatsch an, den man sich erzählte. In ganz Loudun gab es keinen Menschen, der besser als sie über alles informiert gewesen war, was sich im Städtchen ereignete. Ihre Memoiren liefern uns interessante Details über ihre Beschäftigungen.

In jener Zeit nun war es besonders ein Mann, mit dem sich die Öffentlichkeit beschäftigte. Es handelte sich um Urbain Grandier, den Pfarrer der Kirche Saint-Pierre du Marché. Er war zwar stolz, spöttisch und stark sinnlich veranlagt, aber besaß auch eine geistige Überlegenheit und war mit einer bestechenden Überredungskunst begabt. Dieser Mann beherrschte und unterjochte damals die ganze alte Stadt Loudun.

Urbain Grandier

Grandier, der einer der glänzendsten Schüler des Jesuitenkollegs in Bordeaux war, wurde von seinen Lehrern stark begünstigt und gefördert. Schon mit siebenundzwanzig Jahren leitete er die Hauptpfarrei von Loudun und war später Domherren an der

Kirche des Heiligen Kreuzes. Sein Äußeres war so verführerisch wie möglich; er hatte eine hohe schlanke Statur und fehlerlosen Körperbau. Ein Porträt aus jener Zeit zeigt ihn als vollkommenen Kavalier mit jenem eleganten Schnurr- und Spitzbart, so wie Richelieu und Philipp de Champaigne ihn trugen. Ein von der Natur so reich ausgestatteter Manu wie Grandier wurde überall freundlich aufgenommen. Besonders die Frauen schienen ganz vernarrt in ihn zu sein. Da dieser Pfarrer von Saint-Pierre ein solch galantes Wesen hatte, zog er seinen Nutzen aus der Sympathie, welche die Frauen für ihn hatten. Er wandte sich niemals vergeblich an einsame Witwen und Frauen, die keine Befriedigung in ihrer Ehe gefunden hatten. Die Chronik erzählt uns, dass nur die ganz Alten und Hässlichen sich rühmen konnten, nicht vor ihm kapituliert zu haben.

Er hatte es besonders auf junge Mädchen aus guten Familien abgesehen. So verführte er Philippine Trincaut, die Tochter des Staatsanwaltes. Als dann eine Schwangerschaft diesem skandalösen Verhältnisse ein Ende machte, warf er die Augen auf die schöne Magdalene de Brou, die Tochter eines königlichen Rates. Diese jedoch gab sich ihm nicht eher hin, bis er ihr ein Heiratsversprechen machte. Wegen dieser Liebschaft verfasste Grandier seine berühmt gewordene Abhandlung über das Zölibat der Priester, worin er neue und gewagte Ideen vertrat. Es gab viele Personen in Loudun, die diesen Priester hassten: Eifersüchtige Ehemänner, beleidigte Väter, verlassene Frauen und auch Ehefrauen, die sich ihm angeboten, ohne Erhörung gefunden zu haben. Dazu kommt noch der

Neid jener Landgeistlichen hinzu, die nicht so gut dotierte Stellungen einnahmen wie Grandier und der Hass der Mönche, denen er die Beichtkinder weggenommen hatte. Außerdem hatte er durch seine spöttischen Reden die Kapuziner und Franziskaner verärgert. Aus diesen Gründen ist es leicht verständlich, dass eine so viel Aufsehen erregende Persönlichkeit die Neugierde Jeannes des Anges auf sich ziehen musste.

Wie alle andern Frauen und Mädchen sollte sie dem Zauber unterliegen, den der magische Namen Grandiers auf die weibliche Bevölkerung von Loudun ausübte. Sie beschloss, um jeden Preis den Zauberer zu sehen und ihn kennenzulernen. Ihre überspannte Einbildungskraft weckte in ihr lüsterne Gedanken, die sich für eine Nonne nicht ziemen. Da

Richelieu

sie weit davon entfernt war, wirklich von Herzen fromm zu sein, versuchte sie es nicht einmal, diese aufkommende Leidenschaft zu bekämpfen, die von Tag zu Tag mehr Gewalt über sie erlangte. Endlich bot sich ihr eine Gelegenheit, in Beziehung mit Grandier zu treten. Sie beschloss, diese sofort auszunutzen.

Als die Ursulinerinnen sich in Loudun niedergelassen hatte, hätten sie, wie das die allen Klöstern gemeinsame Regel vorschreibt, einen Pfarrer erwählen müssen. Der Bruder ihres Mietsherren, der Prior Moussaut, stellte sich ihnen zur Verfügung und bot der Oberin an, die Beichte der Schwestern zu abzunehmen und jeden Tag in dem Kloster die Messe zu lesen. Da jedoch Moussaut unter den Beschwerden seines hohen Alters litt, wollte er nicht die geistliche Aufsicht über diese jungen Nonnen übernehmen. Auf Jeanne übte er auch nicht den geringsten Einfluss aus. Außerdem beherrschte sie die Kunst, sich zu verstellen, viel zu gut, um diesen alten Beichtvater etwas von der Leidenschaft merken zu lassen, unter der sie litt. Der arme Moussaut wurde durch die Heuchelei seines Beichtkindes getäuscht. Vom ersten bis zum letzten Tage gelang es ihm nicht, einen Einblick in das Innere dieser Frau zu nehmen, die so wenig für das Kloster gemacht war.

Jeanne des Anges war und blieb ein vollständiges Rätsel für alle, die sie umgaben. Trotz aller ihrer Fehler besaß sie eine gewisse Macht, andere zu verführen. Vor allem war sie stolz auf die auffallende Schönheit ihres Gesichtes, die alle sofort anzog. Man vergaß gern bei ihrer reizvollen Unterhaltung und bei ihrer Verführungskunst, dass ihr Körperbau, besonders ihre Taille und Schultern nicht ganz fehlerfrei waren. Natürlich verstand sie es auch, diese körperliche Unvollkommenheit mit großem Geschick zu verbergen.

Als der Prior Moussaut im Juni 1631 starb, musste man einen neuen Pfarrer für das Kloster suchen. Jeanne des Anges nahm sofort diese Gelegenheit wahr, um Beziehungen mit Grandier anzuknüpfen. Sie ließ ihm sofort die Stelle eines Beichtvaters des Klosters anbieten.

Ihre Erwartungen wurden aber maßlos enttäuscht, als er ihr einen abschlägigen Bescheid gab. Der Pfarrer ant-

wortete, seine zahlreichen Beschäftigungen würden es
ihm nicht gestatteten, jeden Tag den Pflichten, die er zu
erfüllen hätte, ein paar Stunden zu opfern. Diese Antwort
war jedoch offenbar nur ein höflicher Vorwand, um diesen Vorschlag abzulehnen. Es war sehr leicht zu erraten,
dass seine Geliebte, Magdalene de Brou, ihn dazu überre-
dete, eine solche Antwort zu geben. Jeanne des Anges
begriff sofort, dass dies ein Racheakt ihrer Rivalin war
und sie schwor, sich dafür zu rächen.

Sie wandte sich jetzt mit ihrem Anliegen an den Domherren Mignon. Diese Wahl hatte weitreichende Folgen,
die Grandier bald zu seinem Schaden erfahren sollte.
Mignon war durch seine Mutter ein Neffe von Trincaut,
dem Staatsprokurator, und mit fast allen Feinden des
Pfarrers verwandt. Seine große Familie hatte Beziehungen
zu allen Klassen der Gesellschaft von Loudun. Er genoss
einen gewissen Einfluss, den er vielleicht mehr seinem
Vermögen als seinen Verdiensten verdankte. Seine äußere
Erscheinung war abstoßend. Er hinkte nämlich sehr stark
und hatte den geistlichen Beruf nur deshalb ergriffen,
weil seine körperliche Gebrechen ihn hinderten, einen
andern Beruf zu wählen. Da er sehr ehrgeizig und rach-
süchtig war, hatte er mit eifersüchtigem Auge die Erfolge
Grandiers verfolgt. Obgleich dieser noch jung war und
nicht aus dieser Gegend stammte, erfreute er sich doch
der allgemeinen Gunst. Er hatte Grandier, als dieser sein
Amt in Loudun antrat, seinen unerbittlichen Hass
geschworen. Doch hat er klugerweise seine Gefühle mehrere Jahre lang verheimlicht. Da er genau wusste, dass er
diesem neuen Priester gegenüber keine Macht hatte, war-

tete er mit Geduld auf einen passenden Augenblick, um ohne Gefahr ganz offen Partei gegen ihn zu ergreifen. Das skandalöse Abenteuer seiner Kusine bot ihm die beste Gelegenheit hierzu. Von jetzt an musste er sich nicht mehr zwingen, seine wahren Gefühle zu verheimlichen. Er führte einen erbitterten Krieg gegen den Pfarrer und bediente sich dabei der Verleumdung, einer Waffe, in deren Führung er Meister war. Da er sich sehr gut in der Führung solcher Angelegenheiten auskannte, verwickelte er Grandier in eine Reihe von unangenehmen Streitereien, die vor Gericht ausgetragen wurden. Doch Mignon hatte bisher nichts damit erreicht, denn Grandier war es stets gelungen, seine Unschuld zu beweisen. Trotzdem setzte Mignon unermüdlich seine Angriffe fort, weil er hoffte, endlich seinen Gegner zu ermüden und zu veranlassen, das Land zu verlassen.

Grandier war jedoch ein nicht zu unterschätzender Gegner. Dies zeigte sich besonders bei dem Prozess, den das Kapitel des Heiligen Kreuzes gegen ihn angestrengt hatte, dessen geistiger Urheber jedoch Mignon war. Das Kapitel wurde verurteilt und die Folge davon war, dass der neue Beichtvater der Ursulinerinnen viel von seinem Ansehen einbüßte. Seit diesem Tag kannte seine Erbitterung gegen Grandier keine Grenzen mehr. Mit Anstrengung seines ganzen Scharfsinns legte er seinem Gegner immer neue Schwierigkeiten in den Weg. Er hetzte einen Teil seiner Familie gegen ihn auf und ließ ihn sogar von seinem Onkel Barol, einem reichen kinderlosen Greise, schwer beleidigen. Einen solchen Charakter hatte dieser Priester, an den Jeanne des Anges sich gewandt hatte, um den alten Moussaut zu ersetzen. Wie man sieht, konnte sie keine bessere Wahl treffen, die für Grandier unangenehmer gewesen wäre.

Einige Monate nach diesem Ereignisse fiel Jeanne des Anges, die sich schon seit einiger Zeit in einem Zustande vollständiger Anämie befand, in eine heftige Nervenkrise. Sie hatte ihre Fantasie

Ein Priester führt einen Exorzismus durch (19. Jh.)

so sehr durch das Lesen gewisser mystischer Bücher überreizt, dass sie wirkliche Halluzinationen hatte. Anfangs war es der alte Beichtvater des Klosters, der ihr in der Nacht erschien und sie aufforderte, für die Ruhe seiner Seele zu beten.

Sehr bald aber nahm Grandier dessen Stelle ein — Grandier — den sie zu jener Zeit persönlich noch nicht kannte, mit dem sich jedoch ihre Gedanken ständig beschäftigten. Er nahte sich ihr in einer wunderschönen Gestalt, die mit ihr von Liebe sprach, sie mit ebenso unkeuschen wie beleidigenden Zärtlichkeiten überhäufte und sie bedrängte, ihm das zu bewilligen, was zu verschenken ihr nicht mehr gestattet war, nachdem sie ihr Keuschheitsgelübde abgelegt hatte. Diese Erscheinungen hatten solche ernste Störungen des Nervensystems bei Jeanne verursacht, dass ihr ganzes, von dem Bilde Grandiers erfülltes Leid nur noch ein Schrei der Wollust war.

Besessene

Schließlich überwand sie ihre Zurückhaltung und erzählte einigen ihrer Gefährtinnen von den nächtlichen Erscheinungen, die sie in ihrer erhitzten Fantasie erlebte. Aber sie vergaß niemals hinzuzufügen, sie habe stets allen Versuchungen des Verführers tapfer standgehalten. Man legte sich in dem Kloster strenges Fasten auf und verdoppelte die Gebetstunden, um die Oberin von solchen unkeuschen Erscheinungen zu befreien. Mehrere Nonnen, Schwester Jeanne an ihrer Spitze, griffen zur Geißel und unterwarfen sich schweren Selbstzüchtigungen. Diese widernatürliche Disziplin, deren Zweck es ist, das Fleisch zu töten, um den Geist zu stärken, brachte ihre Körperfunktionen ganz aus dem Gleichgewicht und bald stellten sich die schlimmsten Folgen ein. Nach Verlauf von wenigen Tagen klagten mehrere Nonnen über nächtliche Erscheinungen und unsittlichen Versuchungen.

Zur selben Zeit teilte Jeanne des Anges ihrem Beichtvater Mignon den Namen des Mannes mit, der ihr nachts erschien und sie zur Sünde verleiten wollte. Der brave Beichtvater erkannte sofort, welchen Nutzen er aus dieser seltsamen Erscheinung ziehen könne. Deshalb dachte er nicht daran, sein Beichtkind zu beruhigen, sondern bestärkte sie in der Vorstellung, sie sei dem Satan verfallen. Durch diese beängstigenden Einflüsterungen erreichte er bald, dass sie vor den höllischen Dämonen in eine große Furcht geriet.

Gleichzeitig benachrichtigte Mignon den Staatsanwalt sowie die wichtigsten Feinde Grandiers von diesen Vorgängen.

Alle, die von der seltsamen Neuigkeit hörten, waren der Ansicht, Grandier sei ein zweiter Gaufridi, der als Pfarrer in Marseille arbeitete und lebendig verbrannt wurde, weil er die Nonne Magdalene de la Paul behext habe. Man meinte, dass mit einiger Geschicklichkeit diese Geschichte sehr wohl geeignet sei, Grandier ins Verderben zu stürzen. Man kam überein, dass Mignon Jeanne des Anges sowie den anderen Nonnen einreden sollte, sie seien von einem bösen Dämon besessen. In dieser Besessenheit sei allein der Ursprung ihrer Halluzinationen und nervösen Leiden zu suchen. Wenn man sie heilen wolle, sei es notwendig, eine Teufelsbeschwörung vorzunehmen.

Nachdem man sich über diesen Plan geeinigt hatte, wandte sich Mignon an die Karmelitermönche sowie an den Pfarrer Barre der St.-Jacques-Kirche in Chinon, damit er ihn bei der schweren Aufgabe der Teufelsaustreibung unterstützt.

Nachdem man dann all diese Personen eingeweiht und ihnen genau eingetrichtert hatte, wie sie sich nach dem

Ritual der Teufelsaustreibung zu benehmen hätten, verbreitete man in der Stadt die Nachricht, die Nonnen seien verzaubert und vom Teufel besessen.

Von diesem Augenblick an herrschte im Kloster eine wahnsinnige Furcht. Man hatte nämlich tagelang damit zugebracht, den bösen Feind zu beschwören, damit er aus dem Körper der angeblich Besessenen weiche. Diese Teufelsaustreibungen zerstörten so sehr die Gesundheit Jeannes des Anges, dass sie von heftigen Krampfanfällen heimgesucht wurde. Ihre Gefährtinnen, die Zeuginnen dieses schrecklichen Schauspieles waren, glaubten, Jeanne sei immer noch von dem Teufel besessen. Sie verloren vollständig die Selbstkontrolle und waren von Schrecken ergriffen. Sie beschäftigten sich nur noch mit erotischen Gedanken, welche durch die Reden ihrer Oberin in ihnen erweckt wurden. Eine nach der anderen Nonne brach zusammen und wurde von Krämpfen und Wahnvorstellungen ergriffen.

Grandier blieb nicht untätig, da er von seinen Feinden angeklagt wurde, Unheil über das Kloster gebracht zu haben. Da er wusste, in welchen Abgrund man ihn stürzen wollte, wandte er sich an den Amtmann von Loudun, einen Mann von bestem Ruf, dessen Gerechtigkeitssinn allgemein bekannt war. Er bat ihn dringend, sich um eine Privathaft und Trennung der Nonnen zu kümmern. Obwohl der Amtmann offiziell befahl, die gewünschten Maßnahmen auszuführen, widersetzten sich die Teufelsbeschwörer seinen Anordnungen. Um einen Konflikt zwischen der geistlichen und der weltlichen Autorität zu vermeiden, bat er Grandier, sich direkt an seinen Bischof zu wenden. Zu jener Zeit war der bischöfliche Stuhl von Poitiers durch Heinrich Ludwig Chasteigner de la Rochepozay besetzt. Er war ein leichtsinniger und jähzorniger Prälat, der von den Bewohnern Poitiers verachtet wurde, weil er während der Unruhen von 1614 sich nicht gescheut hatte, auf sie schießen zu lassen.

Der Pfarrer von St. Pierre hatte schon einmal einen Streit mit diesem gehabt und musste auf dessen Befehl eine Haftstrafe von zwei Monaten in den Kerkern des Bischofssitzes verbüßen. Als er dann die Freiheit erhielt, wurde er dazu verurteilt, jeden Freitag bei Wasser und Brot zu fasten und fünf Jahre lang nicht in der Diözese Poitiers, und niemals in der Stadt Loudun die Messe zu lesen. Aber der Erzbischof von Bordeaux, Heinrich d'Escoubleau de Sourdis, hatte dieses Urteil nicht bestätigt, sondern Grandier eine vollständige Freisprechung gewährt.

Seinen Erfolg feierte er, indem er mit einem Lorbeerzweig in die Stadt einzog, steigerte aber nur noch den Hass des Herrn de la Rochepozays. Zwar bat er um eine Audienz bei dem Herrn de la Rochepozays, um sich wegen der Verleumdungen, die während der Teufelsbeschwörungen gegen ihn verbreitet worden, zu rechtfertigen, aber dies wurde ihm verweigert.

Grandier wandte sich deshalb abermals an den Erzbischof von Bordeaux und übersandte ihm eine Bittschrift. Der Prälat schickte seinen Leibarzt nach Loudun und dieser erklärte, die Nonnen seien keineswegs Besessene. Dann verbot der Erzbischof Mignon und seinen

Genossen ihre Teufelsbeschwörungen und verhängte endlich die Privathaft über die Nonnen, die Grandier und der Magistrat von Loudun bisher vergeblich gefordert hatten.

Diese Anordnungen machten den Krampfanfällen und Zuckungen der Nonnen sofort ein Ende. So kehrte einige Monate lang wenigstens äußerlich Ruhe in das Kloster ein.

Währenddessen verloren die Ursulinerinnen vollständig das Ansehen, das sie im Lande genossen. Man sprach nur noch mit verächtlicher Gleichgültigkeit von ihnen. Man holte so schnell wie möglich die jungen Mädchen der Stadt, die man der Erziehung der Ursulinerinnen anvertraut hatte, aus dem Pensionat zurück. Ihre Eltern wollten nach all diesen skandalösen Vorfällen nichts mehr von den Ursulinerinnen wissen und verweigerten sogar, ihnen die bescheidene Rente zu zahlen, die man ihnen bisher gewährt hatte. Die unglücklichen Frauen lebten sehr bald in großem Elend; sie mussten, um nur ihr Leben fristen zu können, die mühsamsten Handarbeiten verrichten, da ihnen alle andern Hilfsquellen abgeschnitten waren.

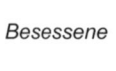

Besessene

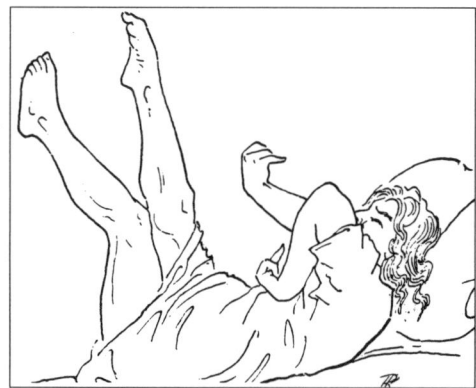

Wegen dieser traurigen Lage fiel Jeanne des Anges in die tiefste Melancholie. Durch die Anordnungen des Bischofs und der örtlichen Behörden, die Mignon

Teufelsbeschwörungen vollständig untersagten, hörten zwar ihre Krampfanfälle ganz auf, aber ihre Gesundheit verschlechterte sich deutlich sichtbar. Sie litt an Nasenbluten und Bluterbrechen, das manchmal dreißig bis vierzig Stunden andauerte und sich in keiner Weise stillen ließ. Die Blutarmut, an der sie infolge des starken Blutverlustes litt, verdoppelte ihre Halluzinationen, und mehr als je zuvor wurde sie von dem Bilde Grandiers verfolgt. Außerdem wurde sie von unzüchtigen Versuchungen fürchterlich gequält; ihre Gefährtinnen wurden von demselben Übel erfasst. Es war ein trauriges Schauspiel, diese Unglücklichen wie liebestolle Frauen Tag und Nacht durch die Alleen ihres Gartens irren zu sehen und sie laut nach diesem einen Manne rufen zu hören, dessen Bild sie bezauberte.

Sie wurden nach den Exorzismen von einer heftigen Leidenschaft nach Grandier gepackt. Sie dachten nämlich nur noch an ihn, den sie nicht einmal von Angesicht kannten, und wollten mit ihm zusammen sein. Wenn sie ihn suchten und vergeblich durch die Gartenanlagen und den Speicher gelaufen waren, konnte es passieren, dass er ihnen in ihrer überreizten Fantasie erschien.

So war die Lage des Klosters, als in Loudun der Staatsrat Jean Martin de Laubardemont ankam, der auf Befehl des Königs die Festungswerke des Schlosses schleifen sollte. Dieser Mann, der in einem sehr zweifelhaften Ruf stand, hatte bei verschiedenen Gelegenheiten durch seinen Eifer auf sich aufmerksam gemacht. Geschickt und schlau, ohne jede religiöse Überzeugung und Skrupel, strebte er nur danach, sich dem Meistbietenden zu verkaufen. So hatte er sich die Gunst des ersten Ministers beschafft. Von ihm stammt das berühmte zynische Wort, durch das er sein Glück gemacht hatte: „Gebt mir zwei schriftliche Zeilen eines Mannes, das genügt mir, um ihn an den Galgen zu bringen." Sein Talent, Böses zu tun, zeigte er in Loudun.

Als naher Verwandter der Jeanne des Anges und als Schwager der Damen Dampierre, die beide dem Orden der Ursulinerinnen angehörten, hatte Laubardemont nichts Eiligeres zu tun, als ihnen seinen Besuch zu machen. Er fand das Kloster noch vollständig in Unruhe, die durch die vorangegangen Ereignisse verursacht worden ist. Da der Staatsrat von der traurigen Lage der Nonnen gerührt war, versprach er ihnen zu helfen und sich zu diesem Zwecke mit dem Kardinal Richelieu in Verbindung zu setzen.

Urban Grandier im Gefängnis

Als Laubardemont zur gleichen Zeit in Kontakt mit den Feinden Grandiers trat, erfuhr er von ihnen, dass der Pfarrer von Saint-Pierre in der Frage der Schleifung des Schlosses ein Gegner des allmächtigen Ministers sei.

Nachdem seine Mission beendet war, kehrte der Staatsrat nach Paris zurück. Er erzählte Richelieu alles, was er gesehen und gehört hatte. Der Kardinal glaubte nicht an die Teufel von Loudun, aber er hatte es nicht vergessen, dass er früher einmal mit Grandier einen Streit hatte. Als er erfuhr, dass dieser Priester sich der Ausführung seines Befehles widersetzte, und mehr noch, dass er eine Flugschrift gegen ihn geschrieben habe, entschloss er sich, sich in schrecklichster Weise an ihm zu rächen.

Auf seinen Befehl kehrte Laubardemont nach Loudun zurück und ließ Grandier verhaften. Sofort stürzte sich eine Legion von Teufelsbeschwörern auf das Kloster. Durch die zahlreichen Exorzismen wurden die Ursulinerinnen bald wieder eine Beute des bösen Dämons. Alle Tage beschäftigte man sich in verschiedenen Kirchen der Stadt damit, ihnen den Teufel auszutreiben. Vor allen anderen Nonnen tat sich Jeanne des Anges durch die Heftigkeit ihrer Krampfanfälle, die Obszönität ihrer Sprache und ihrer zynischen Gebärden hervor.

Natürlich wurde durch dieses traurige und schreckliche Schauspiel, das alle Tage in den Kirchen von Loudun öffentlich aufgeführt wurde, eine Menge Neugieriger herbeigelockt. Der ganze Ablauf dieser Ereignisse ist in umfangreichen Prozessakten niedergelegt, die größtenteils von Laubardemont selbst verfasst sind.

Solange diese Vorgänge andauerten, waren die Spione und die Vertreter der Regierung allgegenwärtig. Die Mönche hielten es für ihre Pflicht, sich selbst von der Kanzel herab damit zu beschäftigen.

Der Magistrat der Stadt und an deren Spitze der Amtmann, der sich keines Unrechts bewusst war, sondern seine Pflicht auf das treuste erfüllt hatte, wurde gezwungen zu schweigen. Man beunruhigte und klagte ihn sogar selbst der Magie an. Laubardemont war der Urheber dieser unheimlichen Vorgänge, bei denen die unglücklichen, an Halluzinationen leidenden Nonnen die Hauptrolle spielten. Er hielt die Fäden des Spieles in Händen und bestimmte den Ablauf nach seinem Gutdünken. Wenn es darum ging, die Absichten seines Herrn durchzusetzen, da schreckte er vor nichts zurück. Er kannte bei seinen Handlungen keine moralischen Hemmungen. Deshalb wählte er selbst mit größter Sorgfalt die Justizbeamten aus, mit denen die Kommission besetzt wurde, die über Grandier zu Gericht zu sitzen sollte. Auf all diese Männer konnte er sich verlassen, da sie überzeugte Anhänger der Lehre waren, dass böse Geister, die in einen menschlichen Körper eingedrungen waren, durch die Exorzismen gezwungen werden könnten, die Wahrheit zu sagen. Von diesem Augenblick drohte jedem, der an diesem Ereignis in irgendeiner Weise beteiligt war, die Gefahr, auf dem Scheiterhaufen zu enden.

Dem unglückliche Grandier, dem man erdachtes Verbrechen vorwarf, wurden wegen der Würde seiner Haltung all seine früheren Fehler verziehen. Als man ihn den sogenannten Besessenen gegenüberstellte, die sich laut schreiend in Krämpfen auf dem Boden wälzten, begegnete er ihren unsinnigen Anklagen mit würdiger Ruhe und beteuerte seine Unschuld.

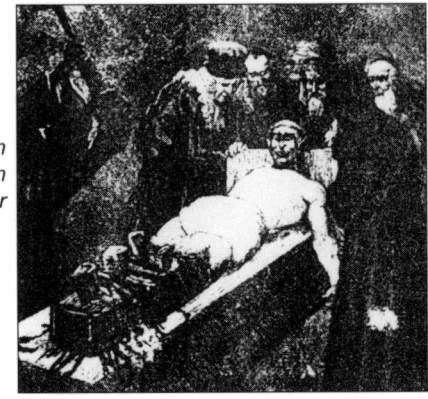

Verhör von Urbain Grandier

Es war alles vergebens. Obwohl es Grandier gelang, sein Alibi nachzuweisen und ebenfalls zu beweisen, dass er die Nonnen niemals gesehen hatte, wurden doch die Verleumdungen dieser kranken Mädchen als Wahrheit angesehen. Am 18. August 1634, um 5 Uhr morgens, verurteilte die Kommission unter Laubardemonts Vorsitz den unglücklichen Pfarrer dazu, noch an demselben Tage lebendig verbrannt zu werden. Er wurde sofort in die Folterkammer geführt, wo man ihn den spanischen Stiefeln marterte. Zwei Mönche, die ehrwürdigen Väter Tranquillus und Lactantius, schlugen selbst die scharfen Keile mit Hammerschlägen ein und zerbrachen die Beine des Unglücklichen, der eine bewunderungswürdige Ruhe und wahren Heldenmut zeigte. Darauf begleiteten sie ihn im Namen und zu Ehren der Religion der Liebe und des Vergebens auf den Marktplatz, wo der Scheiterhaufen errichtet war. Dort angekommen, verhinderten sie den Henker, wie dies sonst üblich war, die Qualen des Verurteilten durch Erdrosselung abzukürzen, und legten das Feuer an den Scheiterhaufen.

Diese entsetzliche Hinrichtung beendete jedoch den Zustand der Besessenen nicht. Einige Zeit nachher traten bei Jeanne des Anges, die nun unter andern Halluzinationen litt, höchst seltsame Erscheinungen auf. Isaakaaron, der Dämon der Unzucht, der in sie gefahren und Besitz von ihr genommen hatte, erschien ihr während der Nacht und weckte in ihr die Wahnvorstellung, sie sei schwanger. Von diesem Augenblick an wurde diese Vorstellung bei ihr so stark, dass sie die verschiedenen Empfindungen, welche die Schwangerschaft mit sich bringen, so genau schilderte, als ob sie von ihr wirklich empfunden würden. Sobald sich diese Nachricht in der Stadt verbreitete hatte, schütteten die Hugenotten ihren ganzen Spott über Jeanne des Anges und ihre Teufelsbeschwörer aus.

Verbrennung von Urbain Grandier

Der Skandal war groß, dass Laubardemont gezwungen war, einzugreifen und den Kardinal von Richelieu von diesem Ereignis zu benachrichtigen. „Es ist wirklich eine höchst seltsame Sache", schrieb er, „aber es lässt sich nicht leugnen, dass alle bei ihr sichtbaren Erscheinungen auf eine Schwangerschaft deuten. Sie leidet ständig an Übelkeit, erbricht sich oft und klagt über Magenschmerzen. Außerdem ist die Menstruation seit drei Monaten ausgeblieben und aus ihren Brüsten scheidet eine weiße milchartige Flüssigkeit aus." Da er fürchtete, man würde ihn nicht richtig verstehen, beschrieb er noch einmal eindringlich den Zustand von Jeanne des Anges, aber dieses Mal in lateinischer Sprache. Die deutsche Übersetzung lautet:

„Jene litt besonders seit drei Monaten an einer unangenehmen Verzögerung der Monatsblutung, durch deren

Ansammlung die Gebärmutter anschwoll und durch deren Rückfluss wiederum eine weißliche Flüssigkeit nach Art der Muttermilch aus den Brüsten träufelte, wodurch der Eindruck erweckt wurde, sie sei schwanger."

Der Kardinal hätte tatsächlich durch diese Umschreibung, die sein Vertrauter benutzte, um zu sagen, dass bei Jeanne die Regel drei Monate lang ausgeblieben sei, irregeführt werden können.

Diese angebliche Schwangerschaft brachte Laubardemont in größte Verlegenheit. In einer so wichtigen Angelegenheit hielt er es doch für sehr notwendig, das Urteil der Ärzte in Anspruch zu nehmen. „Zu diesem Zwecke," so sagt er in seinem Bericht an den Kardinal, „ließ ich Herrn du Chesne aus Mans kommen, der einer der bedeutendsten Vertreter der ärztlichen Fakultät ist."

Jeanne des Anges war nicht weniger beunruhigt. Ihr neuer Zustand versetzte sie in die größte Aufregung. Auch war sie beunru-

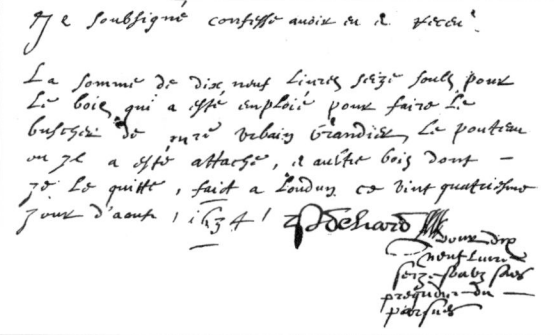

Rechnung des Henkers für die Hinrichtung von Urban Grandier 1634

higt darüber, was man in Loudun dazu sagen würde. Da sie ständig unter dem Eindruck der Halluzinationen stand, sah sie eine menschliche Gestalt, die ihr darlegte, selbst die wohlwollendsten Leute würden niemals an ihre Unschuld glauben und sie selbst würde Hohn und Verachtung über ihren ganzen Ordens und besonders über das Kloster in Loudun bringen. Um allen üblen Nachreden zu entgehen, fasste sie in ihrem hysterisch überreizten Gehirn einen unsinnigen Entschluss. Sie beschloss zu sterben. Um diesen Plan durchzuführen, beschaffte sie sich Drogen und bereitete daraus ein Getränk, das eine Abtreibung hervorruft. Aber die Furcht, dass das kleine Geschöpf, das sie in ihrem Bauch zu tragen glaubte, dadurch in die Hölle kam, hielt sie von diesem Vorhaben ab. Deshalb beschloss sie, den unheilvollen Trank, den sie hergestellt hatte, nicht zu benutzen und schüttete ihn fort.

Es kam ihr darauf ein anderer Gedanke, den sie später für teuflischen Ursprungs hielt; sie wollte sich den Bauch an der Seite aufschneiden, das Kind herausziehen und es taufen, weil sie glaubte, dadurch sein Seelenheil zu retten. Da sie sich jedoch bewusst war, dass sie durch diese Operation ihr Leben gefährden könne, beschloss sie, vorher zu beichten. „Ohne jedoch", wie sie sagte, „ihrem Beichtvater von ihrem Plan Mitteilung zu machen." Am Morgen des 2. Januar 1635 spielte sich dann ein Drama ab, von dem man kaum weiß, ob man es komisch oder mystisch bezeichnen sollte. Jeanne des Anges, die jetzt fest entschlossen war, der Sache ein Ende zu machen, zog sich in ein kleines Zimmer zurück. In der einen Hand hielt sie ein großes Messer, in der andern eine mit Wasser gefüllte Vase, um das Kind zu taufen. Ehe sie jedoch ihr furchtbares Vorhaben ausführte, warf sie sich zu Füßen des Kruzifixes und bat Gott in leidenschaftlichen Gebeten, ihren und den Tod dieses kleinen Geschöpfes zu vergeben, wenn ihr Vorhaben erfolgreich sein sollte. Nachdem sie diese religiösen Vorbereitungen getroffen hatte, entkleidete sie sich. Dabei wurde sie von der Furcht ergriffen, dass sie der ewigen Verdammnis anheimfallen würde, wenn sie während der Tat sterben sollte. Aber diese Angst war nicht stark genug, um sie von der Ausführung ihres schrecklichen Planes zurückzuhalten. Sie machte zuerst mit einer Schere einen großen Schnitt in ihr Hemd, ergriff dann das Messer und fing an, es sich zwischen die beiden dem Magen am nächsten liegenden Rippen zu stoßen. Sie war fest entschlossen, ihren Plan bis zum Ende durchzuführen. Aber das war doch zuviel für ihr überhitztes Hirn. Denn sie verlor die Besinnung und die Szene endete ohne ernsten Blutverlust mit einem sehr heftigen hysterischen Anfall.

Inzwischen war der berühmte Arzt, den man aus Mans berufen hatte, in Loudun angekommen. Jeanne des Anges gehorchte dem Befehl Laubardemonts und duldete den Besuch und die Untersuchung des Arztes. Aber trotz all seines medizinischen Wissens ließ sich Chesne wie alle andern durch den äußern Anschein täuschen und stellte fest, dass Jeanne sich sogar schon in einem ziemlich weit fortgeschrittenen Zustand der Schwangerschaft befinden würde. Denn der damaligen Medizin war die eingebildete Schwangerschaft, deren Ursachen in der Hysterie zu suchen sind, noch völlig unbekannt.

Dem Urteil des Arztes musste Laubardemont sich natürlich beugen. Nur durch ein Wunder konnte Jeanne des Anges aus dieser völlig unerklärlichen Lage gerettet werden. Der Beauftragte Richelieus war sich dieser Tatsache voll bewusst und er wandte sich daher an die Teufelsaustreiber, die mit den gewöhnlichen Zeremonien den Dämon beschworen, sein eignes Werk nun auch selbst zu zerstören. Ihre Exorzismen waren erfolgreich. Jeanne bekam ein heftiges, lang andauerndes Bluterbrechen, das sich zwei- oder dreimal wiederholte. Dann waren alle auf eine Schwangerschaft deutenden Anzeichen verschwunden.

Dieses Wunder ereignete sich in Gegenwart von Herrn du Chesne, der davon sehr erstaunt und zugleich tief erschüttert war.

Einige Tage später kehrte der berühmte Arzt in seine Heimat in Mans zurück, um aller Welt von den seltsamen Erscheinungen zu erzählen, die sich in der Stadt Loudun ereignet hatten.

Pater Surin

Trotz ihres schlechten Gesundheitszustandes dachte Jeanne des Anges ständig an die traurige Lage ihres Klosters. Um dieser ein Ende zu machen, wandte sie sich an Laubardemont, ihren Verwandten und Beschützer. Dass er sofort bereit war, ihr zu helfen, zeigen folgende Zeilen, die er an den Kardinal schrieb: „Die Mutter Priorin hat mir gesagt, dass zweitausend Franken jährlich für sie ausreichen würden, um für sie selbst und ihr Kloster die Existenz zu sichern. Man brauchte also nur ungefähr fünfhundert Taler aufzubringen, um sie vor dem schlimmsten Elend zu bewahren. Richelieu beeilte sich, diese Bitte zu erfüllen und beauftragte Herrn de Bulion, die nötigen Mittel zum Unterhalte der Nonnen nach Loudun zu schicken. Bis zum Tod des Kardinals wurden diese zweitausend Franken den Ursulinerinnen auch ausbezahlt. Laubardemont begnügte sich übrigens nicht damit, seinem Schützling gefällig zu sein. Denn er verletzte das Eigentumsrecht, beschlagnahmte unter Anwendung von Waffengewalt das Haus des Kollegs der Protestanten und quartierte dann die Ursulinerinnen darin ein.

Zwischenzeitlich vermehrten sich die Fälle der Besessenheit trotz der Teufelsbeschwörungen der Kapuziner, die schon halb verrückt waren durch die ständige Ausübung dieser Tätigkeit, dessen Ende nicht abzusehen war. Laubardemont, der unzufrieden mit den Teufelsbeschwörern war, entzog ihnen dieses Amt und ersetzte sie durch andere. Er wandte sich an die Jesuiten, weil er hoffte, dass sie mit Schlauheit und Geschicklichkeit erreichen würden, den Ruf der in Misskredit gekommene Besessenheit wieder etwas zu heben. Auf seine Bitte hin kamen am 20. Dezember 1634 die Patres Surin, Rosseau, Anginot und Bachellerie nach Loudun, um gleich am andern Morgen, dem St.-Thomas-Tage, ihr Amt als Teufelsbeschwörer auszuüben. Der königliche Kommissar hatte sich nicht geirrt. Mit den Neuangekommenen nahm die Besessenheit abermals einen Aufschwung und trat sehr bald in eine neue Phase, nämlich in die Phase der Wunder.

Der Jesuit, der damit beauftragt wurde, die Teufelsbeschwörung bei Jeanne des Anges vorzunehmen, hieß Pater Jean-Joseph Surin. Er war damals 34 Jahre alt. Er war ein sogenannter Illuminat (Erleuchteter). Da diese Wahl merkwürdig war, mussten einige Schwierigkeiten beseitigt werden. Der Ordensprovinzial Arnauld Boyre musste nämlich seinen ganzen Einfluss aufbieten, um von dem Abt des Klosters von Marennes, in dem sich der Pater Surin befand, die Erlaubnis zu erhalten, ihn zum Exorzisten zu machen. Es gab keinen ungeeigneteren Mann für dieses Amt. Er war nämlich schon seit mehreren Jahren schwer leidend und erduldete körperliche und seelische Schmerzen, die ihn fast unfähig zu jeder Art von Arbeit machten. Er hatte einen so schwachen Körper, dass er sich nicht mit etwas beschäftigen konnte, ohne große Schmerzen zu erleiden. Auch war er unfähig zu jeder Lektüre, da er unausgesetzt von Kopfschmerzen geplagt wurde. Diese Qualen hatten in den letzten Jahren so sehr zugenommen, dass er den Eindruck erweckte, immer bedrückt zu sein. Schließlich nahmen seine körperlichen Leiden so zu, dass er zu der Einsicht kam, er würde nicht mehr lange leben.

In einem solchen körperlichen und seelischen Zustand befand sich der Mann, dem Jeanne des Anges anvertraut wurde. Zwei Monate schon nach der Ankunft dieser mystischen und kranken Person verdoppelte sich die Zahl ihrer Nervenkrisen und Halluzinationen. Der Jesuit, der selbst von einer erotischen Wahnvorstellung besessen war und unter heftigen hysterischen Anfällen litt, ließ ihr Tag und Nacht keine Ruhe. Er zwang sie, sich vollständig nackt vor ihn zu stellen und unter dem Vorwande, Isaakaaron, den Dämon der Unkeuschheit, von dem sie besessen sei, auszutreiben, befahl er ihr, sich selbst zu geißeln. Jeanne führte die Befehle gehorsam aus. Übrigens erklärte sie jedes Mal nachher, nichts von der Geißelung empfunden zu haben, auch nichts zu wissen von allem, was sie gesagt und getan habe. Nur eine ganz unklare Erinnerung sei ihr geblieben, dass sie sich ausgekleidet und wieder angezogen habe.

Was aber auch immer geschehen sein mag, sicher ist, dass der Skandal solche Ausmaße annahm, dass der Provinzial von Guienne gezwungen war, diesen Teufelaustreiber der Jeanne des Anges nach Bordeaux zurückzurufen. Es war auch höchste Zeit, denn der Unglückliche hatte durch diese Aufgabe den letzten Rest seines Verstandes eingebüßt.

Ein der Jesuit Pater Ressès (Antonius) wurde bestimmt, sein Nachfolger zu werden. Da er keinen dringenderen Wunsch verspürte, als sich vor dem ganzen Kollegium der Jesuiten auszuzeichnen, gelang ihm das Meisterstücke, Jeanne des Anges zu heilen.

Nachdem man die Oberin der Ursulinerinnen den Händen Pater Surins anvertraut hatte, war ihre Gesundheit sehr geschwächt worden. Sie teilte ihrem neuen Teufelsbeschwörer ihre Leiden mit. Doch der neue Pater nahm im Gegensatz zu seinen Vorgängern keine Rücksicht auf das, was sie ihm sagte. Im Gegenteil, er bestand darauf, dass sie sich sofort seinen Prüfungen zu unterwerfen habe. Außerdem wollte er sofort eine Teufelsaustreibung vorzunehmen, da er an diesem Tag eine auserwählte Gesellschaft bei sich hatte. Er machte sich also gleich an die Arbeit. Das Ergebnis war, dass Jeanne in heftiges Fieber verfiel und eine Brustfellentzündung bekam.

Der Arzt Fanton, den man wegen seiner Fachkenntnisse zu Rate zog, diagnostizierte die heftigen Schmerzen, die Schwester Jeanne in der Seite empfand, als Zeichen einer Rippenfellentzündung. Aber unverständlich ist die Behandlung, die dieser Arzt bei seiner Patientin vornahm. Zu jener Zeit nämlich war es eine Sucht, unter allen Umständen den Kranken zur Ader zu lassen. Diese Behandlung hat Fanton innerhalb von vierzehn Tagen zehnmal bei seiner Patientin durchgeführt. Das Resultat dieser Behandlungsweise ließ dann auch nicht auf sich warten. Jeanne des Anges bekam wieder Nervenanfälle und hatte Halluzinationen. Sie verfiel in einen solchen Schwächezustand, dass Fanton auf Drängen der Unterpriorin Laubardemont mitteilen musste, wie beunruhigend der Gesundheitszustand von Jeanne des Anges war.

Während dieser Zeit verbreiteten die Teufelsbeschwörer das Gerücht, die Oberin der Ursulinerinnen liege im Sterben und sie beschlossen, ihr die letzte Ölung zu geben. Die Patres Resses und Bastide vollzogen diese heilige Handlung. Kaum hatte sie das heilige Sakrament empfangen, da trat kurz darauf der körperliche Zusammenbruch ein. Ihr Gesicht veränderte sich und wies alle Zeichen des Todes auf. Sie stieß zwei tiefe Todesseufzer aus und man erwartete, dass sie bei dem dritten und letzten sterben würde. Doch es geschah etwas völlig Unerwartetes. Die Sterbende verwandelte sich plötzlich, richtete sich auf und nahm ohne jede Hilfe eine sitzende Stellung ein. Dann blickte sie mit weit geöffneten Augen zum Himmel, gleichsam als ob ihr eine wundersame Vision erscheinen würde. Ihr Gesicht nahm einen verzückten Ausdruck an, so dass es sehr schön aussah.

Nachdem diese Vision entschwunden war, erklärte Jeanne des Anges, sie sei jetzt vollständig geheilt. Groß war das Erstaunen des Arztes, als er am andern Morgen (am 7. Februar 1637) in das Kloster kam und Jeanne des Anges erblickte, die von zwei Nonnen geführt wurde. Sie kam ihm entgegen und berichtete ihm von ihrer wunderbaren Heilung. Der heilige Joseph, so erklärte sie, sei ihr in der Nacht erschienen und habe ein feines Öl in der Hand gehabt, dessen Duft von unbeschreiblicher Lieblichkeit gewesen sei. Er habe es ihr zwar dargereicht, aber nicht selbst auflegen wollen, um ihre bekannte Keuschheit zu schonen. Ihr Schutzengel war nicht so skrupellos. Denn er rieb ihre schmerzende Seite mit dem Öl ein und in demselben Augenblick fühlte sie eine große Erleichterung. Als Beweis ihrer wunderbaren Erzählung zeigte sie Fanton, der ganz verblüfft dastand, fünf Tropfen des wunderbaren Heilmittels, die auf ihr Hemd geträufelt waren. Der Arzt glaubte, dass man sich über ihn lustig machen wolle und erklärte den Nonnen, dass er in Zukunft darauf verzichte, sie zu behandeln. Dann zog er sich wütend zurück. Nach zwei Tagen erinnerte sich Jeanne des Anges an diese wunderbare Ölung, durch die sie geheilt worden und die sie nur mit ihrem Hemd abgewischt hatte. Sie berief die Mutter Unterpriorin zu sich und bat sie, ihre Seite zu untersuchen und zu sehen, woraus diese Ölung bestand. Sie schlossen sich ein. Als die Oberin sich entkleidet hatte, atmeten sie beide einen wunderbar köstlichen Duft ein, der ihrem Hemd entströmte. Beide fanden, dass dieses göttliche Öl fünf große Flecken hinterlassen hatte. Jeanne des Anges beschloss sogleich, dieses Hemd aufzuheben. Sie nahm ein anderes und schnitt das Hemd, in dem sich in Taillenhöhe die köstlich duftenden Tropfen befanden, in zwei Stücke. Der untere Teil wurde weggeworfen und der obere sorgfältig aufbewahrt. Man hätte gern den obern Teil dieses Hemdes gewaschen, aber man fürchtete, dass dadurch die fünf kostbaren Tropfen verloren gingen. Sie strömten einen so wunderbaren Duft aus, den man unter allen Umständen unversehrt erhalten wollte. Schließlich kamen sie auf den Gedanken, einen Faden um die köstlichen Flecken zu ziehen, um genau ihren Platz zu merken, dann einen Faden herum zu binden und mit diesem das kostbare Stück hoch aufzustecken. Auf diese Weise wuschen sie mit Seife die herabhängenden Reste des Hemdes, ohne den Teil zu berühren, der die wunderbaren Tropfen enthielt.

Um dieses angebliche Wunder richtig zu beurteilen, muss man wissen, dass Jeanne des Anges sehr versiert war in der Kunst, Salben und wohlriechende Essenzen herzustellen. Ständig verbrachte sie einen Teil ihrer Zeit damit, solche Essenzen herzustellen.

Den fünf Tropfen, die der heilige Joseph gerade zur rechten Zeit beschert hatte, verdankte man sehr viele angebliche Wunderheilungen. Die Frau von Laubardemont, die damals in Tours sehr krank und dazu hoch schwanger war, erfuhr als Erste die segenbringende Wirkung dieser fünf Tropfen. Ihr Gatte gab den Befehl, das wundertätige Hemd sofort nach Tours zu bringen. Kaum hatte man es auf den Bauch der Kranken gelegt, als sie von heftigen Wehen erfasst wurde und ein totes Kind gebar, das nach Aussagen der Ärzte schon seit sieben bis acht Tagen gestorben war. Von diesem Augenblick an pilgerten alle schwangeren Frauen nach Loudun, um das Öl des heiligen Joseph zu berühren, und Wunder folgte auf Wunder. Aber nicht nur schwangere Frauen wurden durch die Berührung dieses Hemdes geheilt. Eine Nonne aus dem Orden Fontrevault, Madame de Saint-Aubin, die an einem seltsamen Geschwür am Bein litt, wurde auch vollständig geheilt, indem sie Tropfen des Öls berührte, die vom heiligen Joseph stammen sollten.

Der Provinzial von Paris, der Jesuit Jacquinot, war so begeistert von der Wirkung dieses Wunderbalsams, dass er dem Jesuitengeneral nach Rom schrieb: „Ich habe gesehen, dass Blinde sehend wurden und dass Gelähmte wieder gingen." Aber die wunderbarste und fantastischste aller Heilungen war jedenfalls die, welche sich in der Stadt Saumur ereignete. Dort lebte eine dem Orden der Ursulerinnen angehörige Nonne, die schon seit mehreren Jahren im Krankenhause war, da sie an vielen seltsamen Krankheiten litt. Sie wurde geheilt, nachdem sie ein Stückchen Papier verschlungen hatte, mit dem man vorher die heiligen Öltropfen berührt hatte. Ihre Heilung war so vollständig und umfassend, dass jedem offenbar werden musste, dass hier ein göttliches Werk vollbracht sei. Nachdem sie einmal den Weg der Wunder betreten hatte, gab es für Jeanne des Anges kein Zurück mehr.

Die Rückkehr Pater Surins nach Loudun, der zwei Jahre lang von dort abwesend gewesen war, trug wesentlich dazu bei, diese wunderbaren Resultate zu erzielen. Am 15. Oktober 1637 beschloss dieser hysterische, immer kranke und unter dem Einfluss von Halluzinationen stehende Mönch, den Behemot, einen der Teufel, der mit Isaakaaron in die Oberin gefahren sei, auszutreiben. Als Zeichen, dass diese Austreibung wirklich gelungen sei, befahl er dem Dämon, die Namen Jesus, Maria, Joseph und Franz von Sales auf die Hand Jeanne des Anges zu schreiben. Am Tage der heiligen Therese konnten alle, die an der Messe teilnahmen, mit eigenen Augen sehen, dass diese Namen wirklich auf der linken Hand Jeannes, der Oberin, imprägniert waren.

Natürlich wurden diese neuen Wunder in Frankreich lebhaft diskutiert. Jeanne des Anges, die sehr eitel war, hielt den Augenblick für gekommen, sich überall vorzeigen zu lassen und ihren Nutzen daraus zu ziehen. Deshalb redete sie ihrem Teufelsbeschwörer ein, sie sei immer noch von einem bösen Geist besessen. Dieser letzte Dämon würde nur am Grab des heiligen Franz von Sales aus ihr weichen. So blieb ihm nichts anderes übrig, als sie nach Annecy zu führen. Zu ihrer großen Freude fuhr man aber nicht direkt dahin, sondern machte den Umweg über Paris, wo Laubardemont ihr während der ganzen Dauer ihres Aufenthaltes seine große Gastfreundschaft erwies. Der Staatsrat verband einen besonderen Plan damit, als er von dem Pater Surin verlangte, mit Jeanne des Anges einen solchen Umweg zu machen. Damals nämlich lag Richelieu krank in seinem Schloss Ruel. Er hatte einen

Tumor am Arm, der ihm große Schmerzen bereitete. Seinem Chirurgen Juif und seinem Arzt Citoys war es nicht gelungen, ihm einige Erleichterung zu verschaffen. Außerdem litt der Kardinal sehr stark an Hämorrhoiden. Um sich von diesem Leiden zu befreien, das so heftig war, dass er ganz depressiv davon wurde, hatte er mit großem Prunk die Reliquien des heiligen Fiacre von Meaux kommen lassen.

Zu jener Zeit war allgemein der Glauben verbreitet, dass diese Reliquien die Macht besäßen, Kranke, die an Hämorrhoiden litten, zu heilen. Aber der Kardinal verspürte keine Besserung, als man ihm die Reliquien auf den kranken Körperteil legte. An dem Hof und in Paris sang man Spottlieder, in denen in grober und zynischer Weise die mystisch-religiösen Fantasien des Kardinals verhöhnt wurden. Ja, man ging sogar so weit, Verse zu veröffentlichen, deren Inhalt so obszön war, dass man sie kaum wiedergeben kann.

Dieser Misserfolg mit den Reliquien des heiligen Fiacre veranlasste Laubardemont, den Kardinal zu überreden, einen Versuch mit den wunderbaren Eigenschaften des Öles des heiligen Joseph zu machen. Der Brief des Paters Jacquinot an den Jesuitengeneral in Rom über erzielte Heilungen war so überzeugend, dass der Staatsrat glaubte, unter allen Umständen das Abenteuer wagen zu müssen. Wenn dieses Unternehmen erfolgreich sein sollte, war ihm die Dankbarkeit Richelieus sicher und er würde ihn mit neuen Wohltaten überhäufen. Dies war der Grund, weshalb er Jeanne des Anges mit auf das Schloss von Ruel nahm. Der Kardinal war am Tag ihrer Ankunft sehr leidend und hatte sich zu Bett legen müssen. Trotz seines schlimmen Zustandes hatte er sich beeilt, den fremden Besuchern eine Audienz zu gewähren. Jeanne des Anges und Laubardemont wurden gegen alle Regeln der Etikette sofort in sein Zimmer eingelassen.

Nachdem die Oberin sich seinem Bett genähert und seinen Segen empfangen hatte, überreichte sie ihm das Stück des Hemdes, auf dem sich diese heiligen Ölflecken befanden. Als er es sah, wurde er von tiefer Ehrfurcht und Rührung ergriffen. Bevor er das Hemd mit seinen Händen berühren konnte, erkannte er trotz seiner Krankheit die Echtheit des Stückes. Er atmete tiefbefriedigt den köstlichen Duft ein, küsste es zweimal und sagte: „Wie köstlich es duftet!" Dann bat er, dass man die über seinem Bett stehenden Reliquienkästchen damit berührte. Während er dieses Hemd voll Verehrung und Bewunderung in den Händen hielt, erzählte Jeanne des Anges ihm die Geschichte ihrer wunderbaren Heilung.

Doch die Krankheit des Kardinals ließ sich durch Reliquien nicht heilen. Der heilige Joseph war nicht erfolgreicher als der heilige Fiacre. Richelieu wurde bis zu seinem Tod weder von dem Tumor seines Armes noch von seinen Hämorrhoiden befreit.

Um jedoch Jeanne des Anges seine Freude über ihren Besuch zu zeigen, machte er ihr ein Geschenk von fünfhundert Talern und beauftragte einen Edelmann aus seinem Gefolge, sie während der Dauer ihrer Pilgerschaft zu begleiten und Sorge dafür zu tragen, dass es ihr an nichts fehle.

Der Erzbischof von Sens, Octave de Saint-Lavy de Bellegarde, ihr Onkel, empfing sie mit derselben Güte, und der Kommandant de Sillery, der beim Anblick der imprägnierten Namen, die Jeannes linke Hand zierten, vor Staunen fast erstarrte, stellte ihr seinen Wagen zur Verfügung, um sie nach Annecy zu bringen.

Als der König und die Königin die Anwesenheit der berühmten Nonne und die Nachricht ihrer bald bevorstehenden Abreise nach Annecy erfuhren, beauftragten sie Laubardemont, Jeanne zu ihnen nach Saint-Germain zu führen.

Anna von Österreich war zu jener Zeit im sechsten Monate ihrer Schwangerschaft. Jeanne des Anges benutzte diesen Umstand, um ihr die Öltropfen des heiligen Joseph zu zeigen. Die Königin atmete mit Entzücken ihren wunderbaren Duft ein und in ihrer Begeisterung nahm sie der Oberin das feierliche Versprechen ab, nach Saint-Germain zurückzukehren, sobald sie ihren Besuch am Grab des Bischofs von Genf ausgeführt haben würde. „Denn in der Stunde der Gefahr", so fügte sie hinzu, soll das heilige Hemd in ihrer Nähe sein". So erfreute dieses Schauspiel ganz Frankreich. Man sah, wie eine Nonne von Ort zu Ort zog, um ihre Wundmale und ihr parfümiertes Hemd zur Schau zu stellen. Nachdem sie ihre Pilgerschaft vollendet hatte, die Jeanne des Anges in ihren Memoiren ausführlich beschreibt, kehrte sie nach zwei Monaten wieder nach Saint-Germain zurück, wo man sie mit Ungeduld erwartet hatte. Sie war kaum im Schloss angekommen, als Anna von Österreich, die schon in der Nacht heftige Geburtswehen gehabt hatte, dringend danach verlangte, dass man ihr das berühmte Hemd auflege. Dies geschah auch. So wurde dank dieses Wundermittels genau um elf Uhr morgens die Gemahlin Ludwig XIII. glücklich entbunden.

Anna von Österreich mit ihren Kindern (Ludwig XIV. und der Herzog von Anjou)

In demselben Palast, wo eine Königin von Frankreich das Beispiel dieses Aberglaubens bot, spotteten und lachten die Ehrendamen ganz offen über solche Scherze, und die Höflinge benützten sie als Motiv zu satirischen und höhnischen Epigrammen.

Aber das Hemd der Jeanne des Anges war und blieb darum doch heilig. Nachdem der königliche Stempel darauf gedrückt worden war, wurde ihm die außerordentliche Ehre zuteil, die Haut der Königin zu berühren. Selbstverständlich vollbrachte dieses Hemd weitere Wunder und brachte dem Orden der Ursulinerinnen in Loudun unzählige Wohltaten ein. Schwester Jeanne des Anges nutzte geschickt diese Situation in den folgenden siebenundzwanzig Jahre aus, die sie noch lebte.

Ihre lange Abwesenheit war für ihr Kloster auch noch in anderer Weise sehr nützlich und segensreich gewesen. Denn abgesehen davon, dass sich die Klosterkasse wieder auffüllte, genossen die Ursulinerinnen endlich einmal

wieder eine bescheidene Ruhe, nachdem sie nicht mehr
dem aufregenden Treiben ihrer Oberin ausgesetzt waren.

Mit dem Ablauf des Jahres 1638 fand die Besessenheit
in Loudun ein Ende. Tatsache ist, dass zwei der Exorzisten, nämlich die Patres Lactantius und Tranquillus durch
diese Tätigkeit wahnsinnig wurden und starben. Der
Zivilleutnant Louis Chauvel und der Chirurg René Man-
noury erlitten dasselbe Schicksal.

Von diesem Zeitpunkt an wurde sowohl die geistliche
wie die weltliche Leitung des Klosters dem Domherren de
Moran, dem Stellvertreter des Bischofs von Poitiers,
anvertraut. Dieser neue Beichtvater, der ein unwissender
und eingebildeter Mensch war, scheint keinen großen Einfluss auf den Charakter Jeannes des Anges ausgeübt zu
haben. Außerdem war er beinahe gelähmt, da er sehr
unter Rheumatismus litt und kaum imstande war, seinen
kirchlichen Obliegenheiten nachzukommen. Da er schon
ein paar Monate später starb, suchte man nach einem besseren Nachfolger für ihn. Die Wahl des Bischofs von Poitiers fiel auf den Jesuitenpater Saint-Jure, der einen ernsten, kalten Charakter hatte. Pater Saint-Jure. dessen
Gesicht einen asketischen Ausdruck hatte, war ganz der
Mystik verfallen. Er brachte eine ausgewählte Bibliothek
von schwer verständlichen theologischen Schriften mit
nach Loudun.

Von dem Tag an, als dieser Jesuit sein Amt ausübte,
erfuhr der Charakter Jeannes des Anges eine vollständige
Umwandlung. Sie schien von einer Menge religiöser
Skrupel bewegt zu sein und erfüllte mit größtem Eifer alle
kleinen Pflichten, die ihr die klösterliche Frömmigkeit

auferlegte. Von jetzt an verengte sich ihr Gesichtskreis immer mehr und sie wurde mehr als je zuvor von Zweifeln geplagt. Gegen die Regel und dank der Befürwortung des Bischofs von Poitiers hatte man sie abermals zur Priorin des Klosters erwählt. Diese Frau, die früher die Welt so sehr geliebt hatte, dass sie den ganzen Tag im Sprechzimmer verbrachte, legte nun ihren Gefährtinnen eine außerordentlich strenge Regel auf. Immer häufiger bereuten es die Nonnen, dass sie dieser alten, hysterischen Oberin ihre Stimme gegeben hatten.

Jeanne des Anges wurde ständig von obszönen Halluzinationen geplagt, aber auch ihr guter Engel erschien ihr von Zeit zu Zeit, um die imprägnierten Namen zu erneuern. Ihre religiösen Wahnvorstellungen nahmen eine erotisch-mystische Färbung an. Da sie nicht mehr das Bild von Grandier oder Pater Surin vor Augen hatte, sondern tagtäglich nur den Jesuiten Saint-Jure, einen eiskalten Theologen, vor sich sah, bildete sie sich ein, dass Jesus Christus gleichsam wie bei der heiligen Theresa in ihr wieder geboren sei. Aber selbst jetzt noch gewann von Zeit zu Zeit ihre sinnliche Natur die Oberhand. Um Herr über den Dämon der Fleischeslust zu werden, geißelte sich diese alternde Frau und wälzt sich gleichsam auf Dornen und glühenden Kohlen, ohne dass sie von ihren Begierden befreit wurde.

Während dieser ganzen Periode, die von 1646 bis 1657 andauerte, kam es zwischen ihr und ihrem Beichtvater zu theologisch-mystischen Gesprächen, in denen sie sich sehr besorgt um das Heil ihrer Seele zeigt. Um diese Zeit nahmen die hysterischen Zustände, unter denen Jeanne des Anges litt, endlich eine etwas mildere Form an. Die körperlichen Erscheinungen verlieren nach und nach ihren krampfhaften Charakter. Doch war die Erkrankung ihrer Nerven bei ihr schon so weit fortgeschritten, dass sie den Zwang spürte, die Wundmale ihres Körpers zu zeigen und ihre ständigen Halluzinationen anderen mitzuteilen.

In dieser Zeit erinnerte sie sich der Lehren des Paters Surin und setzte sich in direkte Verbindung mit Jesus Christus. Er hatte ihr nämlich ständig eingeredet, es gebe eine Verbindung, die Jesus selbst herstellt, indem er sich ganz mit einer Seele vereinigt und sie mit seinem göttlichen Wesen erfüllt. Dies werde durch eine körperliche Berührung verursacht, die eine heiße Liebe entfache und der Seele nicht nur durch den Glauben, sondern auch durch die Erfahrung kundtue, was Gott sei. Die Wirkung, die durch eine solche göttliche Liebe erzielt würde, ist eine solche Liebe, dass die Seele sich nur schwer von ihrem Himmelsbräutigam trennen könne. Jeanne des Anges formulierte diese Lehre so: „Wenn ich gläubig mich ihm nahe, die als Braut er sich erlesen hat, fühl' ich mich ganz mit ihm vereinigt und völlig eins mit Jesu Wesen, das mein Herz mit Wonne erfüllt."

Jeanne des Anges sieht also Jesus, der sich ihr in seiner ganzen großen Schönheit zeigt und sich ihr gegenüber sehr verliebt erweist und so zu ihr spricht: „Betrachte mit Muße meine Schönheit, und möge dir dieser Anblick dazu dienen, niemals den Anblick vergänglicher Dinge zu ersehnen, weil alles vorübergeht. Ich aber bleibe in Ewigkeit und bin derjenige, der wirklich ist. Alles Übrige ist nichts. Es gefällt mir, in den Seelen meiner Auserkorenen zu wohnen, die keine andere Stütze als in mir haben. Ich werde dich lieben wie meine Tochter und meine Gattin. Das ist die Lehre, die ich dir gebe, über die du viel nachdenken sollst. Du musst dich zwingen, in meiner Gegenwart alle andern Gedanken zu unterdrücken und an mich, nur an mich zu denken und dich stets daran zu erinnern, dass ich allein es verdiene, dein Herz zu besitzen. Ich bin eifersüchtig auf dich, teile mich mit niemand und blicke oft auf meine Schönheit."

Aber neben diesen Halluzinationen, die teils durch die geistreichen Briefe Pater Surins, bald durch die mystischen Unterhaltungen mit ihrem Beichtvater hervorgerufen wurden, kamen noch andere Wahnvorstellungen, die durch den geringsten Anlass hervorgerufen wurden.

Als am 30. April 1657 der Jesuit Saint-Jure gestorben war, beschwört die Schwester ihn, ihr in einer ihrer Halluzinationen zu erscheinen. Sie erfährt von ihm, dass er sehr gelobt werde, weil er stets mit Eifer bemüht war, die Menschwerdung unsres Herrn Jesus Christus durch Worte und Schriften der Welt bekannt zu machen. Deshalb sei er rasch wie ein Blitz durch das Fegefeuer geglitten.

Von diesem Tag an beginnt das peinliche Schauspiel des geistigen Verfalles dieser Frau. Wenngleich sie auch nur eine mangelhafte Bildung hatte, so besaß sie doch wenigstens einen hervorragenden Verstand und eine starke Einbildungskraft, die sich in ihren Halluzinationen zeigte.

Aber diese Wahnvorstellungen nahmen von jetzt an

langweilige und banale Züge an. Jeanne des Anges, die ständig von der Furcht vor der ewigen Verdammnis verfolgt ist, ruft die Seelen der vor Kurzem gestorbenen Nonnen an und bittet sie, Fürsprache für sie einzulegen und ihre Vermittler vor Gott zu sein.

Bis zum Juli 1661 trägt sie noch die Wundmale zur Schau. Aber dann gelingt es ihr durch eine letzte Anstrengung von Selbstbeeinflussung, sich davon zu befreien. Sie wollte einfach nicht mehr Gegenstand der ständigen Neugierde von fremden Menschen sein, die in Loudun zusammenströmten. In dieser Zeit verliert Jeanne des Anges allmählich alle physische und moralische Kraft. Sie kann nicht mehr schreiben. Der letzte von ihr geschriebene Brief, den wir besitzen, trägt das Datum des 8. Mai 1661. Ihre ganze rechte Seite ist gelähmt. Wie die meisten Gelähmten verfällt sie in vollständige Nervenschwäche und stirbt am 29. Januar 1665 an einer Lungenentzündung.

Am 21. April desselben Jahres starb auch Pater Surin, der wie sie unter verschiedenen schweren Krankheiten litt. Die letzten Tage des Jesuiten waren nicht glücklich gewesen. Wie Jeanne des Anges dachte er immer an Selbstmord. Der Versuch, den er machte, sich das Leben zu nehmen, hatte sehr üble Folgen. Er stürzte sich zum Fenster hinaus, zerbrach den Schädelknochen und war dadurch gelähmt. Da sein nervöser Zustand ihn für seine Umgebung ganz unausstehlich machte, versuchten die Jesuiten sich seiner zu entledigen und brachten ihn deshalb eine Zeit lang in einem befreundeten Haus unter. Da seine Schwäche so sehr zugenommen hatte, dass er weder gehen noch sich selbst helfen konnte, war man genötigt, ihm eine Wärterin zu geben, die ihn pflegen und ihm helfen sollte. Diese Frau, die grundlos den Pater hasste, beleidigte ihn nicht nur mit Worten, sondern griff ihn auch tätlich an. Diese Misshandlungen waren so grausam, dass die erhaltenen Berichte beim Leser Schaudern hervorrufen müssen. Sie traktierte ihn nämlich unerbittlich mit Faustschlägen und Ohrfeigen und ging oft so weit, ihn mit einem Stock wütend auf das Gesicht und den Kopf zu schlagen.

Nach dem Tod Jeannes des Anges vergaßen die Ursulinerinnen sehr rasch den Groll, den sie in den letzten Jahren gegen ihre Oberin hatten. Sie dachten nur daran, sich schöne Einnahmen zu verschaffen, indem sie aufs Neue die Leichtgläubigkeit des Publikums ausbeuteten. Aus diesem Grund verbreiteten sie das Gerücht, dass ihre Oberin als Heilige gestorben sei. Sie legten ihren Kopf in einen prachtvollen Reliquienschrein und stellten ihn den Gläubigen gleichsam zur Verehrung aus. Aber sie waren mit dieser Schaustellung nicht zufrieden, sondern sie beschafften sich noch ein Gemälde, das die letzte Teufelsbeschwörung ihrer Priorin darstellte. Dieses Gemälde stellten sie an einem gut sichtbaren Platz in ihrer Kapelle aus. Aber schon 1750 wurde dieses Treiben und einträgliche Geschäft beendet, als der zuständige Bischof von Poitiers, Herr de Caussade de la Marthome, auf einer kirchlichen Inspektionsreise nach Loudun kam. Er fand dieses Bild so skandalös, dass er den Befehl erteilte, es sofort zu entfernen. Aber die frommen Schwestern dachten nicht daran, ihm zu gehorchen, sondern hängten ein Christusbild darüber, dessen Rahmen größer war und das Anstoß erregende Gemälde völlig abdeckte.

Von diesem Augenblick an ging es abwärts mit den Geschäften der Ursulinerinnen. Der Eifer der Pilger erlahmte und die Almosen verringerten sich von Tag zu Tag. Außerdem machte ihnen das neu eröffnete Pensionat der „Damen der christlichen Gemeinschaft" scharfe Konkurrenz und raubte ihnen die wenigen Pensionärinnen, die ihnen bisher treu geblieben waren. Sie waren gezwungen, Schulden zu machen, und wurden hart von ihren Gläubigern bedrängt. Da sie allgemein verachtet waren, appellierten sie vergebens an das Solidaritätsgefühl der andern Klöster der Ursulinerinnen. Man würdigte ihre Bittschreiben nicht einmal einer Antwort und niemand kam ihnen zu Hilfe. Als der neue Bischof von Poitiers, Herr de Beaupoil de Saint-Anlair, von diesen Vorgängen in Kenntnis gesetzt wurde, machte er so rasch wie möglich diesen skandalösen Zuständen ein Ende. Er löste nämlich einfach die Kongregation der Ursulinerinnen auf und verteilte die Nonnen in verschiedene andere Klöster.

Ihr Mobiliar wurde versteigert. Die andern Güter den Damen der Heimsuchung Marias und der Christlichen Gemeinschaft unter der Bedingung zur Verfügung gestellt, dass sie dafür die Schulden der Ursulinerinnen bezahlen sollten.

Außerdem wurde den Damen der Christlichen Gemeinschaft das Kloster der Ursulinerinnen zugesprochen, wo sie bis zum Jahre 1789 gewohnt haben. Wahrscheinlich war es im Laufe der Jahre von 1772–1782 gewesen, dass sie dem Mutterhause in Tours das hier vorliegende Manuskript liehen oder auch ganz überließen. Die berühmten Reliquien, das Haupt der Jeanne des Anges und das Hemd mit den Öltropfen, die die Gläubigen mehr als ein Jahrhundert lang verehrt haben, sind vollständig verschwunden.

ZEITTAFEL

1605 : Die Autorin Jeanne de Beclier, die spätere Jeanne des Anges, wird im Schloss Cozes in Saintonge geboren.

1615: Erziehung in Saintes bei ihrer Tante

1620: Rückkehr in das väterliche Schloss und Entschluss, dem Orden der Ursulinerinnen beizutreten.

1623: Jeanne de Beclier (= des Anges) legt das Gelübde im Kloster Poitiers ab.

1626: Gründung eines Ursulinerinnenklosters in Loudun

1627: Jeanne des Anges wird Oberin im Kloster von Loudun.

1631: Jeanne des Anges will nach dem Tod des Beichtvaters des Klosters den bekannten Stadtpfarrer von Loudun Urbain Grandier für dieses Amt gewinnen. Als er dieses Ansinnen ablehnt, will Jeanne des Anges sich dafür rächen.

1633: Eine Besessenheitsepidemie bricht im Kloster aus. Die Nonnen erheben den Vorwurf, Urbain Grandier habe dieses Unheil über ihr Kloster gebracht. Der Bischof verbietet die Teufelsbeschwörungen.

1634: Der Staatsrat Laubardemont, ein Freund Richelieus, kommt nach Loudun, um das Festungswerk des Schlosses zu schleifen. Als er von den Vorfällen im Kloster der Ursulinerinnen erfährt, ergreift er Partei für Jeanne des Anges und lässt Urbain Grandier verhaften. Grandier wird verurteilt und durch den Feuertod hingerichtet. Der Pater Surin setzt die Exorzismen in Kloster fort.

1634–1636: Exorzismen werden im Kloster praktiziert.
Pater Surin verlässt das Kloster.
1637: Jeanne des Anges ist von der Besessenheit geheilt.
Pater Surin kehrt zurück und will den Dämon Behemot
austreiben. Der erfolgreiche Exorzismus macht Jeanne des
Anges zu einer bekannten Persönlichkeit. Ihr Hemd mit
den Öltropfen, die vom heiligen Joseph stammen sollen,
wird wie eine Reliquie verehrt. An ihrer Hand sind die
Namen Jesu, Maria, Joseph und Franz von Sales eingedrückt.
1638: Die Besessenheit der Jeanne des Anges ist beendet.
Sie reist nach Paris, besucht das Königspaar und den Kardinal Richelieu.
1642: Sie verfasst ihre Memoiren.
1646–1657: Pater Saint-Jure wird ihr Beichtvater. Gelegentlich finden sich bei Jeanne des Anges Anzeichen von
Besessenheit.
1661: Die Wundmale verschwinden.
1665: Jeanne des Anges stirbt. Ihr Kopf wird abgetrennt
und in einem Reliquienschrein verehrt. Der letzte Exorzismus wird auf einem Gemälde abgebildet, das in der
Kapelle des Klosters hängt.
1750: Der Bischof verbietet den Nonnen in Loudun die
öffentliche Zurschaustellung dieses Gemäldes.
1772–1782: Das Kloster ist durch den Rückgang der Reli-
quienverehrung völlig verschuldet und wird aufgelöst.
Das Mobiliar wird verkauft. Die Memoiren gelangen auf
diese Weise nach Tours.

DIE MEMOIREN EINER BESESSENEN

Jeanne des Anges

In Anbetracht, dass ihre Oberin, die Schwester des Anges, anbefahl, alles, was sich während ihrer Besessenheit zutrug, niederzuschreiben, hat sie im Geiste des Gehorsams sich diesem blindlings gefügt und zu Papier gebracht, was hiernach folgt:

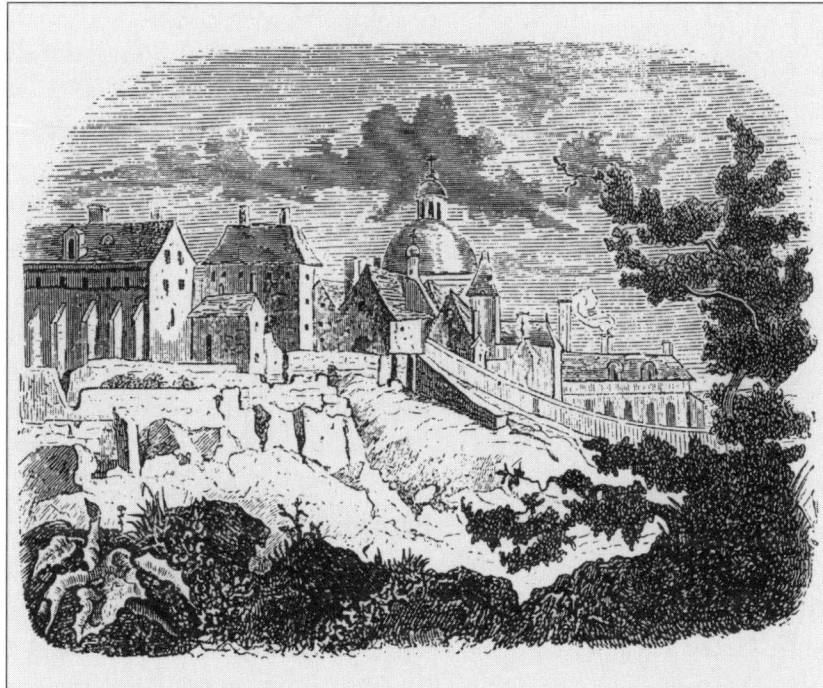

Ansicht von Loudun (19. Jh.)

Zur höheren Ehre Gottes und um dem Auftrag, der mir ward, gerecht zu werden, will ich hier in Einfalt all den Jammer beschreiben, den es der göttlichen Güte gefallen hat, seit nunmehr neun Jahren in meine Seele zu senken, offenbar, um sie von Laster und Unvollkommenheit, worin sie sich bewegte, zu reinigen. Berichten will ich auch, wie Er in Seiner Güte mich dann und wann im Innersten erschütterte, auf dass ich mich bekehre und ablasse von meiner Neigung zur Kreatur, die mich in Banden schlug.

Die ersten Jugendjahre vertrödelte ich ziemlich unbekümmert, wie junge Mädchen meines Standes tun. Ich legte das Gelübde ab am 8. September 1623, dem Geburtstage der hochheiligen und glorreichen Jungfrau, meiner lieben Mutter und Patronin. Es war in unserem Kloster zu Poitiers, und ich blieb daselbst drei Jahre lang, von meinem Gelübde an.

Wenn ich an das Leben denke, das ich dort führte, so finde ich, ich habe rechte Ursache, vor Gott und den Menschen zu erröten wegen der geistigen Ausschweifungen, zu denen es mich zog. Würde der Gehorsam es mir erlauben, so fände ich wohl ein sonderbares Vergnügen daran, meine ganze Bosheit, Lästersucht, Doppelzüngigkeit, Anmaßung, Hoffart und Selbstsucht nebst all den anderen Lastern hier haarklein zu schildern, auf dass alle diejenigen, so einmal mein Bekenntnis hier lesen, aufgrund der göttlichen Gerechtigkeit um Erbarmen schreien für mich, einer tausendfältigen Sünderin. O mein Gott! wie sehr bedarf ich viel mehr Deiner barmherzigen G n a d e als Deiner Gerechtigkeit. Gib nicht acht auf meine Untreue, sondern gedenke der Verdienste Deines köstlichen Blutes und der Willenskraft, die Du mir gabst, jetzt Dein zu sein ganz und ohne Rückhalt.

Ich verbrachte also jene drei Jahre in arger Ausschweifung, derart, dass ich wenig beflissen war der Gegenwart Gottes. Keine Stunde währte mir so lang als die, da die Ordensregel uns zwang, im Gebet zu liegen. Fand ich daher nur irgend einen Vorwand, der mich beurlaubte, so griff ich mit Eifer danach und machte mir keine Beschwerden, die Versäumnis einzuholen. Ich las mit Fleiß alle Arten von Büchern; doch nicht um des geistlichen Fortschritts willen, sondern bloß, um geistvoll plaudern zu können und die anderen Mädchen in allen Gesellschaftskünsten auszustechen.

Am Schluss übte ich mich selber darauf ein, den Ton anzugeben, der meinen Partnern gerade recht war; und da ich von Natur aus eine gewisse Begabung besitze, auch durchzuführen, was ich mir vorgenommen, so gewann ich aufgrund meiner Geistesgewandtheit sehr bald die Zuneigung aller Menschen, besonders aber solcher, die mir vorgesetzt waren. So hatte ich mehr Freiheit, zu tun, was mir behagte, bekam die angenehmsten Ämter in der Gemeinschaft und war weniger der äußeren Regel unterworfen. So sehr war ich von mir eingenommen, dass ich die Mehrzahl der anderen für weit unter mir stehend hielt und sie oft im Herzen deshalb verachtete. Ich legte es nach Kräften darauf an, bei allen geistvollen Personen, mit denen ich irgendwie in Berührung trat, eine gute Meinung von mir zu erwecken.

Mitten in diesem weltlichen Getümmel verließ mich der Herr dennoch nicht, und Seine Barmherzigkeit war so groß für mich, dass Er meinem Herzen keine Ruhe ließ. Denn so oft ich zur Prüfung meines Gewissens vor Ihm stand, empfand ich so gewaltige Verwirrungen, dass ich sie kaum zu sagen wüsste. Ich war so undankbar gegenüber seiner göttlichen Güte, dass ich es stets vorzog, meine Qual weiterzutragen, anstatt meine Gewohnheiten und Sitten zu ändern. Zuweilen packte es mich wie Ahnung der Verdammnis; aber ich erstickte die Regung und lief Ergötzungen nach. Die Zeit floss dahin, ohne dass ich mein Seelenheil zu ordnen gedachte und ohne dass ich mich zu dem Entschluss aufraffte, vom lasterhaften Brauche zu lassen. Im Gegenteil, ich jagte nach dem Vergnügen, soweit es mein Stand erlaubte, obgleich ich es nirgends fand; denn ewig stach mich das Gewissen, und wenn ich auch alles tat, es zu ersticken, so wollte die göttliche Güte doch nicht, dass es mir gelinge. Im Gegenteil, die Gewissensbisse wurden täglich schlimmer. Ich beichtete und fand keine Ruhe, weil ich die nötige Zerknirschung nicht mitbrachte.

O Gott! Wie brauchte ich es, dass Dein Erbarmen über mein böses Trachten hinwegsehe; sonst hätte mich ja auch Deine Gerechtigkeit längst zerschmettert. Hab Dank, mein Gott, für Deine Güte, die Du Deiner undankbaren Magd angedeihen lässt! Gib nicht zu, ich flehe dich an, meine süße Liebe, dass sich mein Herz auch nur auf einen Augenblick von Dir wende!

Wie ich nun fortfuhr, nach meinen bösen Leidenschaften zu leben und im Laster zu verharren und nach Ruhe zu suchen, die ich auch immer fand, da schlug man mir vor, hier in Loudun eine neue Stiftung zu gründen. Eilfertig verlangte ich, unter denen sein zu dürfen, die der Stiftung wegen ausgesandt werden sollten. Das verstieß zwar gegen den üblichen Brauch guter Schwestern, die sich in allen Dingen leiten lassen müssen, ohne eigene Wahl. Man machte mir erst einige Schwierigkeiten; doch ich gab nicht nach. Im Gegenteil, ich erfand Listen über Listen, um zum Ziel zu gelangen. So setzte ich es durch, und ich kam unter die Zahl der Gründer. Ich dachte mir, wenn ich schon den Aufenthaltsort wechselte, so würde ich mich in einem kleineren Hause mit weniger Insassen auch selber leichter verändern als in einem großen, und meine Ruhe wiederfinden. Ach! Es war eine Täuschung. Anstatt an der Abtötung der Leidenschaften zu arbeiten und die Regel zu befolgen, war ich wieder darauf erpicht, an allen Leuten der Gegend ihren Charakter zu studieren und mit mehreren Bekanntschaft zu schließen. Stets suchte ich im Sprechzimmer mit nutzlosem Schwätzen Zeitvertreib. Bei meinen Vorgesetzten war ich bestrebt, mich unentbehrlich zu machen, und da wir bloß ein paar Nonnen waren, konnte unsre Oberin nicht umhin, mir alle Ämter in der Gemeinschaft anzuvertrauen. Sie hätte mich ja gut und gern übergehen können, da andere Nonnen bedeutend fähiger waren als ich; aber ich täuschte sie eben fortgesetzt mit tausend kleinen Schlauheiten, und so machte ich mich bei ihr unentbehrlich.

Ich verstand es, mich ihren Launen so geschickt anzupassen und sie so zu umgarnen, dass sie nicht für gut befand, ich hätte es denn getan; ja sie hielt mich sogar für brav und tugendsam. Da schwoll mir dermaßen der Kamm, dass ich kaum etwas unternahm, was mir nicht beachtenswert erschien. Wie konnte ich vertuschen und heucheln! Nur damit meine Oberin mir weiter gewogen bleibe und meine Neigungen und Begierden begünstige.

Daher ließ sie mir auch alle mögliche Freiheit (die ich missbrauchte), und da sie sehr brav und tugendhaft war und mich auf dem Wege zur Vollkommenheit in Gott wähnte, so lud sie mich oft selber zur Unterhaltung mit guten Vätern ein; was ich auch sogleich immer tat, ihr zu Gefallen und mir zum Zeitvertreib.

Die Regel schrieb uns vor, alljährlich eine Einkehr im Geist abzuhalten. Mehrfach hatte ich sie verfehlt und ich bat die Oberin, sie möchte doch eine veranstalten, was sie mir gern zusagte. Sie riet mir, zum Beichtvater den ehrwürdigen Pater Prior von den hiesigen Karmelitern zu wählen; er wäre ein großer Diener des Herrn und in der Seelenleitung wohlerfahren. Ich schickte mich also zur inneren Einkehr an, doch ohne die Absicht, meinen Wandel zu ändern. Trotzdem erlaubte mir der gütige Gott, der mich nicht verderben wollte, in seiner liebevollen Zuneigung, dass ich in große Unruhe, Trägheit, Verzweiflung und Gewissensbisse verfiel. Die Folge war, ich wusste nicht, was ich machen sollte.

Ich brachte es nicht fertig, mich mit den Gegenständen der Andacht zu befassen, die der gute Vater mir aufgegeben hatte. Als ich völlig allein in meiner freien Zeit war, trauerte ich nur. Aber ich konnte mich nicht dazu entschließen, den Zustand meines Gewissens zu offenbaren und mein Leben zu verändern.

Wäre das Ansehen vor den Menschen nicht gewesen, das mich weit mehr bewegte als die Gottesfurcht, so hätte ich die Einkehr schon mit dem ersten Tage abgebrochen. Doch der Herr erlaubte es nicht. Er sprach durch den Mund des guten Vaters eindringlich zu mir von den Mühsalen, welche die so frommen Seelen belasten und von der einzigen nur möglichen Tilgung. Gott gab mir die Freudigkeit, mein Herz zu öffnen und den Zustand meiner Seele darzulegen. Der gute Vater meinte, ich müsse mit einer Generalbeichte von meinem Eintritt in den Orden beginnen. Die Schwierigkeit war groß; doch entschloss ich mich endlich, gepeinigt vom Gewissen, das mir keine Ruhe gab.

Nach geschehener Beichte erfüllte mich die Güte Gottes mit dem lebhaften Bewusstsein, dass ich ihr bisher so nachlässig gedient hatte; und ein Begehren wuchs in mir, mich von nun an eines anderen Wandels zu befleißigen. Allmählich gewann ich Geschmack am Gebet, derart, dass ich nur ungern die Zeit dazu verlor. Der Herr, der meine Schwachheit wohl durchschaute, zog mich wie ein Kind mit sanfter Milde dazu hin. Der Trost, der mich durchrieselte, ließ mich schließlich noch länger dabei verweilen als die bloße Liebe zu ihm. Unbeschwert fast fuhr ich fort in meiner Bußübung, dreizehn oder vierzehn Tage lang. In dieser ganzen Zeit fasste ich viele gute Vorsätze; doch in Wirklichkeit hielt ich sie nicht lange. Denn nach drei bis vier Monaten wurde ich es müde, Geist und Körper zu töten; langsam nahm ich alle meine kleinen Gewohnheiten wieder an und sie waren so lebendig in mir wie am ersten Tag.

Auch wusste ich nicht, wie ich gegen sie ankämpfen sollte, denn ich griff sie nicht in ihren Wurzeln an. Denn ich stützte mich zu sehr auf meinen guten Willen und meine Fähigkeiten. Schließlich hatte ich eine gute Meinung von mir selbst bewahrt und ich bemühte mich, dass auch die anderen diesen Eindruck hatten. Bei meinen

Handlungen war mir die Meinung der Menschen also wichtiger als die von Gott. Zum Unglück fasste ich auch noch liederliche und scheinbar fromme Neigungen zu gewissen Personen und verrannte mich so, dass ich ganze Tage lang im Sprechzimmer mit nutzlosen Unterhaltungen hinbrachte.

Gott fügte es damals, dass unsere Mutter als Oberin in ein anderes Haus unseres Ordens versetzt wurde und ich ihre Stelle erhielt. Wahrhaftig, ich war anfangs recht missvergnügt darüber und wünschte, das Los hätte eine andere getroffen. Nicht, dass mir diese Last unbehaglich war oder dass ich mich nicht gefreut hätte, in der Gemeinschaft für unentbehrlich zu gelten. Aber mein Freiheitsdrang überwog bei Weitem den Ehrgeiz; denn es war klar, dass ich von den Stimmungen der Nonnen sehr abhängig sein würde; auch bereitete es mir Sorge, ihr Gewissen belasten zu müssen.

Diese Überlegungen veranlassten mich, alles, was in meinen Kräften stand, zu tun, um das Amt von mir abzuwälzen. Aber es nützte mir nichts. Statt auf meine Gründe zu hören, verlangten meine Vorgesetzten einfach, dass ich annehme; was ich schließlich zögernd tat. Als ich mich, so jung wie ich war, an dies Amt gefesselt sah, ohne Erfahrung und ohne jemals ordentlich die Regel erfüllt zu haben, da kam eine Niedergeschlagenheit über mich und ich verfiel in eine unermessliche Melancholie.

Dieser Zustand missfiel mir. Ohne Unterlass tadelte mich mein Gewissen, weil ich nicht so war, wie Gott es wollte; andererseits sah ich aber auch meine Unfähigkeit, meine Aufgaben in Würde auszuüben.

Trotzdem fasste ich, obschon mühsam, endlich den Entschluss, die drei Jahre so gut zu verbringen, wie es eben gehen würde; besonders, unter Aufbietung aller menschlichen Erfindungskraft daran zu arbeiten, Geist und Seele der Schwestern für mich zu gewinnen, bis ihnen alles, wie ich es wollte, annehmbar erscheinen würde. Währenddessen zwang ich mich, äußerlich gemäß der Ordensregel zu leben. Mein Inneres freilich war weit davon entfernt, weil ich überhaupt nicht an Unseren Herrn dachte, der trotz alledem in seiner Güte nicht unterließ, mein Herz zu erschüttern.

Denn er ließ sehr oft zu, dass ich sehr viel Schmerz über die Rolle der Menschen empfand, um mich zu zwingen, zu ihm zurückzukehren. Aber ich machte es nicht. Ich verbrachte im Sprechzimmer meine Zeit mit jenen Personen, zu denen ich so tiefe Neigung gefasst hatte. Gelegentlich verschaffte ich mir kleine Vergnügungen von nur kurzer Dauer. Wenn ich nämlich ganz allein war, traten meine Schmerzen von Neuem auf und wurden noch durch die Gewissensbisse vermehrt. Ich wünschte wohl, der geistliche Gehorsam möchte mir erlauben, hier alle die Sünden herzuerzählen, die ich beging und begehen ließ in jenen nicht notwendigen Unterhaltungen; dann sähe man, wie gefährlich es ist, junge Mädchen so leichtfertig am Sprechgitter zur Schau zu stellen, obwohl die Unterhaltung geistlichen Anschein hat. Wären die Schwestern nicht so gute Nonnen gewesen, mein schlechtes Beispiel hätte sie in die Gefahr der größten Verderbnis gestürzt.

Oh Herr, wenn ich daran denke, was bei den Gesprächen am Gitter des Beichtstuhles passierte, kann ich

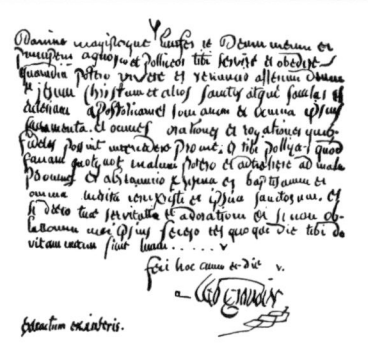

Der Pakt Urbain Grandiers mit den Dämonen. Abb. des Originals

DEUTSCHE ÜBERSETZUNG

Herr und Meister Luzifer, ich kenne dich als Gott und Oberherren an, ich gelobe dir zu dienen und zu gehorchen, solange ich lebe. Ich entsage einem anderen Gott, sowie auch Jesus Christus, allen Heiligen, der apostolischen Kirche, ihren Sakramenten und allen Gebeten, durch die die Gläubigen mir Hilfe leisten könnten.

Ferner gelobe ich dir, so viel Böses zu tun, wie ich kann. Ich entsage der Hl. Ölung und der Taufe, sowie allen Verdiensten Jesu Christi und der Heiligen. Wenn ich nicht imstande bin, dir zu dienen und dich anzubeten und dreimal täglich dir meine Huldigung zu bezeugen, so gebe ich dir mein Leben als das, was dir gehört.

Geschehen in diesem Jahr und Tag
Urbain Grandier
Auszug aus dem Höllenarchiv

meine Bewunderung nicht für Eure Güte unterdrücken mir so lange Eure Aufmerksamkeit zu schenken und mich mit so viel Liebe zu unterstützen. Ich preise Euch, weil Ihr mir gestattet habt, so viel Bitternis in der Liebe der Menschen zu erleben. Denn ohne diese Erfahrung hätte ich mich niemals von dieser Liebe getrennt, wenn ich nämlich die Ruhe gefunden hätte, die ich suchte. Ihr habt mir nämlich, oh Gott, eine Natur gegeben, die genug aufnahmefähig für Eure Liebe ist, wenn ich nur gewollt hätte, sie in Anspruch zu nehmen. Mein Herz kann nicht existieren, ohne dass es durch die Liebe zu einer Sache in Anspruch genommen ist. Doch Ihr habt mir niemals erlaubt, auch nur einen Tag lang Vergnügen bei diesen Beschäftigungen zu empfinden. Mein Retter, ich sage Euch Dank dafür und ich beschwöre Euch bei Eurem kostbaren Blut nicht zu erlauben, dass ich mich mit jemand anderem als mit Euch beschäftige. Denn Ihr seid der Einzige, mit dem ich mich beschäftigen muss und der mich auch erfreuen kann.

So ungefähr brachte ich meine ersten zehn Ordensjahre dahin. Ich habe alle

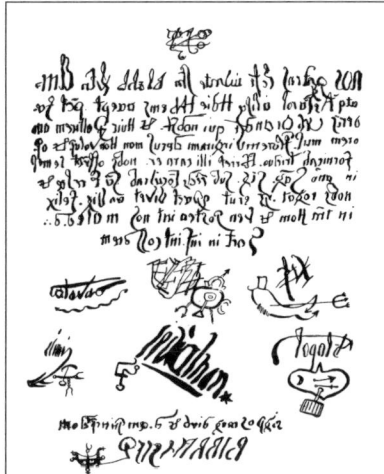

Der Pakt der Dämonen mit Urbain Grandier. Abb. des Originals

DEUTSCHE ÜBERSETZUNG

Wir der allmächtige Luzifer haben heute mit dem Beistand Satans, Beelzebubs, Leviathans, Elimes, Astaroths und anderer das Bündnis, das Urbain Grandier mit uns abgeschlossen hat, angenommen. Dafür werden wir ihm unwiderruflich bei den Frauen, den schönsten Jungfrauen, den ehrenvollen Nonnen, alle erdenklichen Würden, Auszeichnungen, Vergnügungen und Reichtümer versprechen. Er wird sich alle drei Tage der Hurerei hingeben, die Trunksucht wird er nicht aufgeben, einmal im Jahr wird er uns seine Unterwerfung mit seinem Blut besiegeln, die Sakramente der Kirche wird er mit Füßen treten und seine Gebete an uns richten. Aufgrund dieses Vertrages wird er zwanzig Jahre lang alle irdischen Freuden genießen und dann in unser Reich eingehen, um mit uns zusammen Gott zu lästern.

So geschehen in der Hölle im Rat der Dämonen.

Gez. Luzifer, Beelzebub, Satan, Elimi, Leviathan, Astaroth

Visa für die Signatur und das Siegel der teuflischen Meister und aller Oberhäupte der Dämonen

Gegengezeichnet: Baalbarith
Sekretär

Ursache, zerknirscht zu sein und viel Reue nötig, um die göttliche Gerechtigkeit zu versöhnen.

Nach dieser Zeit gefiel es dem Herrn, dass eine Schandtat an unserer Gemeinschaft durch einen Priester namens Urbain Grandier verübt werden sollte, der Pfarrer im Hauptkirchensprengel unserer Stadt war. Dieser Elende machte einen Pakt mit dem Satan, um uns zu verderben und Mädchen aus uns zu machen. Zu diesem Zweck ließ er Dämonen in den Körper von acht Nonnen dieses Hauses fahren und machte sie besessen. Die Geschichte steht genau beschrieben in den Akten des Prozesses, der deswegen geführt wurde.

Die Behexung war so groß, dass alle Nonnen unserer Gemeinschaft davon betroffen wurden, die einen durch Besessenheit, die anderen durch Bedrängung, und zwar in weniger als vierzehn Tagen. Wir waren in derartiger Verwirrung, dass es unfassbar ist, und ohne den ganz besonders gnädigen Beistand der Güte Gottes hätte uns dieser Mensch hundertmal vernichtet. Da ich beinahe am meisten vergewaltigt wurde, so machte ich mir wegen meines Gewissenszustandes Gedanken, indem ich annahm, man könne nicht besessen werden, ohne dem Teufelspakt irgendwie zugestimmt zu haben; worin ich mich aber irrte, denn die Unschuldigsten und selbst die Heiligsten können es werden.

Darstellung von Dämonen (19. Jh.)

Ich gehörte nicht zu der Zahl der Unschuldigen; denn oft und immer wieder hatte ich mich dem Teufel zu Sünden hingegeben, und zwar schon durch den hartnäckigen Widerstand, den ich der Gnade entgegenbrachte. Ich schickte mich zu einer außerordentlichen Beichte an. Aber da

die Dämonen mich in vielerlei Laster und in gewohnheits-
gemäßer Unvollkommenheit verwickelt fanden, und da
es mir an dem festen Entschluss mangelte, mich hieraus
zu befreien, so erlaubte Gott dem durch meine eigene
Schlechtigkeit gestärkten Dämon, mich in eine so gewaltige Verwirrung und Verblendung zu stürzen, dass ich die
Beichte nicht auf einmal zustande bringen konnte. Nur in
wiederholten Absätzen ging sie vor sich. Ich besaß die
Schlechtigkeit, verschiedene Beichtväter zu nehmen,
damit kein einziger die wahre Leuchte in mein Gewissen
trage. Zu Beginn der Besessenheit befand ich mich nahezu drei Monate in einer beständigen Geistesverwirrung,
dergestalt, dass ich mich nicht mehr erinnere an das, was
in dieser Zeit geschah. Die Dämonen tobten mit voller
Gewalt, und die Kirche bekämpfte sie Tag und Nacht mit
Beschwörungen.

Bei einer Beschwörung taten sie so, als ob sie aus meinem Körper führen und Gott den Platz räumten, Sechs
Monate blieben sie verschwunden; aber dann kamen sie
allmählich in meinem Geist und meinen Neigungen wieder zum Vorschein, so dass sie vermittels der bösen Anlagen, die sie in mir vorfanden, gemeinsame Sache machten
und mich so fest an ihre Tätigkeit ketteten, dass ich ganz
voll von ihren Regungen war.

Jeder der sieben Dämonen, die ich im Körper hatte,
ergriff davon Besitz, was er nach seiner Ansicht am besten
zu können behauptete. Gewöhnlich handelten sie entsprechend den Leidenschaften, die meiner Seele gefielen.
Was sie so listig anfingen, dass ich selbst kaum ahnte,
Dämonen zu beherbergen. Ich nahm es als Beleidigung,

wenn man mir Misstrauen bezeigte, und sprach man von Besessenheit, so verspürte ich einen heftigen Zorn gegen die betreffenden Personen in mir hochsteigen und konnte mich nicht enthalten, ihnen meine Gefühle deutlich zu machen. Nach und nach wurden mir die göttlichen Dinge zum Ekel, und zwar so sehr, dass ich jede Art von Gebet, sowohl laut wie innerlich, aufgab. Hatte ich irgendeine Ordensregel zu beobachten, so litt ich große Unruhe; allerdings wandte ich nicht die nötige Gewalt auf, meine Neigungen zu besiegen. Infolge dieser Lässigkeit überkam mich eine so große Gefühlskälte, dass mich alle göttlichen Dinge nicht mehr rührten, als wäre ich ein Bronzebild gewesen.

Zwei Jahre ungefähr währte es, dass ich mich den Sakramenten nur im Zwange der Regel näherte, ohne inneren Wunsch. In der ganzen Zeit war ich bei keiner Übung geistig dabei. Danach unterlag ich gewaltigen Versuchungen, deren Größe Gott allein ermessen kann. Daher hat auch nur Seine lautere Güte verhindert, dass ich ihnen gänzlich erlag; denn tausendmal sah ich mich am Rande des Abgrunds und bereit, dem Bösen die Hand zu reichen, bis plötzlich mein Wollen umschlug. Damals bediente sich der erwähnte Priester der Dämonen, um mich zur Liebe zu ihm zu reizen; sie erregten in mir die Begierde danach, ihn zu sehen und mit ihm zu reden. Mehrere Schwestern, die die gleichen Empfindungen hatten, machten mir jedoch keine Mitteilung davon; im Gegenteil, wir versteckten uns möglichst voreinander, und als die Dämonen in uns genug Liebesleidenschaft zu jenem Menschen entfacht hatten, kam er selber nachts in unser Haus und unsere Zellen, um

uns zur Sünde zu ver-
führen.

Konnte ich ihn nicht
zu Gesicht bekommen,
so entbrannte ich in
Liebe zu ihm; war er
aber gegenwärtig und
wollte mich verlocken,
so verlieh mir der sehr
gütige Gott die Kraft,
dass er mir widerwärtig
wurde. So schwankte
mein Gefühl hin und
her; ich hasste ihn mehr

Darstellung von Dämonen (19. Jh.)

als den Satan und fand ihn so unerträglich, dass ich mich
lieber allen Furien der Hölle überantwortet hätte, als der
geringsten seiner Bitten nachzugeben. Allerdings war ich
lässig im Kampf gegen die unreinen Gedanken und Lo-
ckungen, die ich verspürte. Ich füge noch die Voraussicht
Gottes hinzu, mich bei den Angriffen dieses bösen Menschen vor der Sünde bewahrt zu haben. Abgesehen
davon, ich hätte auch nicht die innere Stärke besessen, um
vor der Sünde zu fliehen. Im Gegenteil, ich versichere
wahrheitsgemäß zu meiner großen Schande, der Teufel
errang viele Siege wegen meiner schlechten Angewohn-
heiten. Oft gab ich diesen Neigungen nach. Wenn ich
nämlich gut geübt gewesen wäre, meine Leidenschaften
zu unterdrücken, dann hätten mich niemals die Dämonen
so sehr verwirrt.

Ich hatte also sieben Dämonen im Körper. Ihr Häuptling war Asmodeus. Er war ständig in mir tätig, sowohl in der Einbildung, wie im Geist, den er mit unanständigen

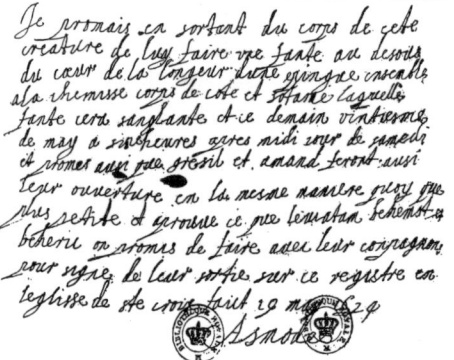

Brief des Asmodeus (19. Jh.) in der Handschrift von Jeanne des Anges

Dingen erfüllte. Aus Schamhaftigkeit kann ich keine Einzelheiten beschreiben; denn sie sind haarsträubend. Oft erschien mir der unglückselige Geist in schrecklicher Gestalt, und wenn er sah, dass ich keinen Gefallen an ihm fand, weil ich zur Gnade meine Zuflucht nahm, so schlug er mich so gewalttätig, dass ich davon oft mehr tot als lebendig war.

Der zweite Dämon war Leviathan, der sich ganz meiner natürlichen Stimmung anbequemte. Er verwirrte mich in gewissem Sinne nur leicht und brachte mir in Wahrheit keine außerordentliche Störungen. Im Gegenteil, hauste er in meinem Kopfe, so wollte ich alles in Ordnung bringen, aber mit derartigem Hochmut, dass ich vermeinte, alles müsse sich unter mein Gesetz beugen und die Erde wäre kaum wert, mich zu tragen. Ich sprang mit den Schwestern herrisch um, und alle meine Gedanken liefen darauf hinaus, mein Ansehen vor der Welt zu vergrößern. Ich war dem Gold und dem Silber zugetan, obwohl derartige Sorgen ganz gegen meine natürliche Stimmung waren.

Zuweilen bejammerte ich mein Missgeschick, dass ich in einem großen Hause leben musste. Sobald daher der unglückselige Geist in meinem Kopf arbeitete, erwog ich den Entschluss, von hier zu entfliehen und das Angebot einer Person von Stand und großer Rechtschaffenheit anzunehmen. Aber oh weh, was suche ich. Unser guter Herr hatte viele andere Pläne mit mir vor. Seine Güte weckte in mir viel Widerstand gegen mein Gefühl, ohne dass ich dies bemerkte. Denn er entzog meinem Herzen die Einwilligung, um alle Erfindungen des stolzen Geistes zu zerstören. Aber dadurch isolierte er mich und stimmte mich so sehr traurig, dass ich verzweifelte.

Der dritte Dämon hieß Behemoth. Er arbeitete in mir so, dass er sich allen Handlungen entgegenstemmte, die Verehrung Gottes in meiner Seele betrafen. Ich muss in Wahrheit gestehen, dass meine eigene Feigheit diesem unglückseligen Geist große Vorteile über mein Herz gewährte. Für den Zeitraum von zwei Jahren oder mehr erhielt er mich in beständiger Gefühllosigkeit im Geist und unbegreiflicher Gefühlskälte; eine ganze Woche konnte verstreichen, ohne dass ich einmal anbetete. War ich genötigt, bei der Messe oder irgendeiner anderen regelmäßigen Übung zugegen zu sein, so geschah es ohne Aufmerksamkeit; mein Geist trachtete sogar nach Mitteln, die anderen vom Gottesdienste abzuhalten.

Dieser bösartige Geist schlich sich so tief in mich ein, dass ich nicht seine Wirkung erkannte. Auch gab ich mir nicht die Mühe, mich aus der elenden Lage zu befreien. Auch verhinderte ich selbst, dass ich erkannte, in welchem großen Unglück ich mich befand. Ich löste mich geradezu auf durch die Verzweiflung, verdammt zu sein. Mein Leben wurde mir gleichgültig.

Oft war mein Geist voll von Gotteslästerungen, manchmal zog ich sie direkt vor und war unfähig zu irgendeinem Gedanken, der mich an solchem Tun gehindert hätte. Gegen Gott verspürte ich unablässigen Widerwillen, und den stärksten Hass verursachte mir der Anblick Seiner Güte und die Sanftheit, mit der Er den reuigen Sündern

Darstellung von Dämonen (19. Jh.)

verzeiht. Ich grübelte oft, wie ich Ihm missfallen könnte und wie ich es anstellte, dass die anderen Ihn beleidigten. Der Dämon verblendete mich derart, dass ich seinen Willen von meinem kaum zu unterscheiden vermochte. Mehr noch, er flößte mir eine heftige Abneigung gegen meinen frommen Stand ein, so dass ich zuweilen, wenn er mir im Kopf hauste, alle meine Schleier zerriss; auch die der Schwestern, soweit ich sie unter die Finger bekam. Ich trat

Darstellung von Dämonen (19. Jh.)

mit Füßen darauf herum, ich zerkaute sie und verfluchte die Stunde, in der ich das Gelübde getan hatte. Dies machte ich mit großer Gewalttätigkeit. Ich dachte, ich sei nicht frei.

Aus dem Geist dieser unglücklichen Schwestern und aus meinem eigenen entwickelte sich dasselbe. Durch ihre Eindrücke übernahm ich all ihre Gefühle und eignete mir ihre Interessen an, gleichsam als ob es die meinigen wären. Gern hätte ich gewollt, anders zu handeln, aber ich konnte dieses Ziel nicht erreichen. Wahrlich, ich bemühte mich dabei sehr und zeigte auch Ausdauer. Durch die Schwierigkeiten, die ich bei diesem Kampf spürte, gab ich oft das Ziel auf. Wahrlich, es fehlte nicht viel, und der Dämon hätte alle Macht bekommen, nachdem er sich in den Besitz des Körpers gesetzt hatte. Aus der Erfahrung wusste ich, dass er einen großen Gewinn aus den zügellosen Trieben meiner Natur zog. Aber wir selbst sind es, die ihn oft mit den Waffen versehen für diesen Kampf. In uns selbst findet er genug Mittel, um uns zu versuchen. Keineswegs also bedarf er der Hilfe von außen.

Der vierte dieser verfluchten Geister hieß Isaakaaron; er trieb das gleiche Handwerk wie Asmodeus, was die Unreinheit betraf. Meine Seelenhirten wissen von der Pein, die mir dieser Unglückselige verursachte. Er benahm sich gewaltsam wie ein Rasender. Zwischen Asmodeus und ihm war der Unterschied, dass keiner mehr lockte und schmeichelte in einer Natur, die auf Annehmlichkeiten aus war und der es behagte, geliebt und geschätzt zu werden; Isaakaaron aber bewegte sich in Extremen und verblendete den Verstand. Doch unterstützte auch er jede Art natürlicher Neigungen, indem er stets für ein Wesen, das an Bequemlichkeit und Vergnügen hing, Partei ergriff.

Der fünfte Geist hieß Baalam. Seine Wirkung war umso gefährlicher, als sie weniger bösen Anschein hatte. Er trübte die Einbildung etwas und ließ im Übrigen meiner Natur freien Lauf, da er in ihr hinreichende Anheftungspunkte vorfand.

Die Wirkung der beiden anderen Dämonen konnte ich

nicht so genau unterscheiden; sie wurden auch von den schon genannten verjagt, bevor ich noch Gelegenheit gehabt hätte, festzustellen, was sie mit mir vornahmen. Sie hießen Gresil und Haman.

Unsere Leiden wirkten so stark auf die Außenwelt ein, und die Verwirrung, die Dämonen über uns brachten, war so gewaltig, dass mehrere Personen von Stande Mitleid mit uns empfanden, darunter Herr von Laubardemont. Er war Zeuge, wie die Dämonen uns quälten und in unserem Leib regierten, sah uns von jeder Hilfe entblößt, wurde in Nächstenliebe gerührt und begehrte, uns Trost zu schaffen. Er entschloss sich, mit dem König und dem Herrn Kardinal von Richelieu über unseren Zustand zu reden. Er suchte sogar den Herrn Bischof von Poitiers auf und stellte ihm vor, wie dringend für uns geistliche Hilfe notwendig wäre. Alle diese Personen waren bei den hohen Herrschaften so wirksam tätig, dass wir bald darauf Exorzisten bekamen. Man unterstellte mich der Leitung des Paters Recollet, genannt Gabriel Lactantius, eines sehr gelehrten und frommen Mannes. Der gute Vater besaß große Herrschaft über die Teufel, machte sie gefügig wie die Sklaven und exorzisierte mich mit Eifer im Geist und Glauben. In einigen sechs oder sieben Wochen jagte er drei Dämonen aus meinem Leib, nämlich Asmodeus, Haman und Gresil, und zwar in Gegenwart seiner Hochwürden von Poitiers und von über sechstausend Personen. Als Zeichen ihres Abzugs hinterließen sie mir drei Wunden unterhalb des Herzens im Beisein der zahllosen Zuschauer. Durch Vermittlung der Heiligen Jungfrau und der guten Engel ging dies Wunder vor sich. Gott bediente sich ihrer zur Ermunterung der Frommen, die sich größtenteils ängstigten, einer Aufgabe näherzutreten, die so viel Schwierigkeiten mit sich brachte.

Seine Hochwürden von Poitiers gab uns dann vier Kapuziner, die mit größtem Eifer an den besessenen Schwestern arbeiteten.

Nachdem Pater Lactantius so günstige Erfolge mit dem Abzug der drei oben erwähnten Dämonen gehabt hatte, fuhr er mit Eifer und Beharrlichkeit in der Beschwörung fort, vom Monat Mai bis September; aber da sandte ihm Gott eine schwere Krankheit, dass er starb. Ich war tief bekümmert.

Ich tat nun mein Möglichstes bei den Vorgesetzten, um einen Beichtvater aus demselben Orden zu bekommen; aber die Vorsehung fügte es anders. Fast drei Monate blieb ich ohne Hilfe, obwohl die Vorgesetzten mir Ordensgeistliche anboten. Unablässig seufzte ich in der Tiefe meines Herzens und flehte zu Gott, er möge mir jemanden senden, der mir bis auf den Grund der Seele dränge und der die Verwirrung erkenne, die die verfluchten Geister dort anstifteten, nebst den entfesselten Leidenschaften. Oft packte mich die Angst, meine Besessenheit sei die Ursache der ewigen Verdammnis. Ich war gleichsam kraftlos gegenüber den Versuchungen, unter denen ich litt.

Der Teufel narrte mich oft durch ein kleines Lustgefühl, das ich verspürte, wenn er in meinem Körper tätig wurde und Außerordentliches anstellte. Es machte mir besonderen Spaß, wenn man davon sprach und wenn es den Anschein hatte, als arbeite es in mir noch stärker als im Leibe der anderen. Das gab den Geistern natürlich erst recht Sprungkräfte; denn es bereitete ihnen Freude, wenn wir ihren Handlungen interessiert zuschauen, und so nisten sie sich allmählich in den Seelen ein und gewinnen die Vorherrschaft über sie; denn sie stellen es so an, dass man ihre Arglist nicht gewahr wird. Im Gegenteil, sie machen sich mit dem menschlichen Geist vertraut, locken aus den kleinen Gelüsten ein stillschweigendes Einverständnis hervor und machen sich dann recht breit im Geiste der von ihnen besessenen Menschen. Für diese ist gerade das von Nachteil; denn sie wird nach eigenem Gefallen beeinflusst, glaubt alles, was jene wollen, und dies um so leichter, je weniger sie jene für Feinde des Seelenheils ansieht.

Sind solche Menschen nicht besonders gottesfürchtig und achten auf ihr Gewissen, so laufen sie Gefahr, große Sünde zu begehen und großen Irrtümern zu erliegen. Denn, nachdem sich die verfluchten Geister einmal derart in ihren Willen eingenistet haben, reden sie den Seelen einen Teil ihrer Absichten auf; zuweilen geben sie Kunde von ihren Plänen, um hernach die Einbildung zu trüben und große Verwirrung zu stiften.

Auf diese Art und Weise verfuhren sie oft mit mir. Daher kam es, dass ich beinah stets Gewissensbisse hatte, und das aus gutem Grunde; denn meistens bemerkte ich sehr wohl, dass ich selber der erste Anlass zur Verwirrung war, und dass der Dämon nur durch die Pforten einschlüpfte, die ich ihm selber öffnete.

Sprach ich davon mit meinen Exorzisten, so sagten sie, der Dämon gäbe mir solche Empfindungen ein, um sich besser in mir zu verstecken oder um mich in Verzweiflung darüber zu bringen, dass ich mich in so viel Schlechtigkeiten befände. Das befriedigte mich aber wenig; denn obwohl ich zur Stunde das gläubig hinnahm, was man mir sagte, so ließ mir doch mein richterliches Gewissen keinerlei Ruhe. So dienten alle ihre Versicherungen nur zu meiner weiteren Verblendung. Ich meine, es kam daher, dass sie meine Skrupel den Einflüsterungen der Teufel zuschoben, weil sie sich nicht vorstellen konnten, dass ich selber so schlecht wäre.

Was sie in ihrer Meinung noch bestärkte, war folgender Umstand. Sobald meine Leidenschaft besänftigt und meine Aufregung vorüber war, bezeugte ich ihnen stets, dass ich die Zügellosigkeiten, die sie hatten hören und mit ansehen müssen, aufs tiefste bedauere, und dass mein Wille jetzt von derartigen Dingen weit entfernt sei. Ich war nicht aufrichtig genug, ihnen die Tür zu weisen, das ich dem Dämon geöffnet hatte. Nicht dass ich glaube, ich wäre der Lästerungen und anderen Zügellosigkeiten, zu denen die Dämonen mich aufforderten, selber wirklich schuldig gewesen; aber es war doch so, dass ich mich anfänglich von ihren Einflüsterungen hinreißen ließ, bis sie sich meiner gesamten inneren und äußeren Eigenschaften bemächtigten, um nach ihrem Gefallen darüber zu verfügen und diese Verwirrungen über mich zu bringen.

Um mich besser verständlich zu machen, muss ich ein paar Beispiele anführen, sowohl wichtige als auch mehr oberflächliche, damit diese, welche sie hier lesen sollten, erkennen, wie sich notwendigerweise die von Dämonen bearbeiteten Seelen an Gott klammern und nie auf sich selbst vertrauen müssen.

Es geschah zu meiner Bestürzung in den ersten Tagen, da Pater Lactantius mir als Beichtvater und Beschwörer beigestellt wurde, dass mir seine Art, sich zu geben, obwohl sie trefflich war, in tausend Kleinigkeiten missfiel; nur weil ich schlecht war.

Eines Tages berief er uns alle zum Abendmahl ans Sprechgitter.

In dieser Zeit wurden wir fast alle von Unruhe und heftigen Krämpfen geschüttelt. Beim Empfang des heiligen Sakraments betrat nun der Priester unseren Chor, oder vielmehr wir mussten herausgehen und in der Kirche beichten. Das ärgerte mich, dass er einen neuen Brauch aufbringen wollte; ich begann, in meinem Herzen zu murren, und dachte bei mir, er täte besser, die Art der anderen Priester zu befolgen.

Da ich hartnäckig bei diesem Gedanken verweilte, ging es mir durch den Kopf, der Dämon hätte, um den Pater zu demütigen, irgendeine Unehrerbietigkeit mit dem hochheiligen Sakrament vorgenommen. Ich war so übelgesonnen, diesem Gedanken nicht kräftig genug Widerstand zu leisten. Als ich nun zum Abendmahl antrat, griff mich der Teufel beim Schopfe, und kaum hatte ich die heilige Hostie empfangen und schon halb benetzt, da spuckte sie der Teufel dem Priester ins Gesicht. Ich weiß bestimmt, dass ich diese Handlung nicht mit freiem Willen ausführte; doch bin ich zu meiner großen Beschämung auch überzeugt, dass ich dem Teufel Anlass gab, sie zu tun, und dass er diese Macht nicht gehabt hätte, wäre ich nicht mit ihm verbündet gewesen. Ich habe bei mehreren anderen Gelegenheiten ähnliche Versuche angestellt. Doch der Widerstand ist zu stark gewesen und so löste sich die ganze Wut und Raserei so schnell auf, wie sie gekommen ist. Aber leider ereignete es sich zu oft, dass ich keine große Widerstandskraft aufwandte, hauptsächlich bei Dingen, die mir nicht wie schwere Sünde vorkamen. Darin täuschte ich mich aber wieder; denn weil ich mich in Kleinigkeiten nicht zurückhielt, wurde mein Geist hernach in den großen Dingen überrumpelt, und die Dämonen, die mich besaßen, nutzten diese List aus, indem sie mir das Böse nicht mit einem Male vor Augen führten, sondern nach und nach. Sie spionierten die Neigungen meiner Natur aus, gaben ihr leise Anreize und ließen sie dann handeln.

Bei den Beschwörungen verhielt sich ihre Tätigkeit allerdings verschieden; sie wirkten dann nicht so sehr durch Beeinflussung wie bei den anderen Versuchen; denn da sie der Macht der Kirche untertan sind, durften sie nur in der ihnen eigenen Kraft in die Erscheinung treten und mussten ihrem Wesen gemäß tätig sein.

Ich hatte die richtige Einsicht, ich war nicht so, wie es Gott wollte. Aber leider konnte ich mich nicht dazu entschließen, mich von dieser Gewissenslast zu befreien.

Isaakaaron, der am tollsten in mir tätig war und mir fast gar keine Ruhepausen gönnte, zog bedeutende Vorteile aus meiner Lässigkeit und stellte meine Keuschheit schrecklich auf die Probe. Er nahm mit meinem Körper eine Handlung vor, so rasend und seltsam, dass man sie sich kaum vorstellen kann; hinterher redete er mir aufs eindringlichste vor, ich ginge mit einem Kinde schwanger. Dies führte er so durch, dass ich es fest glaubte und alle die Merkmale bekam, die man dabei zu haben pflegt.

Dennoch wusste ich genau, dass ich mich, durch die Gnade Unseres Herrn, niemandem hingegeben hatte. Lieber wäre ich ja tausend Tode gestorben, als dass ich es je getan hätte. Da ich mich eine volle Woche lang in beständiger Verwirrung befand und die Nächte meistens in unserem Garten zubrachte, so konnte ich nicht wissen, ob mich nicht irgendein Hexenmeister missbraucht hatte in meiner Verwirrung, und ohne dass ich bei Bewusstsein gewesen war. Alle Augenblicke belästigte mich der unglückselige Geist während meiner lichten Stunden. Hätte mich Gott in Seiner lauteren Barmherzigkeit nicht aufrechterhalten, ich glaube, ich wäre zusammengebrochen in diesem Unglück, oder verzweifelt oder hätte mich der Sünde der Unreinheit hingegeben. Fast sechs Monate lang lag mir jede Nacht der Dämon beständig in den Ohren. Öfters nahm er Gestalten an und erschien als Drache, Hund, Löwe, Bock oder wie anderes Getier; zuweilen auch nahm er menschliche Gestalt an, um mich zu verbrecherischen Handlungen hinzureißen.

Als er einsah, ich sei lieber entschlossen zu sterben, als dass ich mit freiem Willen auf seine unreinen Vorschläge eingegangen wäre, griff er mich mit der Verzweiflung an, indem er mir die Ängste ausmalte, was man sagen würde, wenn man mich im Zustand der Schwangerschaft erblickte. Er weckte in mir die Vorstellung, die meisten Leute von Ansehen würden es nimmer glauben, dass ich unschuldig sei. Ich würde eine Schande für unseren ganzen Orden und besonders für dieses Haus hier sein; wenn ich wollte, würde er mich von der Qual befreien; doch müsste ich annehmen, was er mir geben würde, oder tun, was er mich lehren würde. Ich war bei diesem Ereignis aufs Höchste bestürzt, und ohne die besondere Gnade Unseres Herrn hätte ich keine Entscheidung gewusst; aber Seine göttliche Güte hat mich nie verlassen, zumal in so wichtigen Angelegenheiten. Deshalb gewährte mir Unser Herr die Gnade, dass ich der höllischen Schlange also antwortete: Meine Ehre läge in der Hand Gottes; er möge über sie nach Seinem Willen verfügen; nicht von dem Dämon erwarte ich Heilung meiner Leiden, und mit seinen Einflüsterungen hätte ich nichts zu schaffen. Bei diesem Bescheide geriet der Dämon in solche Raserei, dass ich vermeinte, er würde mich töten.

Er schlug mich mit fürchterlichster Gewalt, derart, dass mein Gesicht ganz entstellt und mein Körper von Schlägen wie gerädert war. Es kam öfters vor, dass er mich so misshandelte; aber Gott verlieh mir mehr Mut, als ich je zu hoffen gewagt. Man denke! Ich war so schlecht, dass ich mich wegen dieser Kämpfe vor Eitelkeit blähte; ich glaubte, ich sei angenehm vor Gott, und brauche nicht mehr solche Furcht vor den Gewissensbissen zu haben, wie ich mir eingebildet hatte. Dennoch vermochte ich das Gewissen nicht zu ersticken oder zu glauben, ich sei, wie es Gott wünsche.

Es kam mir oftmals der Gedanke, ich werde in großen Schwierigkeiten sein, bis dass ich es unternommen hatte, gegen mein eigenes Inneres zu kämpfen. Ich dachte auch, die Kirche habe genug für mich gekämpft. Deshalb musste ich jetzt selbst Hand anlegen. Doch ein wenig später verachtete ich diese Gedanken und hielt nichts mehr davon. Der bösartige Isakaaron verlor keine Zeit und gab

mir keine Ruhe. Ich will erst gar nicht von den Gewalttätigkeiten reden, die er mir Tag und Nacht bereitet.

Ich besaß keinen festen Exorzisten mehr seit dem Tode
des Pater Lactantius; bald lief ich zu dem einen, bald zu
dem anderen. Herr von Laubardemont hatte Jesuiten für
unsere Beschwörung verlangt. Eines Tages sprach er
davon. Ich war aber entschlossen, mich nicht unter ihre
Leitung zu stellen; und in der Tat stellte ich alles auf, um
die Sache zu hintertreiben. Gott in seiner Güte fügte, dass
mir mein Vorhaben nicht gelang. Ich fasste darauf den
Entschluss, die Stimmungen dessen, dem ich würde
anvertraut werden sollte, genau zu erforschen, ihm so
wenig wie möglich mein Inneres zu öffnen und ihm keinerlei Bekenntnisse über meinen Seelenzustand zu
machen. Ich blieb diesem Entschluss nur zu treu.

Während einiger Monate wurde ich der Leitung des
Paters Jean-Joseph Surin unterstellt, Ende September des
Jahres 1634. Er war ein sehr frommer und gelehrter Mann
und hatte viel Verkehr mit Gott. Er hatte mich kaum
erblickt, als er sofort erkannte, mein Leiden sei innerlich
ebenso schlimm wie äußerlich. Er unterhielt sich mit mir
erst ganz allgemein über mehrere geistliche Themen und
fragte mich dann, welche Methode ich denn beim Gebet
befolge. Ich antwortete ihm, dass mein schwacher freier
Wille und die Gewalttätigkeiten der Dämonen schuld
seien, dass ich mich um das Gebet gar nicht viel kümmere, meine geistige Aufmerksamkeit sehr mangelhaft sei,
und er also abwarten müsste, bis ich in einen anderen
Zustand käme, ehe er mir vom Gebet spräche. Seit zwei
Jahren war ich nicht dazu gekommen.

Ich unterhielt mich mit diesem guten Vater gern über die gewaltige Arbeit, die mir die Dämonen im Innern verursachten; aber es machte mir keinen Spaß, dass er in mein Inneres eindringen wollte. Je mehr er mir zuredete, um so verwirrter wurde meine Seele. Da ich mich so viel wie möglich widersetzte, wenn Gott mich bewegen wollte, auf die Ideen des Paters einzugehen, so stifteten die Dämonen unaufhörlich bei mir, innerlich wie äußerlich, Verwirrung.

Sie ließen mich eine heftige Abneigung gegen den guten Pater fassen, der doch in der außerordentlichsten Weise um mein Seelenheil bemüht war. Ich vermied es, wenn ich irgend konnte, mit ihm zu sprechen; er dagegen suchte mich alle Augenblicke auf. Kaum befand ich mich ihm gegenüber, so erweckte der Teufel meinen Widerwillen und verfehlte nicht, mich zu verwirren, worüber ich sogar recht froh war, nur um seiner Unterhaltung zu entrinnen. Ungefähr drei Wochen brachte ich hin, ohne mit dem guten Pater freimütig zu sprechen, was ihn maßlos betrübte; denn er merkte sehr wohl, dass ich nicht damit herauswollte, was ich auf dem Herzen hatte, und dass ich mich bei fast jeder Unterredung verstellte.

Er beschloss also einen Angriff gegen Isaakaaron; er nahm sich dabei vor, sich an meiner Art nicht zu stoßen, denn ich bezeigte ihm ganz offen meine Abneigung. Er besaß jedoch so viel Nächstenliebe, dass er diese ganze Stimmung dem Teufel zuschrieb. Umso mehr bewies er mir seinen Eifer, mir zu helfen, und seine Geduld, von mir alles hinzunehmen; so habe ich seine Tugenden in allen Dingen sehr in Anspruch genommen. Da ich meine Versuchungen nicht aufdeckte, wurden sie immer heftiger, und es entstand in mir solche Verzweiflung wegen meines Zustandes, und hauptsächlich aus Furcht vor der angeblichen Schwangerschaft, dass ich an Selbstmord dachte. Wenn mich Gott nicht durch die überaus ungewöhnliche Kraft seiner Güte davor bewahrt hätte, wäre ich erledigt gewesen. Denn ich habe mich gegenüber seiner Gnade treulos verhalten. Ich war so verblendet in meinem Geist, dass ich es für meine Pflicht hielt, mich selbst in einer Weise zu töten, wie ich schildern werde.

Ich entschied mich dafür, ein Arzneigetränk zu nehmen und verschaffte mir zu dem Ende allerlei Kräuter. Aber der liebe Gott wollte mich nicht verderben; er fügte es, dass ich in große Ängste geriet, es könnte dem kleinen Wesen, das ich unter dem Herzen zu tragen glaubte, die Seele verloren gehen. So entschloss ich mich denn wieder, mich der Kräuter nicht zu bedienen, und warf sie fort.

Ich fasste nun einen ganz anderen, aber sehr teuflischen Plan, nämlich mir in der Weiche eine Öffnung zu machen, den Körper des Kindes herauszuziehen und es zu taufen, wonach seine Seele in Sicherheit sein würde. Ich wusste wohl, dass ich dabei in Lebensgefahr geriete; ich meinte jedoch, ich müsse mich wieder in erträglichen Zustand versetzen. Lieber wollte ich auf diese Art sterben, als die Qualen erdulden, die mir als zukünftig in meiner Einbildung vorschwebten. Also machte ich mich bereit, so genau es mir möglich war, zu beichten, ohne dabei dem Beichtvater meinen Plan zu eröffnen.

Am folgenden Morgen nach der Beichte (es war den 2. Januar 1635) stieg ich in ein Kämmerchen hinauf mit der

Absicht, meinen Plan zu vollenden und mir die Weiche zu öffnen. Ich trug ein großes Messer und Wasser bei mir, damit ich das kleine Wesen taufen kann, das ich in mir wähnte. In der Kammer angelangt, warf ich mich einem Kruzifix, das dort war, zu Füßen und gab mich einige Zeit der Zerknirschung hin. Ich flehte inständig zu Gott, er möge mir mein Sterben verzeihen, auch den Tod des kleinen Wesens, für den Fall, dass ich die Mörderin von mir und ihm werden sollte; denn ich war fest entschlossen, es nach der Taufe zu erwürgen.

In diesen Gedanken begann ich mich auszukleiden, um meinen Plan leichter ausführen zu können. Doch währenddessen packte mich eine Angst, verdammt zu werden, falls ich unter der Handlung den Tod erleiden sollte. Aber diese Vorstellung war doch nicht hinreichend, mich von der Ausführung des bösen Planes abzuhalten. Aber die Barmherzigkeit Gottes hatte immer meine Übeltaten übersehen. Deshalb bin ich ihm zu Dank verpflichtet, mich vor einem Unglück geschützt zu haben.

Aber wenn mir die göttliche Herrschaft nicht verschiedene Male Anweisungen erteilt hätte, dann hätte ich mich niemals dazu entschließen können, die folgende Zeilen zu schreiben.

Meine Verblendung war so groß und die Versuchung so stark, dass ich mich nunmehr anschickte, den unglückseligen Plan zu vollenden. Zu diesem Zweck machte ich in meinem Hemde mit der Schere eine große Öffnung. Dann nahm ich das Messer, das ich bei mir trug, um es zwischen den beiden Rippen, die dem Magen benachbart liegen, anzusetzen. Ich war fest entschlossen, nun meinen

Plan bis zum Ende durchzusetzen. Doch siehe da! der Strahl der göttlichen Barmherzigkeit, der mir es ersparte! Im Handumdrehen war ich zu Boden geschmettert mit einer Gewalt, die sich nicht sagen lässt. Das Messer wurde mir aus der Hand gerissen und zu Füßen des Kruzifixes, das sich im Zimmer befand, niedergelegt. Deutlich hörte ich eine Stimme sagen: „Was gedenkst du zu tun? Lass ab von deinem bösen Plan, nimm deine Zuflucht zum Heiland und bekehre dich zu Ihm, denn Er ist bereit, dich zu empfangen!" Nun erhob ich meine Augen zum Kruzifix, und er löste einen Arm vom Kreuz, reichte mir die Hand und sprach diese Worte: „Wende dich nicht ab von mir und Ich will für dich sorgen; siehe, deine Sünden halten mich hier angeheftet, und Ich trage mehr Sorgen um dein Heil als du selber; was du eben im Begriff warst zu tun, hätte dich in den Höhenschlund gestürzt; kehre zu mir zurück und gehe heraus aus deiner Verblendung!"

Bei diesen Worten wurde ich starr vor Erstaunen und meine Augen wurden aufgetan und ich begann um Erbarmen zu schreien aus der Tiefe meines Herzens. Ich bat inständig um Verzeihung meiner Sünden, die ich, wie von einem Blitz erleuchtet, vor mir sah. Sie erregten Grauen in mir. Mein Herz war in der äußersten Zerknirschung, und ich veränderte seitdem völlig meine Wünsche und Absichten. Danach wurde mir das Messer wieder in die Hand gelegt und eine Stimme sprach: „Trag das Messer wieder dorthin, wo du es hernahmst, und denke fortan nur noch auf Mittel, der göttlichen Gerechtigkeit zu genügen, die du so oft beleidigt hast; verbirg im innersten Winkel deines Gewissens die Gnade, so dir zuteil wurde; bekehrst du dich völlig zu Gott, so wird Er auch für dich sorgen; kümmere dich nicht im den Zustand, in dem du äußerlich etwa sein wirst, sondern sei nur bestrebt, deine Seele aufrecht zu halten; denn du wirst viel zu ringen haben!"

Unmittelbar nachdem diese Stimme schwieg, vernahm ich Geschrei und Geheul dicht in meiner Nähe und die folgenden Worte: „Wenn wir nicht auf sie achtgeben, werden wir sie ins Verderben stürzen!" Wieder andere: „Wir haben noch große Hoffnung, denn uns stehen noch einige List gegen sie zu Gebote; wir müssen uns ihrem weichen und verzärtelten Wesen anpassen!" Ich war in großer innerer Verwirrung und mein Herz verkrampfte sich vor Schmerz. Die bösen Geister versuchten, mir diesen Schmerz zu nehmen.

Ich muss in Wahrheit zum Ruhme unseres Herrn bekennen, dass mein Inneres in diesem Augenblick völlig ausgewechselt wurde. Seine gnadenvolle Güte weckte seitdem in mir den Entschluss, meinen alten Wandel völlig abzulegen und mich zu bekehren. Doch ach! Oft habe ich noch gegen meinen Entschluss verstoßen! Mit Scham muss ich eingestehen, ich bin gänzlich mit Fehlern angefüllt. Dies dauert schon acht Jahre an, seitdem die Sache begann. Aber Gott will mir in seiner Barmherzigkeit all meine Undankbarkeit verzeihen und die Gnade erweisen, dass ich in Zukunft sehr treu die Versprechen erfüllen werde, die ich abgelegt und die ich seitdem ihm gegeben habe.

Nach dieser Entschließung also befand ich mich in gewaltiger inneren Unruhe und rang um den rechten Weg. Der Anblick meiner Sünden war mir so gegenwärtig, dass ich Tag und Nacht an nichts anderes denken konnte. Es peinigte mich stark, dass ich meine Versuchungen hierzu verheimlicht hatte, und ich fasste den festen Entschluss, mich meinem Beichtvater zu eröffnen. Inzwischen verloren die Dämonen keine Zeit und peinigten

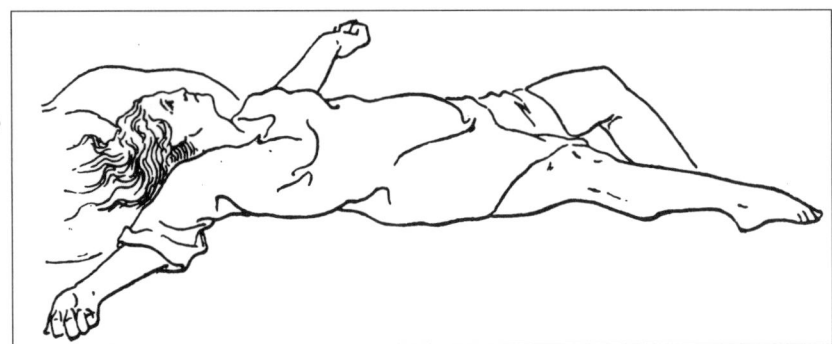

Besessene

mich viel. Als sie merkten, dass Gott ihre Pläne durchkreuzt hatte, und dass ich bereits anfing zu glauben, meine anscheinende Schwangerschaft sei bloße Einbildung, da erschienen sie mir eines Nachts in grausigster Gestalt und hießen mich ein kleines Pflaster auflegen, um die Schmach zu heilen, in der ich mich, wie sie sagten, befände. Mein erster Gedanke war, dabei sei vielleicht nichts Schlimmes; aber sogleich verspürte ich eine heftige Erschütterung, die mich deutlich erkennen ließ, ich dürfe von den verfluchten Geistern keine Hilfe erwarten und müsse allein auf Gott vertrauen. Also wies ich sie ab. Da gerieten sie in tolle Wut und misshandelten mich mit Schlägen. Sie drohten mir auch, sie würden eine Kinderleiche in mein Bett stecken, damit alle Welt glaube, ich hätte eine Fehlgeburt gehabt und das kleine Wesen erwürgt. Dies erregte mir entsetzliche Angst.

Die Absicht der Dämonen war, meinen Geist durch alle diese Dinge so abzulenken, dass ich an mein Gewissen nicht denken könnte. Sie verfielen auch auf eine andere Nichtswürdigkeit; sie raubten mir nämlich vollständig das Gedächtnis an die Regungen und Ideen, die Gott mir eingeflößt hatte, um mich zu sich hinzuziehen. Da meine Willenskraft in dem gefassten Entschluss, mich völlig zu wandeln, noch nicht genügend erstarkt war, so blieb ich oft im Gleise der alten Gewohnheiten, und Anlage und Versuchung siegten vereint über Verstand und Gnade.

In der Nacht zum Donnerstag, dem 24. Januar, ereignete sich Folgendes. Um zwei Uhr nach Mitternacht fasste mich gewaltiges Entsetzen und ich bemerkte in meinem Bett einen hellen Schein; das Bett begann heftig zu zittern, und dies währte wohl eine Stunde. Dann merkte ich, als wenn sich mir jemand nähere; er zog meine linke Hand, die ich unter der Decke hatte, hervor, nahm sie, küsste sie, ließ sie wieder fahren und seufzte dreimal. Sein Wimmern wurde von allen Schwestern gehört, die im gleichen Zimmer schliefen. Ich rief sie an, bat sie jedoch, nicht aufzustehen, wegen der rauen Jahreszeit.

Nach einem spontanen Seufzer spürte ich, als wenn mir jemand die Hand aufs Herz gelegt hätte, und gleichzeitig vernahm ich eine Stimme, die fragte, ob ich denn nicht Mitleid mit ihm haben wolle. Ich konnte eine Zeitlang überhaupt nicht antworten. Ich fühlte in mir eine Regung, den Sprecher zu trösten, obwohl ich nicht wusste, was man von mir begehrte. Er redete wieder: „Gib Antwort; ich will dich nicht zum Bösen leiten; ich habe nur den Wunsch, dass du annimmst, was ich dir biete!"

Wie ich nun gewahr wurde, dass meine Mitleidsregung stärker wurde, spornte ich meinen Geist, dem Sprecher zu antworten, und sagte: „Annehmen kann ich nur etwas auf Befehl von diesen, die mich leiten, das ist die Kirche; wenn s i e mir befiehlt, will ich es freudig tun!" Darauf geschah diese Gegenrede: „Darüber muss nicht beraten werden, sprich zu niemandem hierüber! Ich gehe jetzt weg! Horch nur auf die Regungen, die du heute haben wirst!" Danach waren noch verschiedene Geräusche im Zimmer und das Zittern des Bettgestells zu hören. Ich verharrte den Rest der Nacht in grenzenloser Traurigkeit und tagsüber hatte ich den Wunsch, dasselbe möge sich mir wieder ereignen; ich war in Gedanken versunken, was ich dann wohl tun sollte.

In der folgenden Nacht, als ich gegen zwölf Uhr entschlummert war, zupfte es mich am Haupte. Ich erwachte und fragte, wer da sei. Da geschah die Antwort: „Dieses hast du über Tage beständig gewünscht: du kannst mich zufriedenstellen, ohne dass irgendjemand davon etwas weiß!" Ich entgegnete: „Ich will Gott genügen und ihm allein zu Willen sein!" Da bekam ich einen Schlag auf die rechte Schulter, der mir sehr wehtat. Eine halbe Stunde später sah ich auf meinem Bett eine Helligkeit entstehen und es erschienen zwei kleine Zweige von Lorbeer und Rosmarin. Gleichzeitig sagte es ziemlich barsch zu mir „Halt es fest!" Etwas später kam eine große Erschlaffung und Unruhe über mich; ich spürte fortwährend, als liefe ein Tier in meinem Bett und berührte mich an verschiedenen Körperteilen; es dauerte fast eine Stunde, ohne dass ich mich aus der Erschlaffung aufraffen konnte.

Als ich mich wieder gänzlich ermuntert hatte, sah ich, dass es heller, lichter Tag war. Mir kam es vor, als hörte ich die Stimme der Mutter Saint-Augustin sagen, Laubardemont verlange nach mir, warum ich denn mit dem Aufstehen so lange zaudere und das, was auf meinem Bett läge, nicht fortnehme. Ich fragte, wer denn da rede. „Ich bin es doch!" hieß es; „Es fiel mir auf, dass du so angstvoll schliefest; ich kam an dein Bett, sah das liegen und teilte es dem gnädigen Herrn mit!" Geraume Zeit blieb ich hierauf still. Dann hört' ich auf leisen Sohlen durchs Zimmer gehen, und eine verschleierte Nonne schien vor mir zu stehen. Sie hob den Bettvorhang auf der rechten Seite, wo ich lag, und ich vermeinte in der Zelle Herrn von Laubardemont und den Pater Surin mit einem Buch in der Hand zu sehen. Zwei verschleierte Nonnen standen am Kamin, in dem Feuer brannte, und hielten jede eine Kerze in der Hand. Pater Surin begann die Lorbeer- und Rosmarinzweige zu segnen. Herr von Laubardemont fragte, wer sie denn hergebracht hätte. Ich antwortete, ich wüsste es nicht und hätte keinen gesehen. Nun sagte er zu Pater Surin, die Sache würde kein Ende nehmen, wenn er mir nicht ein Mittel eingäbe; ich sollte es jetzt nehmen, dies hätten sie zusammen beschlossen. Er fragte dann, ob ich etwa nicht wolle. Ich entgegnete, ich würde mich seinen Wünschen stets fügen.

Darüber zog sich Herr von Laubardemont zum Tische zurück; Pater Surin blieb an meinem Bett, nahm meine Hand und drückte sie, wie um mir seine besonders warme Freundschaft auszudrücken. Ich war etwas erstaunt und entzog ihm die Hand. Herr von Laubardemont kam jetzt auf mich zu; in der Hand hielt er ein Henkelnäpfchen und sagte: „Das musst du trinken, um den bösen Feind zu besiegen; es geschieht nicht zur Schande Gottes, vielmehr zu seinem Ruhme!" Indem er das sagte, strich er mit der Hand über mein Gesicht, gewissermaßen zärtlich. Ich war über sein Benehmen sehr erstaunt; denn es war ganz gegen seine Gewohnheit. Ich fing an, Misstrauen zu schöpfen, dass die Dämonen mich vielleicht unter dieser Gestalt narren wollten, und betete in meinem Herzen zur heiligen Jungfrau, sie möge mich nicht irreführen lassen.

Mir schien, als sagte Pater Surin zu mir, ich solle meine Ängste unbeachtet lassen; er sei da, die Verantwortung für mein Gewissen und meine Handlungen zu übernehmen; blindlings müsse ich seinem Rat folgen und meinen Neigungen auf diesem Wege genügen. Diese Entgegnung bestärkte mich noch mehr in dem Verdacht, dass ich Gefahr laufe, getäuscht zu werden. Daher sagte ich, ich würde das, was er mir reichte, nicht nehmen. Es kam mir nun so vor, als wenn Herr von Laubardemont sagte, diese Auflehnung würde mich teuer zu stehen kommen; und Pater Surin, er würde mich nun links liegen lassen, da ich seinen Ratschlägen nicht Folge leiste. Ich erwiderte: „Ich glaube es nicht, dass dies Ratschläge des Pater Surin sind, sondern vielmehr, dass mich einige Dämonen irreführen wollen; ich bete zu Gott, mich vor solcher Täuschung zu bewahren!" Im selben Augenblick verschwand der helle Schein, der im Zimmer schwebte, und alle Personen mit ihm. Darauf entstand um mich herum allerhand Geräusch, Beben und Gestank nebst innerlichem Entsetzen, was bis sechs Uhr morgens anhielt. Dann verlor ich alle diese furchtbaren Erlebnisse aus dem Bewusstsein. Zwei oder drei Nächte nahm ich kein Geräusch mehr wahr.

Einige Tage darauf gab es wieder viel Geräusch um mich herum. Ich hörte es atmen, wie von einem Menschen, und eine Stimme, die sprach: „Es ist keine Zeit mehr zu widerstehen, du darfst dich nicht länger auflehnen; wenn du zauderst, auf unsere Vorschläge einzugehen, wirst du den Schaden haben; du kannst nicht in einem fort im Widerstand verharren; Gott hat dich deiner Natur untertan gemacht, folglich musst du ihr genügen, wenn die Gelegenheit drängt!" Ich spürte dann unsaubere Empfindungen in meiner Einbildung und zügellose Regungen in meiner Natur. Doch verharrte ich im Grunde meiner Seele bei dem Vorsatz, dass ich nichts geschehen lassen würde. Ich wandte mich zu Gott und bat ihn um Kraft zu einem so außerordentlichen Kampf.

Danach vernahm ein heftiges Geräusch in meinem Zimmer, und ich spürte gleichzeitig, als ob jemand nahe herankam, die Hand in mein Bett steckte und mich anfasste. Kaum aber merkte ich das, da sprang ich in einer so gewaltigen Unruhe auf, die noch lange hinterher andauerte.

Einige Tage später packte mich gegen Mitternacht in meinem Bett ein leises Beben am ganzen Körper zusammen mit großer geistiger Unruhe, ohne dass ich einen Grund dafür hätte angeben können. Das dauerte ziemlich lange, bis ich an mehreren Orten im Zimmer und rings um mich herum Geräusch vernahm. Zweimal zog man mir das Linnen fort, ohne dass ich ganz entblößt wurde. Das Betpult, das an meinem Bett stand, wurde umgestoßen. Dann hörte ich Stimmen auf der linken Seite, nach der ich mich umgedreht hatte. Man fragte mich, ob ich über das vorteilhafte Angebot, das mir gemacht wäre, nachgedacht habe. Die Stimme fuhr fort: „Ich bin hier, deine Antwort zu wissen. Mein Versprechen halte ich dir gegenüber, wenn du einverstanden bist. Weigerst du dich aber, so sollst du das bejammernswerteste Weib auf der Welt werden; jede nur erdenkliche Schmach soll dir angetan werden!" Ich gab zur Antwort: „Wäre Gott nicht, so hätte ich Furcht vor deinen Drohungen; ihm aber bin ich geweiht!" Man sprach: „Bei Gott wirst du nicht viel Hilfe verspüren; im Gegenteil, er wird dich im Stich lassen!" Ich entgegnete: „Gott ist mein Vater, er wird für mich sorgen; ich bin zur Treue in ihm entschlossen!" Er sagte zu mir: „Drei Tage gebe ich dir zum Überlegen!" Ich stand auf und trat vor das heilige Sakrament mit unruhigem Geist.

Als ich in unser Zimmer zurückgekehrt war und mich auf einen Stuhl gesetzt hatte, zog man plötzlich den Sitz unter mir weg und ließ mich zu Boden stürzen. Seitdem passierten mir fast dieselben Ereignisse wieder. Ich vernahm die Stimme eines Mannes, der mir schlüpfrige Worte und Schmeicheleien zuraunte, um mich zu verführen. Er bedrängte mich, ich solle ihm in meinem Bett einen Platz einräumen, Er versuchte, mich unanständig zu berühren. Ich wehrte mich dagegen und hielt ihn ab. Ich rief nach den Nonnen, die in der Nähe meines Zimmers waren. Das Fenster war offen; es wurde nun geschlossen. Ich fühlte heftige Liebesgefühle zu einer bestimmten Person und zügellose Begierden nach Unanständigkeiten.

Wieder andere Male sprach es in der Nacht zu mir: „Du

solltest dem, den du liebst, die Leidenschaft zeigen, die du zu ihm empfindest, und ihn veranlassen, dir Befriedigung zu verschaffen. Er würde sicherlich darauf eingehen!" Derartige Eindrücke hafteten lange in meinem Geist. Sie weckten bei mir tiefe Traurigkeit und Ekel vor der Gegenwart jener Person.

Mein äußerer Körperzustand veranlasste die hohen Herrschaften, einen Prälaten nebst Ärzten abzuordnen, um festzustellen, was mit mir vorginge. Ich will nicht umständlich berichten, wie das geschah, da die Protokolle darüber Auskunft geben; ich will nur berichten, was viel zu meiner Bekehrung beitrug und mir großes Vertrauen auf die Barmherzigkeit Gottes einflößte, nämlich dass die heilige Jungfrau den bösen Geist, der es unternommen hatte, mich schwanger erscheinen zu lassen, nötigte, bei den Exorzismen seine gefährlichen Absichten einzugestehen. Er wurde dazu gezwungen, mich aus dem Mund die gesamte Blutmenge, die er in meinem Körper angesammelt hatte, wieder erbrechen zu lassen. Dies ereignete sich in Gegenwart eines Bischofs, der Ärzte und einer Menge von anderen Leuten, die mit uns Gott und die heilige Jungfrau priesen. So wurde ich vollkommen frei von aller Pein, und alle äußeren Schwangerschaftszeichen verschwanden augenblicklich.

Das tröstete den Pater Surin und verschaffte ihm die Hoffnung, dass Gott sich in Mitleid zu mir neige. Er entschloss sich mehr denn je, mein Misstrauen zu beseitigen und die Seelenvorgänge in mir endlich aufzudecken. Er bemerkte kleine Veränderungen in mir, aber er konnte die seelischen Regungen nicht durchschauen. Meine Sünden gestand ich ihm offen genug ein, blieb aber im Übrigen hartnäckig verschlossen.

Infolge meiner Schweigsamkeit gewannen die Dämonen viel Vorsprung und suchten mich in meiner Gefühlskälte zu bestärken. Sie taten ihr Möglichstes, mich zu überzeugen, dass alles, was mir damals passierte, als der Herr mich abhielt, meine Weiche zu öffnen und meine angebliche Schwangerschaft zu beseitigen, dass alles dies gar nicht von Seiten Gottes geschehen sei; ich müsste es als Halluzination ansehen, könnte ganz beruhigt sein und müsste die Unannehmlichkeit der Beichte nicht erst auf mich nehmen. Doch das befriedigte mich nicht. Ich fühlte im Grunde der Seele immer einen Stich über das, was von mir gemacht wurde. Hauptsächlich kam das nachts vor, als zu einer Zeit, da ich am meisten frei war. Es kam mir oft in den Sinn, Gott würde von mir Rechenschaft verlangen für seine guten Eingebungen.

Fast drei Monate verflossen so, ohne dass ich dem Pater Surin mein ganzes Herz hätte offenbaren können. Die geistigen Krisen, die ich damals durchlitt, waren unbeschreiblich. Das ist die Wahrheit! Ich glaube, es gab niemals einen Menschen, der sich so sehr wie ich Gott widersetzt hat. Ich sage dies zu seinem Ruhm und zu meiner eigenen Scham. Denn ich habe sehr oft gezögert, die Wege des Herrn einzuschlagen. Desto mehr hat mich die göttliche Güte hart bedrängt. Oh, mein Retter, sei mir ewig gnädig! Schenkt mir Eure barmherzige Gnade, damit ich Euch immer zu Willen bin! Macht, dass mein Herz immer die Widerstandskraft gegen das Laster hat! Ich möchte vor Euch immer wie weiches Wachs sein, das Ihr mit all

Euren Eindrücken formen könnt. Gegen Ostern (1635) lag ich in schrecklichen Versuchungen; seltsame Dinge gingen in meinem Geiste vor sich. Die bösen Geister zeigten mir ihre Abscheulichkeiten so lebhaft , dass ich mich gar nicht ablenken konnte. Die unanständigsten Bilder, die sich überhaupt denken lassen, zauberten sie mir vor Augen, erregten mir hässliche Begierden und die zügelloseste Leidenschaft auf eine Person, die meine Seele hätte lenken können; alles, um nur noch mehr eine Aussprache mit mir zu hintertreiben.

Ich ertrug diese Versuchungen zwölf Tage lang, ohne dem Pater Surin ein Sterbenswörtchen davon anzuvertrauen; ihn betraf die Sache nämlich. Ich blieb also entschlossen, mich nach wie vor ihm gegenüber zu verstecken.

Allmählich überkam meinen Geist eine unaussprechliche Furcht und innere Zerschlagenheit, so dass ich mich bereits als Verdammte betrachten durfte. Meine Feinde ließen mir sozusagen gar nicht die Zeit, einen richtigen Entschluss zu fassen; und wenn ich mich mal dazu aufraffte, so raubten sie mir die Kraft, ihn auszuführen. Gott erlaubte ihnen dieses, gerade weil ich eben nicht aufrichtig gegen Ihn verfuhr, obwohl er doch der Lenker meiner Seele war. Manchmal verfiel ich in solche Krisen, dass ich schrie, als ginge es mir ans Leben. Pater Surin wollte meine Traurigkeit zum Anlass nehmen, mit mir zu reden und die Ursache meines Kummers zu erforschen; aber er bekam aus mir nur Ablehnung heraus. Als er das einsah, trat er vor das hochheilige Sakrament, um für mich zu Gott zu beten; drei volle Stunden verblieb er so. Ich dagegen tat während derselben Zeit nichts als grässlich zu schreien; die ganze Hölle schien in meinem Leibe lebendig und ich der Gewalt der Dämonen völlig ausgeliefert.

Während der gute Vater im Gebet lag, geschah es, dass Unser Herr ihm deutlich meine Versuchungen und die Pein, die ich litt, zu erkennen gab; Er zeigte ihm meinen Seelenzustand und die Verwüstung, die Dämonen anrichteten. Das bewog ihn, mich dort wieder aufzusuchen, wo er ehemals begonnen hatte, mir Trost einzuflößen; denn er empfand ein starkes Mitleid mir gegenüber. Aber ich war nicht bereit, ihn anzuhören, weil ich glaubte, er sei zum Teil schuld an meinem Elend. Doch ließ er sich davon nicht abstoßen. Er sagte, er wisse schon, worin mein Leiden bestehen würde, und ich musste mich nicht länger wundern; es wäre nur ein Kunstgriff des Teufels, um zu hintertreiben, dass er mir den sehr nötigen Beistand zu meinem Seelenheil leiste.

Seine Rede setzte mich zwar in Erstaunen, aber ich nahm mir vor, mich auch in Zukunft weiter zu verstellen. Da sprach er zu mir: „Meine Tochter, es nützt dir alles nichts, du kannst mir dein Leid nicht mehr verbergen. Es hat drei Formen, wie ich deutlich erkenne. Was die nichtswürdigen Versuchungen angeht, die du in meiner Nähe verspürst, so wundere dich nicht; es ist eine Bosheit des Teufels, die lange anhalten wird. Raffe dich auf und versuche, mir dein Herz zu öffnen; verschwende keine Zeit mehr mit Verstellung, da dein Feind sich nur deiner natürlichen Anlage bedient, um sein Spiel besser zu decken. Wenn du deinen Willen mit meinem vereinst, so gebe ich dir die Versicherung, dass du deinem jetzigen Zustand mit Hilfe der Gnade entrinnen wirst, und dass wir die ganze Hölle in Verlegenheit bringen werden. Wozu der Widerstand gegen Gott? Schließlich musst du dich doch ergeben, dann Seine Güte hat große Pläne mit dir vor!"

Wenn eine Person jemals erstaunt war, so war ich es bei diesem Ereignis; ich wusste nicht, sollte ich mich freuen, dass Pater Surin dieses Wissen hatte, oder sollte ich deswegen verärgert sein. Er hatte sich nach seinen Worten zurückgezogen, weil es schon spät war, und er ließ mich in sehr großen Furcht zurück, weil ich den Dämon im Hirn hatte, der sich über das, was kommen sollte, sehr undiszipliniert benahm. Erst einige Zeit nachdem der Pater sich zurückgezogen hatte, gewann ich allmählich meine Fassung wieder.

Gegen neun Uhr abends trat ich vor das hochheilige Sakrament, um vor dem Schlafengehen zu beten. Ich war durch mein Erlebnis sehr traurig, warf mich vor dem heiligen Sakrament nieder und betete inständigst, es möge mich erkennen lassen, worin Sein heiliger Wille bestände; es kam mir vor, als sei ich auf dem Wege, ihn zu erfüllen. Ich blieb lange so und schrie nach Barmherzigkeit des Herrn; ich bat, er möge mir Freiheit geben, damit ich dem Pater Surin mein Herz eröffnen und ihm mein Verlangen nach Wandlung richtig darstellen könne.

In einer plötzlichen Eingebung gelobte ich auf der Stelle dem Herrn, ich wolle meine ganze Kraft zusammennehmen und mich zu einer allgemeinen Lebensbeichte entschließen.

Kaum hatte ich dies Gelübde abgelegt, als ich schon in meinem Geist mehrere Schwierigkeiten bei der Ausführung entdeckte. Ich verbrachte den Rest der Nacht in schrecklichen innern Kämpfen. Doch schließlich gewährte mir die göttliche Güte meine Bitte. Am Morgen befand ich mich ziemlich ruhig; ein Zustand, der über Tage anhielt.

Ich erstattete dem Pater Surin einen kurzen Bericht über meinen Seelenzustand und die Regungen, die Gott mir zu meiner Bekehrung eingeflößt hatte. Ich versprach ihm eine große allgemeinen Beichte und legte ihm die großen Schwierigkeiten dar. Den ganzen Tag über war er bemüht, meinen Geist zu stärken; er versicherte mir, wie ihm der Anblick meines freien Zustandes eine große Tröstung wäre, denn so etwas sei noch gar nicht da gewesen, seitdem er meine Leitung übernommen habe. Er begann viel Hoffnung wegen meines Zustandes zu haben und glaubte, Gott schenke mir die Gnade, mich von meinen Übeln zu befreien, wenn er mir helfen wollte. Er gab sich Mühe, mich kennenzulernen und setze sich dafür ein, soweit er konnte, dass ich durch Exorzismen und geistliche Gespräche befreit wurde. Als die Dämonen den Entschluss des Paters und meinen Bekehrungseifer in Gott erkannten, versuchten sie mich innerlich wie äußerlich anzugreifen, und zwar so, dass ich mich wie ohnmächtig gefesselt vorfand und nicht den geringsten Schritt zu unternehmen fähig war. Wollte ich nur ein mich mit Gott beschäftigen, so war mir der Kopf wie zerstückelt. Ich verlor den Mut und vor den Augen war es mir dunkel, dass ich manchmal vermeinte, ich verliere den Verstand. Die Angst vor dem Wahnsinn bewirkte, dass ich vom Gebet nicht einmal sprechen hören konnte, obwohl Pater Surin oft davon anfing; die Stunde des Herrn war eben noch nicht gekommen.

Äußerlich wurde ich von fast unaufhörlichen Wutanfällen gestört. Ich sah mich fast außerstande, irgendetwas Vernünftiges zu tun, da ich nicht eine einzige Stunde einen freien Kopf hatte, um an mein Gewissen zu denken und mich zur Generalbeichte vorzubereiten, obgleich ja Gott mir Regungen gewährte und ich auch den Willen dazu hatte. Als ich mich eines Tages in solchen geistigen Kämpfen befand, sagte Pater Surin zu mir, ich solle doch alle Angst in den Wind schlagen und mich ganz der Fürsorge Gottes überlassen. Er schlug mir vor, wir sollten alltäglich ein halbe Stunde dem Gebet widmen, obwohl ich Hindernisse empfände, und er fügte hinzu: „Ich hoffe zur Barmherzigkeit Gottes, dass du, falls du beharrlich bleibst, durch dies Mittel zur wahren Freiheit durchdringen wirst!"

Ich war über diesen Vorschlag ziemlich bestürzt; trotzdem gab ich mein Einverständnis dazu, nachdem ich ihm meine Hemmungen und Ängste gehörig auseinandergesetzt hatte. Er versprach mir, die Übungen nach Möglichkeit erleichtern zu wollen; ich sollte nur den guten Gedanken und heiligen Regungen, die er mir einflößen würde, recht nachgeben.

Er riet mir ferner, ich solle mich an den glorreichen heiligen Joseph wenden. Er sei einer der Personen, die von Gott die Gabe des Gebets empfangen haben, wodurch er von Gott die Gnade erlangen könne, dass ich mit Fleiß beim Gebet sei. Er ermunterte mich überhaupt dazu, diesen berühmten Heiligen zum besonderen Fürsprecher bei meinen schweren körperlichen Beschwerden zu erwählen.

Ich tat dies mit ganzem Herzen gern, umso mehr, als ich ihm immer Verehrung gespendet habe, die nun aber noch um vieles wuchs; und ich kann aufrichtig zu seinem Ruhm bekennen, dass ich keine Qual mehr bei einer inneren Gebetsübung empfand, seitdem ich mich ganz unter seinen Schutz gestellt hatte. Im Gegenteil, mein Herz hatte ein solche Kraft, so viel Erleuchtung und Trost gefunden, dass ich die Dinge aufgab, die meinen Sinnen angenehm waren, um damit eine Stunde zu verbringen. Oh mein Gott, Ihr kennt gut die Wege, auf die Ihr uns zu Euch führt.

So wurde zwischen dem Pater und mir vereinbart, dass ich nie meine tägliche halben Stunde Gebete versäumen dürfe, auch wenn ich zu nichts fähig wäre; zu diesem Ende sollte ich während dieser halben Stunde sehr standhaft sein, ganz gleich, wie schwer es mir auch falle, nur um mich in den heiligen Dienst allmählich einzuleben.

Er verfiel nun auf folgenden Ausweg. Ich musste dicht bei ihm sein, damit die Wirkung der Geister, die mich jederzeit störten, hierdurch aufgehoben würde. Meist ging die Zeit des Gebets nur in Wutanfällen vorüber, und so schien mir es, als ob ich gar nicht mit dem Gebet beschäftigt wäre. Pater Surin war dicht bei mir; er ließ mich auf einen Tisch festbinden, legte mir das heilige Sakrament auf Herz und Kopf und lieferte mir den Gebetsstoff, indem er mir die Sätze, die ich sprechen sollte, ins Ohr flüsterte.

Das diente anfangs sehr wohl dazu, meine Einbildung, die sehr zügellos war, zu fesseln. Die Raserei der Dämonen wurde durch die Kraft des heiligen Sakraments gehemmt. Freilich setzten sie alles daran, uns zu stören. Manchmal raubten sie mir mitten im Gebet jegliche Freiheit und warfen mich in einen Abgrund von Schmerzen und Qualen. Ein andermal wieder nahmen sie dem Pater die Fähigkeit, zu mir reden zu können. Aber schließlich hemmte der gütige Gott dennoch Schritt für Schritt ihre Wutausbrüche und gab mir die Möglichkeit, mich ihm zu widmen.

Ich hatte beständig das lebhafte Verlangen, meine Generalbeichte abzulegen, und mir schien es, als wäre es eine große Wohltat, wenn ich damit zum Ziel gelangen könnte. Der Pater wünschte das ebenso lebhaft wie ich. Aber er sah mich zu einer so bedeutsamen Handlung noch nicht frei genug. Ich war sehr überzeugt, ich würde viel Kraft haben gegen die Dämonen, wenn ich diese Beichte gemäss meiner geringen Einsicht machen würde.

Um mir den notwendigen Grad von Freiheit zu verschaffen, nahm der Pater sehr viele Beschwörungen vor. Nicht, wie es gewöhnlich geschieht, mit der üblichen Eindringlichkeit, sondern er hielt mich auf einer Bank fest, indem er die heiligen Sakramente in der Hand hielt und mit eigenen Worten einige Psalmen Davids über das geistliche Leben vortrug. Er hielt den Dämon, durch den sie ihre Sünden erlitten hätten, und das Elend, in das sie durch ihren Abfall von Gott gesunken wären. Er schilderte ihnen darauf das Glücksgefühl der Seelen, die Gottes teilhaftig seien; den Gewinn, der im Dienste der heiligen Liebe läge; die Gnade und Gunst, die der Seele im Verkehr mit Gott zuteil würden.

Ich befand mich meistens während der Exorzismen in einer schlechten Verfassung. Die Dämonen ließen mich nämlich teilnehmen an den schlechten Handlungen, die sie verursachten. Denn durch eine gewaltsame Erfahrung verschafften sie mir die Einsicht von dem Unglück meiner Seele, die sich von Gott abgewandt hatte, damit sie seinen Eingebungen Widerstand leistet.

Obgleich ich nun äußerlich sehr verstört war, spürte ich doch im Innern Ruhe und Erleuchtung als Erfolg dessen, was der Pater mit dem Dämon redete; zwar verstand ich das Latein nicht und der Dämon tat sein Möglichstes, meine Aufmerksamkeit abzulenken, doch konnte ich nicht umhin, vielerlei Erwägungen anzustellen über den Jammer der gottlosen und die Glückseligkeit der gottgetreuen Seelen. Mir schien es, als spräche im Grunde meines Herzens eine Stimme zu mir, ich könne eines von beiden erwählen, es hinge nur von mir ab. Zur selben Zeit ließ man mich das Glück der einen und das Unglück der anderen sehen. Man sprach in meinem Inneren zu mir: „Du kannst, wenn du willst, den Platz einer deiner Feinde einnehmen." Mein Geist spürte eindringlich, dass er das Unglück wahrnehmen sollte, das einer Seele widerfährt, die sich nicht im Zustand der Gnade Gottes befindet. Man hat mich allmählich sehen lassen, wie Seine Güte meine Seele in Stich gelassen hat, weil sie sich weigerte, auf Seinen Wegen zu folgen.

Diese Erkenntnis hat eine sehr gute Wirkung auf meinen Geist, denn oft wiederholten sich während des Tages diese Gedanken. Oft sagte ich zu mir selbst: „Wie ist es möglich, dass ich den Platz dieses bösen Geistes einnehmen konnte, der in der Engelshierarchie einen hohen Rang hat?" Es schien mir, ich spürte eine innere Sicherheit, die mir versprach, es hinge nur von meinem Willen ab, was ich im Augenblick machen muss.

Die Gedanken weckten in mir den Wunsch, mich ganz dem Gebet zu widmen. Ich hatte nämlich immer den großen Wunsch, mich Gott hinzugeben. Aber ich kannte nicht den Weg, den ich einschlagen musste, um meinen gegenwärtigen Zustand zu verlassen.

Oh unendliche Güte, Ihr wisst sehr gut, wie Ihr mich kniefällig vor Euch niedersinken lasst! Euch bereitet es Freude, in mir den Wunsch zu wecken, mein Gefängnis zu verlassen, damit ich daraus meinen Nutzen ziehe. Ihr gebt meinem Herzen den Anstoß, sich von Euch abzuwenden, und gleichzeitig erlaubt ihr meinen Feinden, meine guten Vorsätze durchzuführen. Aber, was soll ich viel reden, meine Natur mit ihren Listen und meine Selbstliebe bewahrt mich vor dem Dämon. Wahrlich, es hat mich mehr Mühe gekostet, zuzustimmen, dass der Pater meine Feinde züchtigt. Ich muss gestehen, die bösen Geister sind sehr schwach, wenn wir sie nicht mit den Waffen ausstatten uns zu bekriegen. Keine Sache ist so kompliziert wie diese. Ein guter Wille, der von der Gnade unterstützt wird, hat Bestand, wenn er treu sein will. Selbst die ganze Hölle kann nicht einer Seele schaden, wenn diese sich der Gnade öffnet und ihr folgt. Im Gegenteil! Diese bösen Geister üben eine große Macht auf die Seele aus, wenn sie sich nicht völlig Gott unterworfen hat. In diesem Fall ist die Besessenheit sehr gefährlich. Denn es gibt keine Regung in unserem Herzen, die der Dämon nicht ausspäht, um uns zu überwältigen. Die Erfahrung hat mich oft gelehrt, dass ein unkontrollierter Wunsch oder das Bemühen um eine beliebige Sache, wie gut sie auch immer ist, mir viele Probleme und Mühen bereiten kann, wenn man sich mit zu viel Schwung auf sie losstürzt. Ich danke der göttlichen Gnade sehr für die Erleuchtung, die sie mir in dieser Lage gegeben hat.

Im Monat Mai kam mir der Gedanke, ich müsste mich an meinen glorreichen Vater, den heiligen Joseph wenden, um von Unserem Herrn so viel Freiheit zu erhalten, dass ich mich entschließe, die Generalbeichte abzulegen. Ich legte dem Pater Surin die Absicht dar, und er riet mir, neunmal zum Tisch des Herrn zu gehen, täglich das kleine Gebet zu Ehren des heiligen Joseph zu beten, und unterdes einige Bußübungen und Selbstkasteiungen vorzunehmen.

In die ersten beiden Vorschläge willigte ich gern, vor dem dritten aber hatte ich ziemlich Angst; denn ich liebte mich selbst viel zu sehr und hatte auch lange Zeit kaum eine Bußübung gemacht. Ich meinte, meine Besessenheit sei schon an sich eine sehr bedeutende Buße.

Ich begann also die neuntägige Andacht, und Gott segnete sie sehr. Die Dämonen türmten wieder Hindernisse auf; zum Ruhme des großen Heiligen muss ich aber der Wahrheit gemäß bekennen, dass alle Hemmnisse von mir genommen wurden. Mein Herz kannte keinen größeren Trost als Beten, und sobald ich mich frei fühlte, floss mir eine Stunde dahin, als wäre es nur ihr vierter Teil gewesen. Gott gab mir so viele Anreize, dass ich nichts anderes mehr hätte tun mögen. Aber schmerzliches Bedauern erfüllte mich über die früher verlorene Zeit. Ich begann damals sogar zweimal am Tage zu beten und unterzog mein Gewissen einer sorgfältigen Prüfung.

Einen Monat lang fand ich für meinen Übungen ziemlich viel Freiheit. Mir schien es, als besäßen meine Feinde nicht mehr die Kraft, mich in gewohnter Weise durch Verwirrung zu hemmen. Doch unterließen sie es nicht, mir außerhalb der Gebetszeit alles mögliche Leid anzutun. Ich bemerkte wohl, dass sie noch in vielen Dingen sich meine Neigungen zunutze machten.

Als ich an einem Junitag vor dem hochheiligen Sakrament lag, stellte ich mir vor, ich würde niemals aus der Unruhe erlöst werden; es sei denn, ich gäbe selber dem Dämon keine Gelegenheit mehr, sie zu verursachen. Auch schien mir es, wenn ich nur über meine Seelenregungen gründlich nachdächte, so würde ich finden, dass sich alle Unordnung meiner Seele bloß eine Folge meines besonderen Wesen ist. Das kam mir so klar vor wie das Sonnenlicht.

Diese Erkenntnis bestürzte mich sehr und flößte mir arge Besorgnisse über meinen Zustand ein. Ich brachte es nicht fertig, mich zu überreden, dass ich allein Ordnung schaffen könne.

Ich machte dem Pater Surin von meiner Idee Mitteilung; er meinte daraufhin, er sei schon längst der gleichen Überzeugung, doch hätte er mich noch nicht in der rechten Stimmung dazu gefunden, dass er es mir selber sagen konnte. Was mein Erstaunen natürlich noch steigerte. Ich bat den Pater aus dem Grunde meines Herzens, er möchte mir doch sagen, was er glaube, dass Gott mit mir vorhabe. Der gute Vater verfolgte mir gegenüber eine bestimmte Taktik, die recht gut war. Doch glaube ich, dass sie nicht bei jedem nützlich angeschlagen hätte. Er handelte so, weil er mir nichts offenbaren wollte, von dem er nicht zuvor wusste, dass Gott selber es mir eingegeben hatte. Da er nur den Maßnahmen Gottes folgen wollte, war er streng darauf bedacht, ihnen nicht durch eigene Entscheidungen zuvorzukommen.

Darum also hatte er mir nur dann besondere Übung auferlegt, wenn er in mir eine entsprechende Stimmung erkannte. Mir wäre es eigentlich lieber gewesen, er hätte eine andere Methode angewandt. Die Erfahrung jedoch lehrte mich einzusehen, dass die Täuschung auf meiner Seite war und dass der liebe Gott dem Pater die Hand führte. Ich fing an, mit größerer Freiheit zu beichten und das Abendmahl zu nehmen. Kaum hatte der Pater das bemerkt, so empfahl er mir dringend, die Sachlage auszunutzen. Ich kam zu der Ansicht, dass ich sie in der Tat zur Generalbeichte benutzen müsste.

Mein Gott, Ihr zeigtet Euch barmherzig gegenüber Eurer armen Dienerin. Ihr gabt meinem Herzen große Antriebe, damit ich Euch barmherzig stimme. Tag und Nacht habe ich nichts anderes gemacht. Ihr gabt mir die Gnade, alle meine Hindernisse zu überwinden. Dazu gabt Ihr mir die Einsicht in meine Sünden.

Ich begann meine Beichte in den ersten Junitagen des Jahres 1635. Fast sechs Wochen brauchte ich zu ihrer Beendigung; und der Herr schien mich bei der Hand zu führen. In der ganzen Zeit rief bei mir der Herr eine gewaltige innere Zerknirschungen hervor. Ich weiß nicht, was ich alles hätte tun sollen, um die Gerechtigkeit Gottes zu befriedigen. Alle Buße und Kasteiung schien mir zu mild. Was ich auch davon tat, erregte mir nur das bren-

nende Verlangen, noch mehr tun zu dürfen. Ich hätte
gewünscht, dass alle Menschen vereint zum Rachesturm
gegen mich und mein Verbrechen aufstehen, das ich der
Majestät Gottes angetan hatte. Gern hätte ich meine Sünden vor aller Welt verkündet, wäre mir der Gehorsam
nicht im Wege gewesen. Es schien mir, ich war einzig und
allein schuld an dem Tod des Gottessohnes. Deshalb bat
ich Gott, er möge noch deutlicher mir die Gründe für
mein Verbrechen zeigen. Auch hatte es den Anschein, ich
würde niemals der göttlichen Gerechtigkeit genügen. So

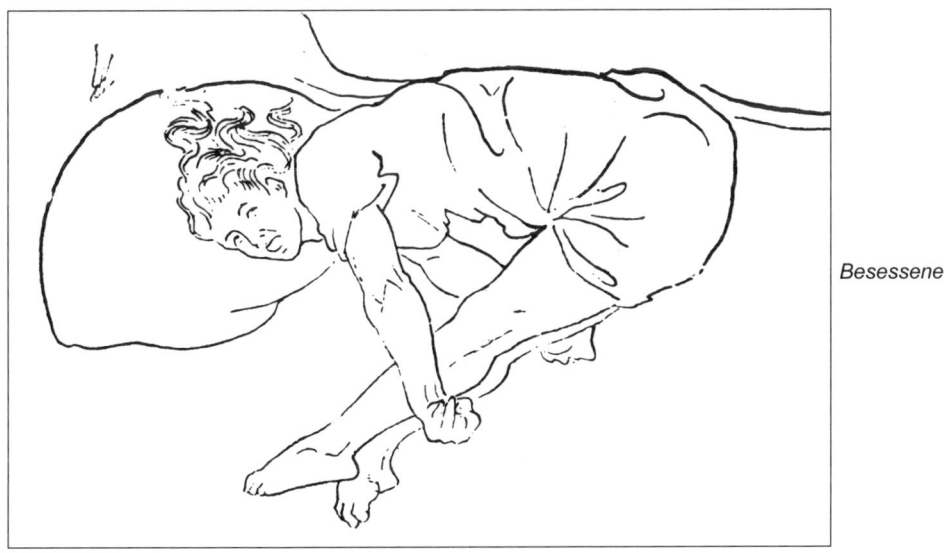

Besessene

bat ich inständig Unseren Herrn, er möge sich selbst kraft
seiner Person Genugtuung verschaffen.

Eines war mir sicher, ich hatte nicht das Verlangen zu
leiden, um Gott zu erfreuen. Wenn ich sah, mit welcher
Geduld Unser Herr auf mich wartete, war mein Herz sehr
berührt. Gelegentlich passierte es, dass ich nach seiner

Güte aufschrie und zu ihm sagte: „Siehe das umherirrende Schaf, das sich zu deinen Füßen wirft, nehmt es zu Euch in Euren Stall, wenn es Euch gefällt!" Einige Male betrachtete ich mich als Beute Unseres Herrn, der mich aus den Händen des Satans gerettet hatte. Täglich ging ich zum Tisch des Herrn. Das Gefühl dankbarer Liebe, das mich beim heiligen Abendmahl durchrieselte, ist unbeschreiblich; meist war ich in Tränen gebadet. Unterdessen taten mir die Dämonen alles mögliche Leid an, am Körper sowohl wie am Geist, und durch mehrfache Versuchungen. Diese unterschieden sich aber von den früheren dadurch, dass sie nicht mehr die Kraft besaßen, mich so häufig zu verwirren. Überdies fühlte ich mich jetzt widerstandsfähiger gegen ihre Einflüsterungen.

Während eines Zeitraumes von sechs Wochen nahm ich mir jeden Tag eine Stunde Zeit, um mein Gewissen zu überprüfen. Unser Herr veranlasste mich zu dieser Prüfung. Durch seine Erleuchtung deckte ich nicht nur meine Sünden auf, sondern auch die Grundsätze, die mich bei all meinen Handlungen leiteten; und selbst meine Neigungen in meinem Herzen. Deutlich sah ich die Unordnung, gleichsam als ob ich sie auf meinem Papier gelesen hätte. Diese Erleuchtung hielt so lange an, bis dass ich meine Verbrechen aufgedeckt hatte. Während dieser Prüfungsstunde übten die Dämonen viel Gewalt auf mich aus, um meine Aufmerksamkeit abzulenken. Sie erschienen bei mir in einer schrecklichen Gestalt, um mir Furcht einzujagen und mich von diesen Untersuchungen abzubringen. Ein andermal gebrauchten sie große Gewalt und schlugen mich hart. Oder sie stießen in meiner Gegenwart Beleidigungen gegen

Gott aus und verrichteten abscheuliche Handlungen. Doch ihre Boshaftigkeit war beschränkt, so dass sie nicht meinen Geist in Verwirrung bringen konnten.

Eines Tages bemerkte ich am Ende eines Wandelganges ein schreckliches Tier in der Gestalt und Größe eines Löwen, dessen Augen funkelten gleich Kerzen. Damit wollte man mich hindern, an den Ort zu gehen, wo ich eine innere Prüfung ablegen musste.

Wie ich das Untier erblickte, nahm es sogleich seinen Lauf auf mich zu, als wollte es mich verschlingen. Es drang in die Laube, fiel über mich her, setzte eine Klaue auf meine Brust und stierte mich aus grässlichen Augen an. In dieser Stellung verharrte es einige Zeit. Mich erfasste eine gewaltige Furcht. Doch wartete ich regungslos und im Vertrauen auf den Herrn, was er über mich verhängen würde. Der Teufel gewann nicht das Geringste bei diesem Versuch; denn am nächsten Tage kehrte ich zur gleichen Stunde an denselben Ort zurück und empfing wie zuvor die Erleuchtung von Gott, die mir die hohe Reinheit offenbarte, zu der ich berufen sei. Während der ganzen Zeit traf mein lieber Pater die besten Vorsorgen, dass ich die mir von Gott gewährte Frist recht gut verwende. Ich erledigte also meine Generalbeichte. Nachdem ich sie beendet hatte, weckte Unser Herr in mir in Seiner Güte das Verlangen, mich Ihm ganz hinzugeben. Darin sah ich zwar große Hindernisse, aber ich war von einem guten Willen gepackt.

Als ich die Gefühle von Hingabe spürte, kostete es mich keine große Mühe durchzustehen. Wenn aber diese Gefühle aufhörten, war ich wieder in meinem natürlichen Zustand und mir fehlte der Mut, gegen meine Neigungen anzukämpfen. Ich bildete mir ein, eine schwache, nicht gesunde und zärtliche Natur zu haben. Deshalb bemühte ich mich nicht besonders um mich. Meine Feinde machten aber große Fortschritte, denn sie quälten mich und ich musste viel erdulden. Ich wusste nicht, wie ich mich in Zukunft ihren Qualen entziehen konnte.

Zwei Monate war ich durch eine außerordentliche Gnade in einem guten Zustand. Aber ich hatte die Befürchtung, er würde nicht lange andauern. Ich spürte noch meine frühere Verfassung und schlechte Neigungen, die mich aufdringlich verfolgten. Oft dachte ich, ich müsste meine Feinde in meiner eigenen Natur bekämpfen und mich selbst von der Unordnung befreien, die ich empfand, ohne dass ich auf die fremden Ursachen blickte.

Am Anfang war ich über meine Gedanken sehr erstaunt. Ebenso konnte ich nicht einsehen, was ich machen sollte, um zum Ziel zu kommen. Dies veranlasste mich oft, Unseren Herrn bei der Kommunion und den Gebeten inständig zu bitten, mich Seinen Willen erkennen zu lassen oder ich bat meinen Pater darum. Ich nahm auch Zuflucht zu meinem ruhmreichen Beschützer, den heiligen Joseph, um diese Gnade zu erlangen.

Währenddessen machte mein Geist tagtäglich Fortschritte und Unser Herr verlieh mir die große Gabe, über die göttlichen Geheimnisse zu meditieren. Keinen Tag verbrachte ich, ohne dass ich nicht mindestens zwei Stunden bete. Der gütige Gott beschäftigte durch die Wirksamkeit Seiner Barmherzigkeit meine Vorstellungskraft so sehr, dass es mich viel Mühe kostete, mich in Seiner Gegenwart aufzuhalten. Ich spürte nämlich, ich war nicht so, wie es Gott wollte. Es schien mir, als wollte er zu mir in meinem Inneren sagen: „Es ist Zeit, dass du dich daran machst, dich mit deinen eigenen Kräften zu vervollkommnen und beginnst, deine Feinde in dir selbst und deinen Leidenschaften zu bekämpfen.

„Oh, göttliche Güte, es hängt von Euch ab, unseren Geist gut zu erleuchten, wenn es Euch gefällt. Ewig sei Euch Dank für die Gnade, die ihr meinem Herzen zuteil werden lasst!"

Eines Tages hatte eine sehr schamlose Versuchung in mir eine große Niedergeschlagenheit bewirkt. Deshalb ging ich vor das heilige Sakrament, um Unseren Herrn zu bitten, mich davon zu erlösen und Mitleid mit mir zu haben. Doch meine Versuchung wuchs. Als es Nacht war, wusste ich nicht, wie ich mich davon befreien sollte. Denn ich nahm die zahlreichen Unverschämtheiten des bösartigen Isaakaaron wahr. Einige dieser Unverschämtheiten waren mir unbekannt. Er ließ mich nicht schlafen. Die Qualen war so groß im Bett, dass ich mich entschloss aufzustehen. Das dauerte nur ungefähr eine Minute, dann ging ich zum Heiligen Sakrament, um die Kraft zu erlangen, der Versuchung zu widerstehen.

Nachdem ich einige Zeit so lebte, fiel ich in einen köstlichen Schlaf. Ich glaubte, ein schlafendes Kind zu sehen, das mir sagte: „Du gewinnst niemals die Oberhand über dein Fleisch, wenn du gegen es ankämpfst. Du bedenkst nicht, dass Gott immer in einer weichen und zärtlichen Natur wohnt. Sie will nämlich all seine Bequemlichkeiten haben. Wenn du Ruhe gegen deine Feinde haben willst, dann musst du sie durch harte Strafen bekämpfen und die

Sorge um dich selbst in den Hintergrund treten lassen. Obgleich mir diese Eingebung im Schlaf zuteil wurde, ergriff mich doch Verwunderung. Ich schwankte in meinen Entschlüssen hin und her. Den ganzen übrigen Teil der Nacht verbrachte ich vor dem Heiligen Sakrament und überlegte in einem fort, was ich gesehen und gehört hatte. Weil ich aus Besorgnis vor Qualen und aus unbegründeter Furcht dem Willen Gottes nicht nachgab, so gewann der Dämon wieder die Oberhand. Er flößte mir ein, es sei nur ein Traum gewesen, auf den ich nichts zu geben brauche; außerdem sei ich zu kränklich und zart gebaut, ich könne daher die Ableistung einer besonderen Buße nicht unternehmen. Also schätzte ich jene Erleuchtung als wertlos ein. Aber, oh göttliche Güte, Ihr habt mich gut meine Verblendung fühlen lassen, denn diese bösen Geister begannen mich wieder zu quälen.

Ich vermochte nun nicht mehr zu beten, meine Fantasie fuhr ausschweifend umher und ich war nicht mehr frei, über die Ereignisse meines Daseins nachzudenken. In diesem Zustande befand ich mich eine Woche lang, obgleich der Pater mit mir Beschwörungen vornahm. Äußerlich konnte er mir die Freiheit nicht wieder verschaffen. In meinem Inneren hatte ich sie zeitweilig, doch sie diente mir nur zu neuer Qualen, umso mehr, als ich nach außen hin von ihr keinen Gebrauch machen konnte. Es kam mir vor, als stünde ich mehr denn je unter dem Joch der Dämonen und könnte ihnen nie entrinnen. Dieses verursachte in mir tiefste Traurigkeit.

Die verfluchten Geister stellten mir alle guten Regungen vor Augen, die Gott mir gewährt hatte, und all mein brennendes Verlangen nach Seiner Liebe. Danach malten sie mir den Jammer einer Seele, der vielerlei Erleuchtung und Gnade zuteil wurde und die nun ins ewige Verderben stürzt. Sie zeigten mir deutlich, wie ich wegen meiner Sünden und Untreue zur Zahl der Verdammten gehöre. Da sie mich nun sehr verwirrten, hinderten sie mich zu überlegen, was mir etwa Hoffnung gewähren könne; schließlich setzten sie mir in den Kopf, ich sei doch schon verdammt und von Gott getrennt, wodurch ich in wahnsinnige Schreien verfiel.

Alle, die mich schreien hörten, hatten Mitleid mit mir, da sie meine Qualen mit ansahen. Ich konnte nicht umhin zu rufen: „Warum musste ich Gott erst erkennen und Ihn dann verlieren? Besser wäre es gewesen, ich hätte nie von Ihm reden hören." Wollte der Pater mich in solchem Zustand trösten, fand er mich vollständig unfähig, und meine Tränen flossen nur reichlicher. Wollte er mich zum Gebet bewegen und näherte er das heilige Sakrament meiner Brust, so wäre es mir unerträglich. Ich floh aus der Nähe des Herrn.

Der Überschwang meiner Qualen blieb weiter bestehen, da mir Gott gleichzeitig eine heftige Liebe zu sich und eine Begierde nach seinem Besitz einflößte. Andererseits beredeten mich die Dämonen, Gott habe mich aufgegeben und ich würde Seiner nimmer teilhaftig werden können. Diese Zwiespältigkeit der Gefühle brachte es mit sich, dass ich manchmal Gott pries, manchmal aber gegen Ihn murrte und Lästerungen ausstieß.

Die Eindrücke von diesem Geschehen hatten in meiner Seele eine so gewaltsame Wirkung, dass ich wohl in

Wahrheit sagen darf, ich habe damals die höllischsten Qualen aller Verdammten gelitten. Sie bestehen darin, dass man des Angesichts Gottes beraubt wird. So also verspürte ich gleichzeitig das höchste Liebesverlangen nach dem Angesicht Gottes und glaubte meiner Sünden halber dazu verdammt zu sein, Ihn nie in Liebe zu schauen.

Diese Folterqualen reinigten gründlich mein Herz und dauerte acht Tage. Sie brachten mich zum Entschluss, mein ganzes Leben dem Herrn zu Füßen zu legen und meine Sünden zu beweinen. Seine Güte hielt meinen Geist im Zustand der Zerknirschung. Noch lange Zeit litt ich sehr darunter. Ich hatte damals eine große Sehnsucht nach Tugend und das Verlangen nach reiner Liebe. Schmerz bereitete es mir, dass die Dämonen die Macht hatten, mich zu quälen. Keineswegs machte ich mir Gedanken über die Worte, die sie zu mir bei der Erscheinung gesprochen hatten, von der ich sprechen werde. So war ich sehr häufig unfähig, nichts gut machen zu können.

Da der Herr mir indessen den Rat gegeben hatte, seinen Willen zu erfüllen, so erregte er in mir eines Tages unter dem Gebet die Begierde, mich rückhaltlos in ein strenges Büßerleben zu stürzen. Ich fühlte mich von diesen Zustand der Qualen abgestoßen. Es schien mir, Unser Herr würde mir im Inneren sagen: „Die Befreiung von den Dämonen hängt nur von dir ab! Aber glaube, diese Freude ist mit Mühen verbunden. Wenn du dich sehr den Feinden entgegenstellst und sehr von der Unordnung gequält wirst, die sie dir zufügen, dann wirst du bald zum Ziel kommen!" Ich schulde dem guten Pater viel Dank für die Strafen, die er mir wegen meines Verhaltens auferlegt hatte. Ich flehte die göttliche Güte an, mich für alle Ewigkeit damit zu belohnen.

Ich verspürte sogleich herrlichen Mut in meinen oberen Köperteilen, aber in den unteren erhob sich gewaltiger Widerstand gegen diesen Plan. Mir schien es, als sollte ich Unmögliches unternehmen, wegen der Schwachheit meiner Natur. Trotzdem fasste ich den Entschluss, mit Pater Surin davon zu reden, allerdings nachdem ich reiflich über mich nachgedacht und den sich widerstreitenden Regungen der Gnade und meiner Natur nachgegangen bin. Ich ließ also den Pater holen und er sprach zu mir: „Ich glaube, Gott wünscht, dass du Seiner Eingebung Folge leistest; niemals wirst du zur wahren Freiheit im Geist durchdringen als durch dieses Mittel; ich sehe ein, dass dir die Beschwörungen nicht sonderlich nützen; wenn du mutig an die Abtötung der Leidenschaften herantrittst und dich in wahren Tugenden übst, so habe ich Hoffnung, dass du bald aus aller Verwirrung erlöst sein wirst, da du von der Besessenheit vollständig befreit sein wirst."

Bei diesen Worten hüpfte mein Herz vor Freude, und da ich anfing, Zutrauen zum Pater zu fassen, weil er um mein Seelenheil so besorgt war und weil Gott mein Inneres erleuchtete, so bat ich ihn also mit größter Hingebung, er möchte mir recht helfen, den Himmel zu gewinnen. Von da ab überließ ich mich völlig seiner Leitung und fasste den festen Entschluss, ihm in allen Dingen zu Willen zu sein. Gott gewährte mir auch in seiner Güte die Gnade, dass ich diesen Entschluss aufrechterhielt, so lange ich seiner Leitung unterstand, wenn auch oftmals nur mit großem Widerwillen.

Der gute Pater war sehr erfreut, mich in meinem Entschluss so stark zu sehen, aber er stieß auf heftigen Widerstand von Seiten der Dämonen. Das machte ihn aber nicht weiter verlegen, da er sich nun als Herrn meines Willens betrachten durfte. Da der gute Pater mich in so guter Stimmung erblickte, benutzte er in kluger Weise die Frist, die ihm Gott zur Stärkung meiner Seele gewährte. Er prüfte alle ihre Regungen und begann damit, mir gegen seine Gewohnheit Aufschlüsse über das innere Leben zu erteilen. Währenddessen fuhr der Herr fort, mich über die Handhabung der Tugenden zu erleuchten.

Eines Tages kam es mir während des Gebetes so vor, als ließe mich der Herr den Zustand schauen, den meine Seele in Seinen Augen besaß. Dieser war zwar nicht ganz und gar abscheulich, aber trotzdem so schmutzig und befleckt, dass Gott ihn kaum anders als mit zornigem Blick ansehen konnte. Darüber war ich ziemlich bestürzt; umso mehr, als ich schon immer Besorgnis hatte, meine Generalbeichte nicht ordentlich abgelegt zu haben.

Ich hielt mich für unfähig, mehr zu leisten. Da erschien mir eine innerliche Stimme, die sprach: „Denk nicht mehr an die Beichte, es sei denn, um deine Sünden zu beweinen; du erfülltest hierbei nur Meinen Willen; die Flecken und der Rost, die du jetzt erblickst, sind keine Sünden, sondern vielmehr dein besonderer Hang, schlechte Gewohnheiten und Neigung, die du austilgen musst mit Gewalt, wenn du angenehm willst sein vor Meinen Augen!" Da erstarkte mein Mut schnell und ich beschloss, niemals der Schwachheit meiner Natur nachzugeben und mich immer voll und ganz Gottes Fügung hinzugeben.

Ich berichtete mein Erlebnis natürlich sogleich dem Pater Surin; denn ich war jetzt auf dem besten Wege, ihm treuherzig alle meine Gedanken zu verraten. Er nahm die Gelegenheit wahr, mir zu sagen, jetzt oder nie sei der Augenblick nahe, meinen Lebenswandel zu ändern. Beten und Abendmahl und das Beweinen meiner Sünden seien nicht genug. Ich müsste in Zukunft alle schlechten Neigungen bekämpfen und er erlaube nicht länger, dass ich mit dem Dämon in mir liebäugele. Wenn ich endlich mit meinem Wesen zur Eintracht kommen und alle Entgleisungen wieder einrenken wolle, so müsse ich mich eben vor allen Störungen gänzlich schützen.

Ich kann nicht sagen, wie ich erschrak, als ich diese Worte vernahm. Ich hielt das für ganz unmöglich. Da es aber mit den verschiedenen Regungen, die Gott mir über den Gegenstand gewährt hatte, im Großen und Ganzen übereinstimmte, so stimmte ich trotzdem gern dem Vorschlag des Paters zu und versprach ihm, mich so treu wie nur möglich zeigen zu wollen. Ich bat ihn um jede nur denkbare Hilfe, selbst um gewaltsame Beugung meines Willens, wenn er wieder entweichen würde.

Die Wut der Dämonen über diesen meinen Entschluss und Widerstände, die sie auftürmten, lassen sich gar nicht beschreiben. Niemals führten sie den Kampf so mit offenem Visier wie damals. Ihre Versuchungen kehrten mit stets doppelter Gewalt wieder, und hätte mich Gott nicht in besonderer Gnade aufrechterhalten, ich hätte alles hingeworfen.

Ich wurde also durch die Gnade Unseres Herrn in dem Entschluss gefestigt, mich selbst von allen Störungen zu befreien und die Dämonen nicht mehr als ihre Urheber zu betrachten. Ganz mit Recht blieb ich fest in dieser Ansicht; denn als ich meine Neigungen recht geprüft und die Absichten der Gnade ein wenig erfasst hatte, erkannte ich bald, dass das Übel von mir ausging und dass meine Feinde sich nur des von mir selber gelieferten Stoffes bedienten.

In dieser Erkenntnis half es mir sehr, dass mich Pater Surin jeden Abend eine Stunde im Gebet verbringen ließ, damit ich die Seelenregungen unterscheiden lerne. Die Methode, die er mich bei dieser Prüfung anwenden ließ, bestand darin, dass ich mich Gott darbot und ihn bat, mir meine Pflichten zu offenbaren. Dann sollte ich mich in andächtigen Betrachtungen über die Beweggründe meiner Handlungen versenken. Ich bekenne hier feierlich, dass Gott ein erhabener Meister ist, der die Seelen recht unterrichtet nach Seinem Wohlgefallen.

Es ist ganz unmöglich, hier die große Erleuchtung zu beschreiben, die mir die göttliche Güte während solcher Stunden zuteil werden ließ. Ich erkannte die Tugenden und besonders die Fehler im geistlichen Leben, die man begeht, weil man keine gute Grundlage hat. Unser Herr ließ mich all die geistige Unreinheit schauen, die gleichsam in allen Handlungen des Lebens vorherrscht. Mir schien es, als lehrte mich mein göttlicher Heiland in solchen Stunden, wie ein hingebungsvoller Lehrer seinen Schüler unterrichtet.

Sobald ich in seiner Gegenwart war, spürte ich, wie mein Inneres vollständig von dem Begehren nach den Tugenden angefüllt wurde. Über den Hass, in dem ich mich bis heute befand, war ich sehr erstaunt. Ich konnte nicht begreifen, weshalb ich so stolz war. Ich sah, dass mein Leben nur aus Unreinheit, Unwissenheit und Bosheit bestand. Die gute Meinung, die ich von mir hatte, verachtete ich völlig. Dann verlangte ich von meinem Heiland Verzeihung für die Undankbarkeit in der Vergangenheit. Ich verachtete den nichtigen und eingebildeten Zustand meines Geistes, den ich in meinem ganzen Leben zur Schau gestellt hatte. Er bestand nur darin, mich auf angenehme Weise den geistlichen Dingen zu entziehen.

So also verwandte ich die Stunden der Prüfung und am folgenden Tag legte ich dem Pater Rechenschaft ab. Er wunderte sich sehr, die Gnade so kräftig und aufdringlich in meiner Seele zu sehen. Die Dämonen machten natürlich gewaltige Anstrengungen, um die Übungen zu hintertreiben. Doch Gott versperrte ihnen den Weg. Zuweilen erregten sie mir so heftiges Entsetzen, dass ich so weit war, alles hinzuwerfen. Aber sogleich verspürte ich wieder die obere Gewalt, die mich abhielt.

Einmal nahm so ein verfluchter Geist die Gestalt eines großen feuerschnaubenden Drachen an. Nüstern und Augen sprühten ihm gleich Kerzen und er kam wie eine Windsbraut herangesaust und fiel über mich her. Er schlug mich schändlich, riss mich zu Boden und stieß Schmähungen über mich aus. Der Herr aber in Seiner Barmherzigkeit gab mir Beharrlichkeit ein und ich fuhr ruhig fort in meiner Seelenprüfung. Mehrfach passierte mir noch Ähnliches, was ich jedoch mit Stillschweigen übergehe. Ich will dagegen berichten, wie ich in meiner eigenen Natur gegen die Dämonen zu kämpfen begann, die mich besaßen, und wie ich mich vor allen Störungen befreite. Mit Hilfe meines Paters war ich zunächst bestrebt, hinter all die Schliche zu kommen, auf die sich die verfluchten Kreaturen in mir verlegt hatten, und dann bis ins Kleinste alle meine Neigungen zu erforschen, die ihnen für ihre Zügellosigkeit als Handhabe dienten. Wahrlich, es kostet mich viel Mühe, mich gegen ihre Kunstgriffe zu verteidigen, denn sie hatten sich meiner Natur so genau angepasst, dass, selbst wenn man nicht größte Gewalt anwenden wollte, eigentlich ein Dämon und ich ein und dasselbe Ding waren.

Besessener

L e v i a t h a n, der Häuptling der mich besitzenden Dämonen, bediente sich besonders meiner Selbstgefälligkeit. Ich wollte nämlich aller Welt angenehm sein und meine schönen Anlagen geschätzt wissen. Daher stärkte er meinen Hochmut und schürte bei mir immer die gute Meinung von mir selbst. Ich nährte in mir die Hoffnung, ich müsse es noch zu etwas Großem bringen, und dachte sogar daran, meinen Orden zu verlassen und irgendeine Würdenträgerin zu werden. Tausend andere eitle Pläne hatte ich noch; natürlich alles unter dem Vorwand, Gott zum Ruhme und den Seelen zum Heile tätig zu sein. Der Geist der Hoffahrt beherrschte mich so fast ungezähmt. Beständig benahm ich mich herablassend und geringschätzig und hatte für alles Hohn und Spott. Andere Menschen betrachtete ich überhaupt nur als unter mir stehend.

Die Kampfmethode, die ich nach Ansicht des Paters diesem Geist des Hochmutes gegenüber einschlagen sollte, bestand in unaufhörlichen Handlungen der Erniedrigung. Ferner darin, dass ich öfters und sehr stark Scham empfinden sollte. Er selbst bot mir oft die nötigen Anlässe dazu, in Gegenwart der Schwestern, ja sogar der Weltlichen. Letzteres war mir bedeutend peinlicher; doch war ich so vom Willen Gottes durchdrungen, dass ich gar nicht die Freiheit besaß, mich zu beklagen.

Ein Wunsch lag mir außerordentlich am Herzen. Ich hatte, mit Erlaubnis meiner Vorgesetzten, für den Rest meiner Tage Laienschwester sein wollen, nur um mir jede Aussicht auf zukünftige Größe zu nehmen. Ich gab mir so viel wie möglich Mühe, mein Äußeres zu verändern. Ich war nicht mehr auf eine übertriebene Sauberkeit bedacht, an der ich sonst Gefallen fand, und gab mich in der Unterhaltung sehr ungezwungen.

Der Pater benutzte mich zu den niedrigsten Diensten und stellte mich unter die Obhut der Schwester Küchenmeisterin. Er erteilte ihr den besonderen Befehl, mich zu allen schmutzigen Arbeiten anzuhalten, und da sie sehr gehorsam war, so befolgte sie dies mit großer Sorgfalt. Ja, wenn ich etwas falsch gemacht hatte, legte sie mir noch obendrein besondere Bußen auf. Der verfluchte Geist widersetzte sich oftmals heftig den Erniedrigungen und flößte mir zuweilen solchen Ekel ein, dass ich nicht aus noch ein wusste. Eine der größten Strafen bestand darin, dass ich meinen Geist zwingen und ihn verhindern musste, sich mit erhabenen Gedanken und merkwürdigen Fragen, an denen ich so großen Gefallen fand, zu beschäftigen. Bei meiner eingewurzelten Gewohnheit ertappte ich mich oft bei Fehlern, namentlich im Gebet. Hätte Gott mir nicht Seine Gnade gewährt, so hätte ich mich viel eher dabei beruhigt, nur während der Erbauung zu grübeln. So aber trat ich vor Gott hin, indem ich mich innerlich mit einigen Szenen aus dem Leben des Heilands beschäftigte und Ihm den Anblick meiner Mängel darbot. Lag ich ganz allein im Gebet, so versuchte der Dämon, mich möglichst mit eitlen und nutzlosen Dingen zu unterhalten. Das rief in mir großen Kummer hervor, weil ich sah, dass ich meine ganze Andacht verloren hatte und tausend eitlen Gedanken nachhing.

Der Pater verbot mir daher, während des Gebets an andere Dinge zu denken. Denn er meinte, wenn mir so etwas in den Sinn kommt, so sollte ich es, je nachdem sich mein Herz von Gott geführt fände, mit schmerzhaften oder liebevollen Handlungen versuchen. Mir lag sehr daran, dieser Anweisung sorgfältig nachzukommen.

Der Dämon ließ mich seinerseits alle Augenblicke die Wut empfinden, die in ihm tobte. Eines Tages hatte der Pater gemäß seiner Gewohnheit in einem kleinen Sprechzimmer das Gebet mit mir begonnen. Der Gegenstand der Erbauung war gerade vorgeschlagen worden, als er wegen irgendwelcher Geschäfte weggerufen wurde. Er zog sich nun so leise zurück, dass ich es überhaupt nicht merkte. Mein Herz kam mir während des Gebets wie verdorrt vor, und nur mühselig konnte ich einen guten Gedanken fassen.

Als ich diesen meinen Zustand sah, bat ich den Pater, dicht neben mir zu beten, wie er es oftmals tat, wenn ich nicht allein fertig werden konnte. Der verfluchte Leviathan nahm sofort seinen Vorteil wahr, ahmte ganz natürlich die Stimme des Paters nach und begann, mir die einzelnen Sätze ins Ohr zu raunen. Langsam flößte er mir nun allerhand Selbstgefälligkeiten ein und erregte kuriose Gedanken in meinem Gehirn, so dass die Mysterien der Erbauung von eitlen weltliche Gedanken gestört wurden. Ich bemerkte die Verwandlung und sagte zum Dämon, in der Meinung, mit dem Pater zu sprechen, ich könne mein Gebet nicht fortsetzen, ich sei sehr weit entfernt von dem Stadium der Erniedrigung, das Gott verlange.

Der Dämon des Hochmutes gab mir darauf den Bescheid: „Es ist nicht gut, immer in der Tiefe zu verweilen; man muss sich auch über sich selbst hinausschwingen, um die göttlichen Dinge zu betrachten. Du verharrtest lange genug im Angesichte deines Elends. Nun ist es an der Zeit, ihm zu entrinnen!" Diese Rede verwunderte mich sehr, umso mehr, als sie weit entfernt war von den Ideen, die der Herr mir eingegeben hatte.

Zur gleichen Zeit aber ließ Seine Güte in mir die Besorgnis aufkommen, genarrt zu werden. Deshalb sagte ich zu dem Dämon, diese Art von Gebet wäre mir fremd. Meine Leidenschaften seien noch nicht bezwungen. Kurzum, von mir aus würde ich mich nicht ändern. Der Dämon des Hochmutes erwiderte mir: „Nicht dir ziemt es zu wissen, was dir gut ist; ich will, dass du diese Erleuchtung ohne Nachprüfung befolgest!"

Je mehr er auf mich einredete, je mehr wuchs meine Furcht. Plötzlich kam mir die deutliche Vorstellung, der da mit mir spräche sei einer meiner Feinde, der mich in der Gestalt meines Beichtvaters irreführen wolle. Daher schöpfte ich wieder etwas Mut und sprach zum Dämon mit Nachdruck: „Ich erkenne dich nicht als meinen geistlichen Vater an, du bist ein Gott der feindlichen Teufel; mit deiner Erleuchtung habe ich nichts zu schaffen; ich liege meinem Heiland zu Füßen, um meine Sünden zu verfluchen; das ist die geistige Erhebung, nach der ich strebe!"

Der Dämon geriet nun in eine so schreckliche Raserei, dass sie unbeschreiblich ist. Er schlug mich mit solcher Gewalttätigkeit, dass ich glaubte, auf der Stelle sterben zu müssen. Hernach blieb mein Geist in großer Ruhe und Unser Herr stärkte ihn sehr bei der Durchführung des Gebets. Er flößte mir ein großes Verlangen ein, mich damit zu beschäftigen. So fasste ich den Entschluss, alle Zeit, die ich nur irgend aufbringen könnte, darauf zu verwenden, Ja, vom Schlaf wollte ich mir ein oder zwei Stunden abzweigen und sie dem Gebet schenken. Auf Seiten meiner Feinde fand ich natürlich großen Widerstand gegen diese Entscheidung. Aber der Herr in Seiner Güte gewährte mir Gnade, dass ich siegte, und ein wenig später waren meine Feinde gezwungen, mich nach dem Geheiß Gottes freizulassen.

Der zweite Dämon, den ich zu bekämpfen unternahm, war der schamlose Isaakaaron. Sein Handwerk bestand darin, ohne Unterlass meine Sinne zu reizen. Er förderte noch mein weichliches, verzärteltes und sinnliches Wesen, das sich mit Unterstützung meiner Schwachheit noch selber schmeichelte, so dass ich immer auf Federbetten schlief.

Dieser Feind aller Reinheit tat mir fast jede Nacht abscheuliche Dinge an. Unablässig trieb er mich an, alle Bequemlichkeit zu suchen, die ich mir ehrlicherweise gönnen durfte, ohne bei der klösterlichen Gemeinschaft Ärger hervorzurufen. Anfänglich dachte ich hierüber nicht sonderlich nach, weil ich glaubte, es wäre dies allen Personen mit meiner Schwäche und Kränklichkeit ohne Weiteres gestattet. Aber Unser Herr ließ mich bald merken, dass Er andere Pläne mit mir vorhatte und dass ich die Sorge um meine Gesundheit und mein Leben völlig ihm zu überlassen habe.

Eines Nachts erhob ich mich zum Gebet, da ich sehr schwer von unanständigen Vorstellungen geplagt wurde. In diesem Zustand warf ich mich vor dem Herrn nieder und betete zu Ihm, Er möge mich wissen lassen, was Er damit von mir begehre. Ich versprach Ihm auch, alles, was in meiner Macht stünde, zu vollbringen.

So verharrte ich einige Zeit in dieser Haltung, schrie um Erbarmen und flehte zur Heiligen Jungfrau und zum glorreichen Vater, dem heiligen Joseph, sie möchten zu meinen Gunsten einschreiten. Da sprach eine innere Stimme zu mir: „Meinst du, du fändest die Reinheit in einem weichen Federbett oder die Keuschheit ließe sich bewahren in der Zartheit deines Leibes? Wisse denn, du musst dir Tugend erwerben in harter Arbeit zur Vergeltung der Schmach, die Gott täglich angetan wird in deinem Leibe;

du bist Sein Tempel; du sollst ihn reinigen, damit Er darin wohne!"

Diese Worte machten auf meinen Geist solchen Eindruck, dass ich beschloss, nach gründlicher Überlegung den Krieg gegen mich selber zu führen. Deshalb begann ich auch auf der Stelle die Disziplin der Kasteiung und versprach dem Herrn, keinen Tag ohne Bußübung zu verbringen, außer wenn der Gehorsam selbst mich daran verhindere.

Nachdem ich mir ungefähr eine Stunde lang die Geißel gegeben hatte, überlegte ich die Worte, die ich gehört hatte. Ich fand, ich sei vollkommen frei von aller Unreinheit. Doch meinte ich, der Herr wünsche nicht, dass ich hierbei schon stehen bliebe, dass er vielmehr wolle, ich solle mich mit der gleichen, ja größeren Sorgfalt züchtigen, als ich früher zu meiner eigenen Behandlung verwendet hätte. Ich war also entschlossen, auf jede geringste Entgleisung, innerlich wie äußerlich, sofort mit einer Züchtigung zu antworten.

Am folgenden Tag in der Frühe versäumte ich es nicht, meinem Beichtvater das Ereignis und meine gefassten Entschlüsse zu berichten. Er war sehr verwundert. Anfangs hatte er wegen meiner Schwäche Bedenken, doch nachdem er die Sache Gott anbefohlen, ließ er mir volle Freiheit, zu tun und zu lassen, was mir gut schien. Ich bat ihn inständig, mich bei diesem Unternehmen sehr zu unterstützen und keinerlei Rücksicht auf den Widerwillen zu nehmen, den ich etwa vor der Buße haben sollte. Er versprach mir auch seinerseits allen möglichen Beistand und hielt seine Zusage ein. Schließlich wäre ich in den langwierigen und scharfen Kämpfen, die ich mit meinen Feinden zu bestehen hatte, doch wankend geworden, hätte der gute Pater mir nicht Geist und Gemüt gestärkt.

Gemäß der Erlaubnis des Paters entfernte ich mein Federbett und tat Bretter an seine Stelle, mit meinem Leinenzeug darüber. Das war ein ganzes Jahr lang meine Lagerstatt, bis auf einige Male, wo ich mich nicht wohl befand. Die Dämonen verursachten in mir nämlich in dieser Zeit häufige Krankheiten, die aber so schnell verschwanden, wie sie gekommen waren.

Ich bin nicht imstande, alle die Ränke herzuzählen, die sie erdachten, um mich von meinem Vorhaben der Fleischesabtötung abzubringen. Ich überstand in dieser Frist heftige Anwandlungen von Ekel und verschiedene Versuchungen. Meine Feinde verübten an meinem Köper entsetzliche Grausamkeiten und versetzten meinen Geist in tolle Raserei. Gott sei ewig gedankt für die Hilfe, die er mir bei dieser Gelegenheit zuteil werden ließ.

Als Isaakaaron einsah, dass ich in meiner Lebensweise verharrte, eröffnete er das Feuer aus einer anderen Stellung. Er bearbeitete mich nicht so sehr des Nachts, als vielmehr am Tage, und ließ mir gewissermaßen überhaupt keine geistige Freiheit mehr. Er hielt meine Sinne und Einbildung auf so abscheuliche Dinge gerichtet, dass ich in tiefe Traurigkeit verfiel. Zu meiner Verteidigung hatte ich fast stets die Geißel in der Hand; sechs- oder siebenmal am Tage wandte ich sie an, und jedes Mal recht lange. Das ganze Jahr hindurch habe ich sie mir täglich nie weniger als dreimal gegeben, und zwar mit solchem Nachdruck, dass mir gewöhnlich das Blut nur so herunterlief. Hätte Gott mir nicht Seinen besonders gnädigen Beistand gewährt, so hätte ich diesen Kampf nicht einen Monat bestehen können. Aber der Herr ließ mich klar schauen, was Er von mir begehrte; denn wenn ich mich bis auf die Knochen zerfleischt hatte und vermeinte, ich könnte wegen meines körperlichen Zustandes die Züchtigung nicht fortsetzen, da war ich mit einem Male wieder von den Wunden gänzlich geheilt. Stets bot ich Gott meinen Willen dar und mein Verlangen nach Bekämpfung der Feinde. Darum wurde ich durch die Hand des Herrn geheilt.

Was ich hier erzähle, ereignete sich ohne Übertreibung mehr als zweihundert Male, und ich bekenne zum höheren Ruhm Gottes, dass Seine Güte nie müde wurde, mir Waffen gegen die Feinde zu reichen, seit mein Entschluss einmal gefasst war. Die Gewalt, die mir der verfluchte Geist antat mit der Unreinheit und dem maßlosen brennenden Feuer der Lüsternheit, nötigte mich sieben- oder achtmal dazu, mich halbe Stunden lang auf glimmender Kohle zu wälzen, um nur jenes andere Feuer zu ersticken. Die Folge war, dass ich am halben Körper geröstet war. Wieder andere Male brachte ich bei Winterfrost einen Teil der Nacht ganz entkleidet im Schnee zu oder in einem Fass voll eiskalten Wassers.

Ich muss gestehen, dass meine Natur unter diesen Kämpfen außerordentlich litt und dass ich oft zu sterben vermeinte. Andererseits aber gewährte mir Gott so viel innere Stärke und so hohen Mut, dass mir Seine Willensmeinung hierin nicht zweifelhaft sein konnte. Außerdem also legte ich mich oft auf Dornen, so dass ich ganz zerrissen und zerkratzt war. Wieder ein anderes Mal wälzte ich mich auf Nesseln oder brachte Nächte damit hin, meine Feinde zum Angriff herauszufordern, indem ich ihnen in einem fort versicherte, ich sei fest entschlossen, mich mit der Gnade Gottes zu verteidigen.

Der dritte Dämon hieß B a a l a m. Er machte mir viel zu schaffen, und ich hatte umso mehr Grund, seine Tätigkeit zu fürchten, als sie mit meinen Anlagen übereinstimmte und weniger gefährlich aussah. Er brachte mir eine gewisse natürliche Heiterkeit bei und schürte eine beständige Lust nach Späßen, falls er mich nicht gänzlich besetzt hielt. Aber zu äußeren Gewaltsamkeiten drängte er mich weniger. Nur vertrödelte ich unter ihm meine Zeit leichtsinnig und ohne Sammlung. Er weckte auch eine starke Zerstreutheit meiner Einbildungskraft, die mir sehr schädlich war; denn solche Stimmung war sehr entfernt von der, die ich als gottgefällig erkannt hatte. Also befand ich mich in qualvoller Suche nach ein Heilmittel.

Ich betete zum Herrn, Er möge mir Seinen Willen hierüber kundtun. Auch vom Pater Surin verlangte ich Heilmittel zur Abwendung dieser seelischen Gefahr; denn ich erkannte ganz deutlich, wie die Andachtsgefühle verblassten, die der Herr mir gewährte, und wie die Einkehr in mich selber gehemmt war. Die Erfahrung hatte mich allerdings bei verschiedenen Gelegenheiten gelehrt, dass sich die Heiterkeit durch Geißelung töten ließ, doch nicht für lange Dauer. Denn sobald sich ein passender Anlass zur Fröhlichkeit bot, ließ ich mich sofort hinreißen. Es war unmöglich, den ganzen Tag mit der Geißelung hinzubringen.

Es drängte mich, wieder meine Zuflucht zum heiligen

Joseph zu nehmen. Ich wusste, dieser Heilige war der geschworene Feind des verfluchten Geistes. Also bat ich ihn um Mittel zur Befreiung aus den Schlingen des Dämons.

Als ich eines Tages im Gebet lag, erfasste mich wieder diese spaßhafte Stimmung mit aller Gewalt. Ich glaube, dass ich leider schon gleich zu Beginn schwach war im Widerstand. Die geringe Aufmerksamkeit, die ich mir selber schenkte, bot meinem Feinde willkommenen Anlass, mich ganz zu verwirren. Er hieß mich unmäßig essen und trinken und dazu erkleckliche Trinklieder singen. Ich nahm mein Störung wahr und konnte mich doch nicht daraus befreien. Mir schien es, als sei nur meine eigene Nachlässigkeit daran schuld, und als würde ich es noch bitter büßen müssen. Trotz alledem war diese Überlegung nicht imstande mich aufzurütteln, geschweige denn mich daran zu verhindern, dass ich eine große Anzahl von lächerlichen und ausschweifenden Handlungen beging.

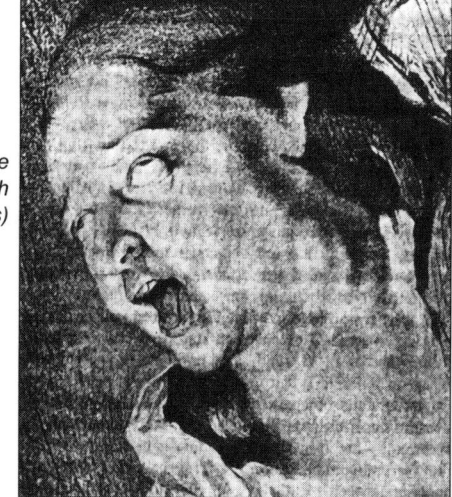

Besessene (Abb. nach Rubens)

Als die Stunde zur Beschwörung da war, fand mich der Pater noch in solcher Verwirrung. Er hatte schwer zu arbeiten, um mich frei zu bekommen, was ihm aber schließlich durch die Tugendkraft des heiligen Sakraments gelang.

Ich war sehr bestürzt, mich in einem Zustande so hässlicher Störung zu befinden, ohne irgendwie Ordnung schaffen zu können. Auch als ich nachts zum Gebet vor das Angesicht Gottes trat, stiegen die Eindrücke des verflossenen Tages in mir wieder hoch, und zwar in so lebhafter Einbildung, dass ich mich kaum Gottes gewärtig halten konnte. Keinerlei Gebetsthema oder frommes Gefühl vermochte ich festzuhalten.

Längere Zeit verbrachte ich so. Als ich aber einsah, dass die Sache andauerte und die Umnebelung sich nicht verscheuchen ließ, entschloss ich mich zu einer Geißelung vor das heilige Sakrament zu treten, was ich auch ausführte. Ich sollte meinen, dass ich mich wohl an die zwei Stunden geißelte; denn mein Entschluss stand fest, nicht abzulassen, bevor mir der Herr nicht die Gnade gewährt hatte, meinen Widersacher zu überwinden. Seine Güte gewährte mir bei dieser Gelegenheit viel Stärke; denn nach langem Ringen entwich der verfluchte Geist endlich aus meinem Haupte. Er stellte sich mir in der Gestalt eines großen Hundes dar, heulte und winselte jämmerlich und stieß ein grausiges Gebrüll aus. Er schmähte mich und drohte mir mit der Zukunft. Der Herr gewährte mir nun die Gnade, dass ich in tiefer Andacht und in Seiner Gegenwart mein Gebet vollendete.

Nun blieb noch die Angst, rückfällig zu werden. Für diesen Fall kannte ich nicht die Heilmittel, die nach Ansicht des Herrn angewandt werden sollten. Die Hemmnisse, die der verfluchte Geist dem Gebet entgegensetzte, hatte ich klar erkannt. Folglich wandte ich mich an meinen glorreichen Vater, den heiligen Joseph, um durch seine Vermittlung den Dämon zu bezwingen. Einerseits erwog ich, dass die heitere Lebendigkeit meines Geistes dem Dämon des Spottes Kräfte gab und mich hinderte, die Beschaulichkeit zu genießen, die mir Unser Herr schenkte. Aber ich fürchtete durch die Zurückhaltung in Melancholie zu verfallen, um so mehr als ein anderer Dämon mit Namen B e h e m o t alles daransetzte, mich dahin zu bringen.

In dieser Ratlosigkeit also wandte ich mich an den heiligen Joseph und bat ihm um Beistand in dieser Bedrängnis, die ich für meinen geistlichen Fortschritt als äußerst bedenklich ansah. Eines Nachts, als ich im Gebet lag, fühlte ich wieder, wie der unglückseligen Dämon herannahte. Ich machte mich sogleich mit der Geißel empfangsbereit. Deshalb wurde ich damals nicht weiter belästigt. Aber ein oder zwei Tage darauf entschloss sich der Dämon, mich zu erschöpfen und mich dem Vorsatz, keinerlei Unordnung mehr in mir zu dulden, wieder abspenstig zu machen. In der Tat setzte er sich von frühmorgens an in den Besitz meines Kopfes und entfesselte in mir eine so zügellose Fantasie, dass sie überhaupt nicht zu bändigen war. Alle Augenblicke lachte ich grundlos und stand unter dem Zwange, fortwährend Witze zu reißen. Doch war die Störung nicht so bedeutend, dass ich mich nicht hätte zurückhalten können.

Dieser Dämon lag auf der Lauer, mich zu überrumpeln, und wartete beständig auf den Augenblick, wo ich einen Fehler begehen würde. Zu meinem Schutze ergriff ich die Maßregel, mich gänzlich zurückzuziehen, um nicht in Gesellschaft der anderen Besessenen die dort üblichen

Fehler zu begehen. Ich versuchte es mit dem Gebet, konnte aber damit nicht fertig werden. Schließlich griff ich zur Geißel, um meine Stimmung zu ändern. Nachdem ich mich etwa eine halbe Stunde abgemüht hatte, merkte ich denn auch, wie mein Kopf allmählich frei wurde. Deshalb fuhr ich so fort, bis ich mein Gebet in ziemlicher Ruhe sprechen konnte.

Bald darauf fasste mich der Dämon wieder an, was mich sehr betrübte. Ich entschied mich dafür, mit der Disziplin der Geißel wieder von vorn anzufangen. Ich tat dies, um dem Dämon nicht zu weichen. Ich wüsste nicht, dass ich den Tag noch zu kämpfen gehabt hätte. Denn ohne zu übertreiben brachte ich in verschiedenen Zeitspannen insgesamt mehr als sieben Stunden mit dieser Disziplin zu.

Als der Pater meine Stimmung sah, hielt er es für gut, mich diesem Kampf ohne tröstliche Beschwörung zu überlassen. Gott erwies mir hohe Gunst im Gebet; Er machte, dass ich den Widersacher zu Boden warf, und heilte mich von allen Wunden, die ich mir beigebracht hatte und die nicht geringfügig waren. Das bestärkte mich im Vertrauen und in der Hoffnung, mit der Gnade Gottes meine Freiheit wiederzuerlangen. Trotzdem glaubte ich, ich würde so häufige und entkräftende Geißelungen nicht fortsetzen können. Daher flehte ich unaufhörlich zum Herrn, es möge Ihm beim Verdienste des glorreichen heiligen Joseph gefallen, mir Mittel zur Unterwerfung des Dämons in meiner Natur zu zeigen.

Als ich eines Nachts vor dem Heiligen Sakrament im Gebet lag, fand ich mich wieder gehemmt. In großer

Hingebung schluchzte ich zu Gott auf und bat inständigst um Erlösung vom Zwang.

In diesen Seufzern verharrte ich eine Weile. Dann sah ich ein großes Licht und hörte eine Stimme zu mir sagen: „Der heilige Joseph ist dir gnädig gesinnt, doch musst du den Dämon in deinem Fleisch schwächen und die allzu große Lebhaftigkeit abtöten durch Buße. Folglich ermatte nicht, sondern harre aus. Denn Gott gewährt dir Seinen Beistand!"

Diese Worte stärkten mich ungemein und ich fasste seitdem den Entschluss, immer irgendein Werkzeug der Buße bei mir zu tragen. Deshalb ließ ich mir mit Erlaubnis meines Beichtvaters einen Gürtel mit eisernen Stacheln anfertigen, den ich Tag und Nacht fast sechs Monate hindurch trug, ohne ihn je abzulegen. Die Folge war, dass er sich fast ganz in mein Fleisch einbohrte und man Mühe hatte, ihn mir abzuziehen. Außerdem trug ich dreimal in der Woche das unbequeme Büßergewand.

Infolge dieser Kasteiung blieb ich von allen Belästigungen des Dämons verschont und mein Geist stärkte sich gewaltig. Sobald ich aber in Trägheit erschlaffte, gewann der böse Geist sofort die Oberhand und suchte mich zu überrumpeln. Er hätte es noch viel öfter getan, wenn mich nicht die Güte Gottes bewahrt und besonders der heilige Joseph mir Beistand geleistet hätte, wie man noch im Verlaufe dieser Geschichte sehen wird.

Der vierte Dämon, den ich zu bekämpfen hatte, war der unglückselige B e h e m o t. Seine gewöhnliche Tätigkeit bestand darin, dass er meiner Seele Gefühle des Hasses gegen Gott einflößte, mich veranlasste, über die Majestät des Herrn mit Lästerzungen zu reden, mich zu Zorn und Hass gegen die Schwestern reizte und mir endlich eine große Abneigung gegen meinen geistlichen Stand einzuflößen versuchte. Wenn der verfluchte Geist mich verwirrte, war ich gewöhnlich sehr heftig; ich hätte jeden und mich selber dazu schlagen können; mit den Zähnen zerfetzte ich alle Schleier, die mir in die Hände fielen, in kleine Stücke, mein Herz war in diesem Zustand so hart, dass mich überhaupt nichts mehr innerlich bewegen konnte.

Die Bußübungen, die ich zur Bekämpfung dieses Geistes veranstaltete, führten zu keinem Erfolg. Im Gegenteil, mir schien es, als ob ich Schaden davon nehmen würde. Denn ich geriet in eine seltsame Niedergeschlagenheit, die mit einer so außerordentlichen Abneigung und Ermattung verbunden war, dass ich jeden Augenblick glaubte, alles hinwerfen zu müssen. Dieser Dämon nahm mir die Erinnerung an alle guten Regungen, die mir Gott gewährt. Er schürte mein Misstrauen gegen Seine Güte und meinen Widerwillen gegen alles Geistliche. Überdies wurde mir das Herz so zusammengeschnürt, dass ich dem Pater keine Rechenschaft über meine Stimmung ablegen konnte. Ich ging spärlicher mit Sakrament und Gebet um, zumal es mir schien, als müssten alle diese Handlungen doch nur meiner Verdammnis dienen. Obwohl ich äußerlich nicht sonderlich gestört war, lag mein Geist doch fast eine Woche lang in diesen Fesseln, und ich glaubte schon, auf der Vorstufe zur Hölle zu sein.

Mein Pater war in rechter Verlegenheit, wie er mich leiten sollte, zumal der verfluchte Geist sich nicht im Geringsten stören ließ. Nach drei- oder vierstündiger Beschwörung war sein Widerstand noch so frisch wie am Anfang. Ja, er tat mir noch größere Gewalt an. Ich sah keinen Weg mehr, wie ich ihn hätte zwingen können, geriet in große Trauer und glaubte, niemals ans Ziel zu gelangen. Ich hatte einen guten Grund, dieses Gefühl zu haben, weil ich nur auf meine eigenen Kräfte sah. Aber ich fügte der Güte Gottes großes Unrecht zu, wenn ich sosehr misstrauisch war, obwohl ich die Wirkung der göttlichen Barmherzigkeit auf meinen Wegen erfahren hatte. Dank sei der Güte Gottes, mir alle Zweifel am Glauben zu verzeihen.

Da ich mich in diesem Zustand sah, erkannte ich sehr deutlich, dass all meine Bemühungen nutzlos waren. Deshalb warf ich mich mit großem Vertrauen in die Arme Unseres Herren und ich bat Ihn sehr inständig, bei den Verdiensten der Heiligen Jungfrau und meines ruhmreichen Vaters, dem heiligen Joseph, mir die Gnade zu geben, diesen bösen Geist zu bekämpfen und mir die Erkenntnis zu vermitteln, was ich dafür machen musste. Ich beteuerte, es sei mir sicherlich möglich, zum Ziel zu kommen.

Als ich eines Nachts während des Gebets zum Herrn flehte, er möge mir Seinen Willen in dieser Angelegenheit zu erkennen geben, hörte ich eine innere Stimme, die zu mir sagte, ich solle den Dämon durch Handlungen der Nächstenliebe, Geduld und Unterwürfigkeit bezwingen. So würde ich zum Ziel gelangen. Ich war sehr getröstet und glaubte, es würde mich keinen großen Widerstand kosten, seinen Vorschlag in die Tat umzusetzen. Doch aus Erfahrung wusste ich, dass ich den Sinn seiner Worte nicht verstand. Denn wenn ich die Angriffe dieses Geistes spürte, wusste ich nicht, auf welche Weise ich diese drei Tugenden ausüben sollte, die mir gezeigt worden sind. Besonders aber gab mir der Dämon eine große Gefühllosigkeit für das Gute und einen Widerwillen gegen alle religiösen Übungen. Wenn ich erschöpft war, führte dies dazu, dass ich mich von den Gesprächen zurückzog, um zu vermeiden, in Zorn zu geraten.

Ich suchte nach harmlosen Ablenkungen, um danach fähiger zu sein, mit Gott zu verkehren und mich aus der Zerschlagenheit loszuringen. Ich bat meinen Pater, er möge meinen Geist nicht allzu sehr bedrängen oder meine Natur reizen. Denn ich hatte Furcht, wieder in Exzesse zu verfallen. So kam es, dass er fast nichts zu sagen wagte, wenn der Geist wieder einmal in meinem Kopfe hauste, bis dass seine Wirkung vorüber war. So verloren wir viel Zeit. Der Dämon nämlich erkannte wohl seinen Vorteil bei dieser Art von Leitung und bei den Vorbehalten, die ich machte, um Gelegenheiten zu vermeiden und sanft behandelt zu werden.

Als ich mich eines Tages nach dem Abendmahl in großer Bedrängnis und voller Bosheit gegen Gott sah, packte mich ein so gewaltiges Mitleid, als ich mich in dieser Gefangenschaft sah und nicht Gutes tun konnte, wie ich an sich wollte. In dieser Ratlosigkeit wandte ich mich an den Herrn und sprach zu ihm unter Seufzen und Tränen: „Bis wann, o mein Gott, wirst Du mich gefangen halten? Siehst Du meine Begierde, Dir zu dienen? Warum lässt Du mich nicht frei? Wenn Du irgendetwas von mir begehrst, beschwöre ich Dich bei Deinem köstlichen Blut, es mich wissen zu lassen!"

Sogleich fand ich mich in einen Schlummer versenkt, der sich schwer beschreiben lässt. Denn ich bin gewiss, mein Äußeres schlief nicht, und ich war aufmerksam auf das, was in mir vorging. Da hörte ich also eine Stimme in meinem Inneren, die sprach: „Was klagst du? Denk nach über dich selbst, und du wirst deutlich sehen, wo die Behinderungen herrühren. Achte nicht so sehr auf die Wirksamkeit deiner Widersacher und beginne die Ausübung der Tugend, die ich dich lehrte! Wisse, das Opfer deines Geistes wird angenehmer in Meinen Augen sein als das deines Leibes; Ich will, dass du dein strenges Leben fortsetzest und nichts nachsiehst deinen Sinnen. Aber Ich will auch, dass du mit deinem Geist ringest und die Zähigkeit deines Widersachers durch Geduld bändigst, indem du in Niedrigkeit und Sanftmut leidest, was dir in solchem Zustand auch begegnen wird. Barmherzigkeit musst du üben und denen, denen du nicht wohl gesonnen bist, so viel Dienste erweisen, wie du nur immer kannst. Du sollst dich unterwürfig machen und dich dem, der dich leitet, ohne Rückhalt hingeben. Lass ab von dem Verlangen nach zarter Behandlung! Der für dich sorgt, soll nicht aus verständnisvoller Rücksicht Halt machen, die nur von deiner Eigenliebe gehegt und gepflegt wird und dem Dämon Nahrung reicht. Tummele dich im Kampf und weiche nicht zurück vor eingebildeter Besorgnis! Entsage auch den Vergnügungen, die du unter frommem Vorwand suchst, denn du schmeichelst nur deiner Natur und verlierst deine Zeit! Mit einem Wort, willst du die Festigkeit der höllischen Schlange brechen, so sei demütig, leidensvoll, geduldig und barmherzig. Wenn du dich dieser Dinge befleißigst, soll dir das Licht Meiner Gnade nicht fehlen, wenn die Gelegenheit da ist, und dein Herz soll erweicht sein!"

Kaum wurde dies gesagt, so fand ich mich völlig munter und in einer Stimmung, die von meiner vorigen ganz und gar abwich. Ich war voller Vertrauen, Gott würde mir die Gnade erweisen, die Hindernisse zu überwinden, die ich in mir sah. Gleichzeitig spürte ich eine große Freude in mir, denn ich hoffte auf meine Befreiung von den Dämonen. Die Barmherzigkeit Gottes nämlich hatte mir gezeigt, wie ich gegen meine Feinde kämpfen musste. In der Folge traten wir allmählich in einen heftigen Kampf mit den verfluchten Geistern ein und ich bekenne in Wahrheit, dass sie mir während mehr als achtzehn Monaten keine Ruhe gönnten, weder am Tage noch bei Nacht, im Geist wie im Körper. Oft war ich so heftigen Qualen ausgesetzt, dass ich dachte, ich müsste all meine Unternehmungen aufgeben. Viel schuldete ich der Barmherzigkeit Gottes und der Hilfe des Paters Surin, dass ich nicht den Angriffen meiner Feinde erlag. Es ist völlig unmöglich zu beschreiben, was bei den Kämpfen passierte und welche Hilfe mir vonseiten Gottes zuteil wurde. Nur wenige Menschen sind in der Lage zu begreifen, wovon ich spreche, weil ihnen darüber jede Erfahrung fehlt.

Nach dieser Erleuchtung setzte der Pater mir Regeln auf, die ich einhalten musste. Er befahl mir, drei oder vier Stunden am Tage mit Gebet zu verbringen, und zwei während der Nacht. Täglich musste ich ferner beichten und zum Tisch des Herrn gehen, in der inneren Einkehr fortfahren und mich mit den Schwestern unterhalten, mehr als ich es je zuvor getan hatte. Er befahl mir weiter, mich enger an die Einhaltung der Regel zu halten und jeden Tag die äußere Abtötung zu betreiben, um gewissermaßen die begangenen Entgleisungen wieder gutzumachen.

Der Herr fügte es, dass ich in der Unterhaltung mit den Schwestern viel zu leiden hatte, weil die Dämonen sie bearbeiteten und die meisten mir wegen der veränderten Lebensweise, die sie an mir wahrnahmen, sehr abgeneigt waren. Die Dämonen überzeugten sie nämlich davon, dass der Teufel diesen Wechsel in mir nur hervorgerufen habe, damit ich ihre eigene Verfassung kritisieren könne. Daher veranlassten die Dämonen sie, in einem fort über mich zu hänseln und alles, was ich sagte oder tat, zu verspotten; wogegen ich sehr empfindlich war. Wäre ich meinem Gefühl allein gefolgt, so hätte ich es ihnen wohl heimgezahlt. Aber ich sah sehr deutlich, dass es mir mit Gottes Erlaubnis angetan wurde, und dass ich mich dem fügen müsste. Ich bekenne in Wahrheit, dass mir dies viel genützt hat und mir dazu diente, Zorn, den Behemot in mir weckte, zu ersticken.

Wenn ich zur Versammlung der Gemeinschaft ging, stellte ich sorgfältige Überlegungen über mich an. Ich war aufmerksamer gegenüber all meinen Handlungen und Worten, als wäre ich im Gebet begriffen. Das half mir, dass ich mich an Gottes Gegenwart gewöhnte. Seine Güte nahm jeden Wunsch nach Erholung von mir weg. Den höchsten Wunsch, den ich kannte, war ein Gespräch über göttliche Dinge oder das Gebet. So ernsthaft wie möglich beschäftigte ich mich mit der Erkenntnis und der Besserung meiner natürlichen Regungen. Im Gebet gewährte mir Gott sehr viel Erleuchtung. Sie ließ mich erkennen, dass das, was ich früher für gut gehalten hatte, nur Unvollkommenheit war.

Seine Güte erregte auch das Verlangen in mir, meine Natur von allem frei zu machen, was nicht absolut notwendig zum Leben war, sowohl für den Unterhalt wie in anderen Dingen. Ich fand diese Übung recht schwierig. Denn meine Neigungen und die Dämonen widersetzten sich sehr. Oft wollten sie mich bewegen, unter dem Vorwand der Notwendigkeit Überflüssiges zu genießen, was ich mit größter Enthaltsamkeit beantwortete. Ich tat bitteren Absinth, zuweilen sogar Galle in meine Speisen, um jeden Geschmack in mir abzutöten. Fast ein Jahr oder länger habe ich kein Obst, Salat oder Milchspeisen zu mir genommen, nur weil ich sie sehr gern hatte.

Durch diese Praktik der Abtötung gewährte mir Unser Herr große Macht über mich selbst. Denn ich wurde geistig so sehr frei, dass ich beten konnte, so oft ich wollte. Ich fühlte mich nicht mehr als Gefangene unter der Tyrannei meiner Widersacher. Im Gegenteil, ich verlor jede Furcht vor ihrer Betätigung, und mir scheint, Unser Herr bändigte sie und machte sie abhängig von meiner Freiheit.

Mehr als je widmete ich mich der Verehrung meines erhabenen Beschützers, des heiligen Josephs. In allen Nöten nahm ich meine Zuflucht zu ihm, sowohl innerlich wie äußerlich. Dieser große Heilige erhielt von Gott die Gabe des Gebets, und durch seine Vermittlung gewährte mir die Majestät Gottes so viel Einsicht, durch die ich zahlreiche Erleuchtungen erhielt und sich Unser Herr auf ganz besondere Art meiner Seele mitteilte. Sobald ich auf

Widerstand vonseiten meiner Feinde stieß, brauchte ich mich nur ein wenig zurückzuziehen und zum heiligen Joseph zu flüchten. Sogleich fühlte ich eine innere Kraft, die mich alle Schwierigkeiten überwinden ließ und mir die Oberhand über meine Widersacher gab.

Lange Zeit verbrachte ich in diesem Zustand. Aber der Herr ließ mich nicht ohne Kreuz, denn die bei mir auftretende Wandlung rief bei vielen Personen, selbst geistlichen, Zweifel hervor, ob ich mich vielleicht doch getäuscht hätte, und der Teufel sei gar nicht der Urheber so vieler Bußen und einer so erstaunlichen geistigen Befreiung. Ein jeder urteilte darüber nach seinem Sinn und Verstand. Das Gerücht davon ging in unserer Gemeinschaft um, so dass mich die anderen Besessenen in ihrer Verwirrung den frommen Teufel hießen. Die bösen Geister taten ihr Möglichstes, einen großen Teil der Exorzisten Patres in diesem Sinn zu überreden. Auch dieser

Öffentlicher Exorzismus in einer Kirche (17. Jh.)

Anschlag gelang ihnen nur zu gut.

Das erregte in mir viele Schmerzen, aber mehr noch bei dem Pater Surin. Man missbilligte sein Verhalten mir gegenüber, und zwar besonders deswegen, weil er nicht wollte, ich sollte den Teufel als Ursache meiner Störung ansehen, und dass er nicht genug Beschwörungen mit mir vornahm. Die Meinungen erhitzten sich untereinander, dass man den Vorgesetzten des Pater Surin benachrichtigte, es bestände Gefahr für mich, sein Benehmen zu mir sei ungewöhnlich und verhängnisvoll.

Man erließ mehrfache Verordnungen hierzu, und der Pater änderte die Beschwörungen zum größten Teil ab. So oft er konnte, nahm er an mir den großen Exorzismus vor. Alle Augenblicke verkündeten ihm die Dämonen, sie wären ihn los. L e v i a t h a n sagte zu ihm oft: „Du sollst mir den Platz räumen, und zwar binnen Kurzem; du wirst mir nichts zu befehlen haben; ich werde es so einrichten, dass du dieses Mädchen ratlos aufgeben musst, und dann will ich Stück für Stück wieder in meine früheren Rechte einrücken; ich will so viel Beschwörungen, wie man Lust hat, über mich ergehen lassen, wenn ich nur meine Rechte wieder erhalten kann und die Natur des Mädchens sich mit mir verbündet; oh, ich habe mein Spiel fein gespielt, mit diesem Schachzug gewinne ich den Sieg; nur vierzehn Tage noch hast du Zeit, mit mir Krieg zu führen; also musst du frühzeitig abbrechen!"

Der böse Geist gab sich rechte Mühe, mich in meinen frommen Übungen zu stören, und der Herr fügte, dass er oft ans Ziel gelangte; denn ich war unruhig über die Vorgänge in mir.

Ungefähr um diese Zeit ereignete sich etwas, das mir viele Qualen verursachte. Eines Tages hatte ich mich nach der Beschwörung ins Sprechzimmer zurückgezogen, um wie gewöhnlich mit dem Pater Surin zu beten. Der Pater wurde aber durch irgendwelche Geschäfte abgehalten, und nachdem ich eine halbe Stunde gewartet hatte, begann ich das Gebet allein. Einer der bösen Geister nahm nun seine Gestalt an, rief mich bei Namen und redete zu mir wie folgt: „Ich muss dich belehren, meine Tochter über die Gefahren, die es im geistlichen Leben gibt, und über die Täuschungen, die am häufigsten vorkommen; es tut mir recht leid, meine Tochter, wenn ich dich traurig mache, aber ich muss dir etwas sagen, das ich auf dem Herzen habe; Gott würde Rechenschaft von mir fordern, wenn ich es nicht täte; denn er hat dich meinen Händen anvertraut; also, du wirst gewiss und wahrhaftig bloß vom Teufel hinters Licht geführt; ich sehe es ganz klar, dass ich alle deine inneren Regungen nur mithilfe seiner List ein ganzes Jahr deines jetzigen Lebens gelenkt habe; ich fürchte, vor der Gerechtigkeit deshalb als schuldig befunden zu werden; du musst also deine Bußübungen einstellen und eine gewöhnliche Lebensweise anfangen; ich wünsche, dass du dich mit der Beachtung der Regel begnügst, falls du überhaupt imstande bist, sie zu erfüllen, was gegenwärtig nicht leicht sein dürfte!"

Als der verfluchte Geist dies zu mir gesprochen hatte, erwiderte ich ihm, ich sei über seine Vorschläge sehr erstaunt und hoffe, dass Gott Mitleid mit mir haben werde; mein einziges Bestreben sei, Ihm zu gefallen und nach Seinem Befinden würde ich alles tun, was nur immer in meiner Macht stünde. Nur möchte ich nicht in meinen früheren Zustand versetzen werden, dem ich mit soviel Mühe entronnen bin. Ich würde auch nicht glauben, dass er mir dieses anraten wolle. Er hatte mir ja selber oft gesagt, ich wandle am Abgrund der Hölle und bedürfe außergewöhnlicher Maßnahmen, um meine Natur zu bändigen. Er gab mir darauf den Bescheid: „Sei nicht ärgerlich auf mich, aber eben deshalb muss ich dich auf den richtigen Weg bringen; ich will nur, dass du dich von neuem zum Gehorsam gegen mich bekennst und Stillschweigen über das, was ich dir sagen werde, hütest; du weißt doch sehr wohl, dass ich von Gott zu deiner Leitung gesandt bin!"

Folgenden Bescheid gab ich ihm darauf. Ich bat um Bedenkzeit und sprach: „Da Ihr Euch das erste Mal geirrt habt, so dürft Ihr es mir nicht übel nehmen, wenn ich erst noch mit einem von den Exorzisten rede!" Er sagte darauf: „Ich werde dir einen mit Namen benennen und herkommen lassen, wann du willst!" Ich bat ihn, noch zu warten.

Damals begann mein Geist an der Barmherzigkeit Gottes zu verzweifeln und ich wurde tieftraurig. Ich bat, wir möchten uns zuvor Zeit lassen und erst dem heiligen Joseph neun Tage lang ein Gebet widmen, da er doch immer mein Beschützer gewesen sei. Mein Pater meinte, er sei nicht dieser Ansicht, und er fügte hinzu: „Wenn wir die Wahrheit einmal erkannt haben, so müssen wir ihr auch folgen!" Er wollte mich absolut zu dem Gelübde zwingen, ihm in allem, was er sagen würde, zu gehorchen und sein Verfahren geheim zu halten; ja, er verlangte, ich solle nie von dieser Zuneigung zu ihm reden, auch nicht von der Unterhaltung, die wir eben geführt hatten, außer wenn er mich freigeben würde.

Ich antwortete darauf, ich würde auf seine Vorschläge überhaupt nicht eingehen. Das versetzte ihn in gewaltigen Zorn, er drohte mir mit dem Fluch Gottes und fügte hinzu, er werde mich schon kriegen. Es kam mir der Gedanke, mich an meinen guten Vater, den heiligen Joseph, und an meinen Schutzengel zu wenden. Dies sagte ich dem Geist und er sollte dies auch nicht schlecht finden.

Als ich aber sah, wie sein Zorn wuchs, sagte ich ihm, ich sei ein wenig erstaunt, dass er solche Gefühle habe. Mit einem Mal kam mir der Gedanke, ich habe da einen Teufel vor mir, der mich irreführen wolle, so dass ich sehr auf der Hut sein müsse.

Das veranlasste mich, ihn einmal aufmerksam zu betrachten. Ich sah die Gestalt eines Mannes, die jeden Augenblick ihre Haltung änderte. Ich schlug das Kreuz und sprach zu ihm: „Ich erkenne dich nicht als meinen Pater an; du bist ein Teufel; ich habe mit dir nichts zu verhandeln!" Daraufhin wollte ich mich zurückziehen, aber er hinderte mich, denn ich war wie an das Gitter geheftet. Kurze Zeit darauf ließ er mich los und schlug mich mitleidslos. Dann verschwand er.

Einerseits war ich recht getröstet, dass der Herr meine Täuschung nicht zugegeben hatte. Andererseits aber auch betrübt über die Macht, die der Dämon über mich besaß. Ich sagte zu mir selber: „Wenn er die Gestalt meines Beichtvaters annimmt, würde ich mich doch nicht gegen ihn verteidigen können, zumal ich solch Zutrauen zu ihm habe."

Danach ließ ich den Pater Surin rufen und berichtete ihm alles, was sich zugetragen hatte. Daraufhin war er maßlos verwunderte. Er war bemüht, mich zu trösten und meinen Geist zu stärken.

Ich war wegen der Gefahr, in der ich mich sah, sehr bekümmert. Das Vorgefallene flößte mir solche Furcht ein, dass ich jedes Mal, wenn ich mit dem Pater Surin zusammen war, den Teufel in ihm zu erblicken glaubte und alles, was er sprach, einer genauen Prüfung unterzog. Er selber bemerkte, dass ich nicht mit derselben Gelehrsamkeit wie früher seiner Leitung folgte. Deshalb wachte er ängstlich über alle meine Seelenregungen und prüfte sie aus nächster Nähe. Ich seufzte beständig im Grunde meines Herzens und betete inständig zum Herrn, Er möge Mitleid mit mir haben und mich in einen Zustand versetzen, wo ich Ihm in Treue dienen könnte. Zum gleichen Zweck wandte ich mich an den heiligen Joseph und bat ihn, mein Vater und Beschützer zu sein.

Eines Tages, als ich mich in solchen Ängsten befand, verspürte ich nach dem heiligen Abendmahl einen tiefen Frieden in meinem Herzen. Mein Geist war erleuchtet und ich fühlte mich zur Erkenntnis hingezogen. Als ich in dieser einige Zeit verweilt hatte und meine Sinne von außen abgekehrt waren, da wurde mir innerlich diese Stimme zuteil: „Meine Tochter, fasse Vertrauen zu Mir, und Ich will für dich sorgen. Denn Ich bin derjenige, der für dich bürgen kann!" Diese Worte gaben mir gewaltige Kraft und nahmen jegliche Furcht von mir.

Eines Tages beklagte ich mich während des Gebetes bei Unserem Herrn über meine verworrene Fantasie, den Schaden, den ich durch meinen übertriebenen Eifer aus der heiligen Leidensgeschichte zog und den großen Sehnsüchten, die er bei mir mit der Buße weckte. Ich bat um Verzeihung für meine Fehler. Sie hatten mich nämlich gezwungen, mich zu kasteien, indem ich meine gute Verfassung aufgab. Ich bat Ihn inständig, mir diese Verfassung wiederzugeben. Dabei versicherte ich, ich sei entschlossen davon einen besseren Gebrauch zu machen. Die Folge war, ich befand mich in einem inneren Frieden und spürte, wie meine Kräfte wuchsen

Damals durfte ich in einem Gesicht den Zustand meiner Seele schauen. Er schien mir völlig eingenommen zu sein von der Anhänglichkeit, die ich zu den irdischen Dingen empfand und die nun ein Hindernis sein würden für die Vereinigung mit Gott; umso mehr, als sich meine Seele auf diese Dinge stützte und in der meine Arbeit eine gewisse Befriedigung fand. Leider erkannte sie nicht, dass alles dies nur Mittel zum Zweck war und dass der Herr sie jetzt von mir nähme, weil er mich höher zu sich hinaufheben wollte.

Merkwürdig war, dass Unser Herr zu gleicher Zeit dem Pater Surin dasselbe Gesicht gewährte. In der Folge änderte sich meine Stimmung beim Gebet völlig. Die Gewohnheit, Erbauungsgegenständen nachzuhängen, wurde von mir angenommen. Ich begann, mich ganz dem Herrn zu übergeben und in lieblicher Ruhe auf Seine heilige Gegenwart zu warten. Von Zeit zu Zeit dachte ich über die göttliche Vollkommenheit nach und freute mich, dass es Gott überhaupt gibt. Die Zeit für die Gebete schien mir zu kurz zu sein.

Ich komme nun darauf zurück, was die Dämonen anstellten, um den Pater Surin aus Loudun zu verjagen, und wie sie ihn verhinderten, mich weiter gemäß den Plänen Gottes zu leiten und über die Widersacher zu triumphieren.

Als die Jesuitenpatres, die der Provinzial gesandt hatte, um die übrigen Nonnen unserer Gemeinschaft zu exorzie-

ren, merkten, dass Pater Surin nicht ihre Methode der-
Beschwörung befolgte, und da sie weiterhin fürchteten,
Pater Surin könne sich in dem mir gegenüber angewand-
ten Verfahren irren, wie ich dieses schon oben erwähnte,
so befahl also der Provinzial, er solle meine Leitung aufgeben und man solle mich in die Hände des Paters Resses
übergeben. Trotzdem gab er Erlaubnis, dass Pater Surin
mich noch acht Tage lang exorzieren dürfe, um seinem
Nachfolger genügend Frist zur Erkenntnis meiner Stimmungen zu verschaffen.

Diese Anordnung machte mich sehr traurig; umso
mehr, als ich alles
für eine Unterneh-
mung der Dämonen
hielt, die mir ja von
der Sache Mittei-
lung gemacht hat-
ten. Indessen fügte
ich mich in den Wil-
len Gottes und such-
te mein Vertrauen in
Seine Güte zu befes-
tigen.

*Heilige heilt
Besessene
(16. Jh.)*

In der Nacht kam
mir während des
Gebets der Gedan-
ke, ich müsse mich
an meinen Beschüt-
zer, den heiligen
Joseph, mit der fle-

hentlichen Bitte wenden, er möge doch diesen Dämon, der mein Heil und die Ehre des aufopfernden Paters Surin so wütend bedrohe, bis in den Staub demütigen. Ich fühlte mich dem Herrn gegenüber zu dem Versprechen verplichtet, dass ich ein Jahr lang täglich das große Gebet und die Litanei dieses erhabenen Heiligen beten würde; ferner wollte ich jede Woche zu seinen Ehren eine Bußübung veranstalten und einmal in der Woche das Abendmahl nehmen. Dieses Gelübde tat ich gleichzeitig, jedoch mit dem Vorbehalt, dass dies jedes Mal von meinem Pater genehmigt werden musste. Danach empfand ich ein großes Vertrauen zu Gott und glaubte fest, Gott würde uns helfen, den stolzen Dämon zu demütigen und nicht über die Mittel verfügen zu lassen, über den Diener der Kirche zu triumphieren. Es bereitete mir Sorge, dass der Morgen noch nicht gekommen war, damit ich mich dem Pater erklären konnte. Der Dämon setze alles daran, um mich davon abzuhalten.

Drei oder vier Tage lang hatte der Dämon mich schon so krank gemacht, dass ich mich kaum rühren konnte. Während der Zeit konnte ich nicht exorzisiert werden. Doch glaubte ich fest, dass Gott den Dämon demütigen werde. Aber mir war nur noch nicht die Art und Weise klar. Ich bat Gott um die Gnade, dass ich mich erheben könnte; denn ich hatte an diesem Tage ein lebhaftes Verlangen nach der Beschwörung, entgegen der Meinung des Paters. Nicht dass ich geglaubt hätte, der Dämon müsste verschwinden, aber dennoch vertraute ich Gott völlig. Er weckte in mir die Hoffnung, die Wahrheit zu erkennen und die Tricks dieser bösen Geister aufzudecken.

Ich schlug also meinem Pater das Gelübde vor, das ich in der Nacht getan hatte. Er billigte es und ich erneuerte es in seiner Gegenwart. Als der Pater meinen Mut sah, mich trotz der Unbequemlichkeiten zu befreien, entschloss er sich auf mein Drängen, mich am Nachmittag zu exorzisieren. Ich freute mich hierüber sehr.

Exorzismus vor einer Kirche (16. Jh.)

An diesem Tage fand sich eine Menge von vornehmen Leuten in der Kirche ein, um der Beschwörung beizuwohnen. Dies geschah nicht ohne die besondere Fürsorge Gottes. Einige Zeit danach, als ich mich in der Beschwörung befand, erschien Leviathan in sehr ungewöhnlicher Weise und rühmte sich, dass er über den Diener der Kirche triumphiere, ihn vom Platze verjage, mit seiner Unternehmung ans Ziel gelangt sei und überhaupt nichts fürchte. Er fügte noch mehrere andere Unverschämtheiten in hochmütigem Ton hinzu.

Als der Pater dies vernahm, wandte er sich zum Herrn, bat ihn, diesen stolzen Geist zu demütigen und ihn zu zwingen, dass er zur Genugtuung der Kirche dem hochheiligen Sakrament seine tiefste Ehrerbietung erweise und wie ein Verbrecher für seine verfluchten Unternehmungen um Verzeihung bitte.

Der Geist nahm diesen Befehl mit viel Widerstreben an. Gott in Seiner unendlichen Güte zwang ihn zum Gehorsam und gewährte uns aus Barmherzigkeit mehr, als wir zu hoffen gewagt hatten. Denn nachdem der Geist alles getan hatte, was ihm Pater Surin befahl, warf er sich ihm noch zu Füßen, bat um Verzeihung wegen seiner Schandtaten gegen ihn und verkündete seinen Abzug. Danach war ich in völliger Freiheit.

Dies war am 5. November 1635, als Leviathan aus meinem Leib entwich. Zur selben Stunde schaute ich ein geistiges Gesicht vom glorreichen heiligen Joseph, in dem ich erkannte, dass er es war, der dem Dämon den Abzug befohlen hatte. Während dieses Vorganges war ich völlig verzückt. Ich kann die Freude nicht auszudrücken, die alle Umstehenden mit mir über diese Gunst des Himmels empfanden. Ich will mich nicht dabei aufhalten, alles, was sich während der Beschwörung ereignete, zu erzählen, da die Protokolle davon hinreichend Zeugnis ablegen.

Ein blutrotes Kreuz blieb mir drei Wochen lang auf der Stirn gezeichnet. Es war das Mal, das man dem Dämon anbefohlen hatte zu geben. Über den Auszug des Dämons dachte man viel nach, weil es die erste Beschwörung war, nachdem Pater Surin vom Provinzial die Anweisung erhalten hatte.

Die Patres von der Gesellschaft Jesu urteilten nun, man dürfe an meinem Verhalten nichts ändern, bis sie ihrem Oberen über die Ereignisse Bericht erstattet hätten. Zwi-

schenzeitlich sollte Pater Surin weiter seine Methode bei
mir anwenden, was er auch mit Hingebung tat.

Was mich betraf, hatte ich meinen Frieden vor Gott. Ich
bemühte mich, ihm meinen Dank zu zeigen für die mir
gewährte Gunst. Ich wandte mich auch an den heiligen
Joseph mit der Bitte, er möge B a a l a m dazu zwingen, sein
Abzugszeichen auszulöschen; dieser hatte nämlich seinen
Namenszug auf meine Hand geschrieben. Denn ich würde
dieses Zeichen sonst mein ganzes Leben hindurch tragen
müssen. Pater Surin und ich hatten einen großen Widerwillen davor. Der Pater riet mir, neunmal zum Tisch des Herrn
zu Ehren des heiligen Josephs zu gehen, und er versprach
mir, neun Messen zu dem gleichen Zweck zu lesen. Wir
baten Gott, es möge Ihm gefallen, den Geist zu zwingen,
dass dieser den Namen des heiligen Josephs als Abzugszeichen auf meine Hand schreibe, da der sein wichtigster Gegner gewesen sei.

Wir begannen unsere neuntägige Übung mit der denkbar größten Andacht. Doch versuchte der Geist durch
zahlreiche Störungen dies zu verhindern. Er erfand alle
nur denkbaren Täuschungen, um mich an der Fortsetzung meiner neuntägigen Bußübung zu hindern. Bald
machte er mich krank, bald brachte er Verwirrung über
mich.

Eines Tages wollte er mich am Abendmahl hindern, um
die Unterbrechung der Übung herbeizuführen. Zu diesem
Zweck setzte er sich zusammen mit Behemot vom frühen
Tag an in meinem Kopf fest und verwirrten mich so, dass
ich keine Kraft mehr in mir spürte, es zu verhindern,
obgleich ich die Störung gut erkannte. Mir blieb nichts

anderes übrig, als mich dem Befehl Gottes zu unterwerfen und meine Störung als verdiente Züchtigung für meine Untreue hinzunehmen. Es ereignete sich, dass die Dämonen der Stunde der Messe zuvorkamen und mich so ausschweifend frühstücken ließen, dass ich dieses eine Mal mehr aß, als drei völlig ausgehungerte Menschen an einem ganzen Tage hinunterbekommen hätten.

Als Pater Surin wie gewöhnlich ankam, fand er mich in diesem Zustand vor.

Wenn jemals ein Mensch bekümmert war, so bin ich es gewesen, als ich meine neun Tage so unterbrochen sah. Andererseits erkannte ich, dass der Dämon sich durch diese Handlung Ruhm beschaffen wollte.

Nun fühlte ich mich sehr genötigt, dem Pater Surin zu sagen, er möge den Dämonen im Namen Gottes und des heiligen Joseph befehlen, mich alles, was ich zu mir genommen hatte, wieder ausbrechen zu lassen. Pater Surin gab den Befehl. Kurz darauf kehrte der Dämon in meinen Kopf zurück, aus dem er sich ein wenig entfernt hatte, und plötzlich musste ich mich so massenhaft übergeben, dass es kaum zu beschreiben ist. Er erklärte dann, mein Schutzengel, der heiligen Joseph, hätte ihn dazu genötigt, mich alles wieder von mir geben zu lassen, was er vorher in mich hineingestopft. Folglich sei in meinem Magen nicht das Geringste mehr zurückgeblieben. Ich blieb vollkommen frei.

Der Pater meinte nun, ich dürfte das Abendmahl nicht aussetzen. Ich trat also mit zärtlichster Andacht vor den Tisch des Herrn und setzte meine neun Tage glücklich bis zum Schluss fort. In den letzten Tagen zeigte sich Baalam bei der Beschwörung mit sehr großer Wut. Er ließ mich in sehr grausamer Weise in meine Hand beißen und wie einen Hund heulen. Er erklärte, er sei vom heiligen Joseph genötigt worden, sein gegebenes Abzugszeichen zu ändern. Anstelle seines eigenen Namens, den er beim Abzug auf meine Hand hätte schreiben wollen, müsse er vielmehr den des heiligen Josephs aufzeichnen. Darauf fluchte er fürchterlich und ließ mich endlich in Freiheit zurück. Sehr großes Vertrauen erweckte dieser erhabene Heilige in mir, der mir mehrfach die Gunst Unseres Herrn, besonders für mein Inneres verschaffte. Nach Gott und der Heiligen Mutter verdanke ich mein ganzes geistliches Gut diesem großen Heiligen.

Diese Ereignisse während der neun Monate vermehrten noch mehr mein Vertrauen in seine Macht und veranlassten mich, von Gott sofort meine Befreiung von den Dämonen zu verlangen. Dabei berief ich mich auf die Verdienste meines heiligen Beschützers. Mehr und mehr widmete ich mich seinem Dienst.

Die drei noch in meinem Leib verbleibenden Dämonen taten mir das denkbar Schlimmste an, körperlich sowohl wie geistig. Sie misshandelten mich Tag und Nacht in fürchterlicher Wut, um mich von meinen Gebets- und Bußübungen abzubringen. Gott seinerseits entzog mir alle fühlbare Tröstung, die ich so oft und reichlich genossen hatte. Mein Geist war sehr eingeschränkt. Gott erlaubte nämlich den Dämonen, mich zu quälen. Um mich zu demütigen, bestrafte er mich mit Ungläubigkeit. So wollte Er mir zeigen, dass meine Bemühungen noch nicht weit fortgeschritten waren und ich mich damit abgeben sollte weiterhin Qualen zu erdulden. Nahezu vierzehn Tage lang war ich in diesem Zustand, der mir sehr lästig war. Ein Trost war es mir freilich dabei, dass mein Inneres an der Tätigkeit der Dämonen so gut wie gar nicht beteiligt war und dass mein Herz nicht aufhörte, die Gegenwart Gottes zu schauen. Wenn ich sehr darauf vertraut hätte, mit meiner Gnade verbunden zu sein, dann hätte ich mehr Gewinn aus diesem Zustand gezogen.

B a a l a m ging indessen immer weiter. Er setzte sich acht Tage lang mit solcher Gewalttätigkeit in den Besitz meines Kopfes, dass ich weder beten noch irgendeine andere geistliche Übung anzustellen konnte. Ohne Unterbrechung bereitete er mir Niederlagen bei Tag wie bei Nacht. Welche Bußen ich auch ableistete oder was für Beschwörungen man mit mir auch unternahm, ich spürte keine Erleichterung. Dies verursachte bei mir eine große Traurigkeit, weil ich fürchtete, ich hätte dem Dämon die Macht gegeben, auf mich in dieser Weise einzuwirken.

Eines Tages bat ich den Pater Surin in einem lichten Augenblick, er möge mir zuliebe dem heiligen Joseph eine neuntägige Messe lesen und mich während dieser Zeit zum Tisch des Herrn lassen, damit er die Gewalttätigkeit dieses bösen Dämons in Schranken hält und mich erkennen lässt, was Gott von mir in diesem Zustand will. Auch der Pater bemühte sich sehr, mich in dieser Verfassung zu sehen. Gott hatte ihm nämlich ein sehr väterliches Herz für meine Person gegeben.

Er vollzog also die neuntägige Messe in frommer Andacht. Gott gab reichlich seinen Segen dazu. Denn am dritten Tage wurde der unglückliche Geist gänzlich aus meinem Leib vertrieben. Es geschah während einer Beschwörung in Gegenwart mehrerer ranghoher Personen, die der sogenannten reformierten Religion angehörten und sich sogleich bekehrten, als sie dies Wunder gesehen hatten. Der böse Geist wurde gezwungen, auf meine linke Hand den Namen des heiligen Josephs zu schreiben. Er gab die Erklärung ab, dass er vor der Macht des heiligen Joseph aus meinem Leibe entweiche. Dies wurde auch noch von Behemont bestätigt, der unter der Beschwörung befragt, auf welche Weise denn B a a l a m aus meinem Leib entwichen sei, zur Antwort gab: „Der heilige Joseph hat ihn hinausgetrieben, weil er es unternahm, dieses Mädchen am Gebet, an der Sammlung im Geist und an den Bußübungen zu hindern!" Baalam zog am 29. November des Jahres 1635 ab.

Ich freute mich, dass diese Dämonen weggegangen waren. Inständig bat ich Gott weiterhin, mir eine vollständige Befreiung zu gewähren. Deshalb hielt ich mich Tag und Nacht in der Nähe des heiligen Sakramentes auf. Während dieser Zeit fühlte ich mich, weil ich zahlreiche liebevolle Gespräche mit unserem Herrn führte. Die Gegenwart weckte in meinem Herzen solche Gefühle, dass ich fast den Verstand vor der göttlichen Majestät verlor. In meinem Innern besaß ich nicht die Kraft, den Ansturm der Liebe zu ertragen, die ich empfand. Mehrfach war ich so sehr von meinen Schmerzen im Inneren überwältigt, dass ich Zuflucht zu Unserem Herrn nahm, damit Er mir die vollständige Befreiung von den Dämonen gebe.

Am ersten Tage des Monats Dezember im Jahr 1635

hatte ich mich in mein Gebetszimmer zurückgezogen, um
dort das Dankgebet nach dem Abendmahl zu beten. Ich

Jesus heilt einen Besessenen (17. Jh.)

war mit dem großen Mysterium des heiligen Sakraments
beschäftigt und empfand tiefen Frieden im Herzen und
spürte keine Handlungen der inneren Mächte. Nachdem
ich eine Zeit lang in diesem Zustand geblieben war, fühlte
ich in meinem Inneren einen starken Drang, Unserem
Herrn meinen Dank zu sagen für die enge Verbindung,
die Er mir mit Seinem heiligen Körper gewährt hatte.
Besonders aber dankte ich Ihm für die Güte, die Er mir
erwies, als Er die beiden letzten Dämonen austrieb. Dabei
erkannte ich auch deutlich, auf welche Weise sie meine
Seele daran gehindert hatten, Gott ihren Dienst zu erweisen. Ich sah auch, wie sie durch diese Handlungen sich
mit meiner Natur verbunden hatten. Gegenüber der gött-

lichen Güte spürte ich große Gefühle von Dankbarkeit, weil sie mich belehrt hatte.

Brennend interessierte ich mich zur gleichen Zeit für die praktische Ausübung der Tugenden. Besonders aber liebte ich Unseren Herrn mehr als je zuvor. Ganz vertraute ich darauf, von Gott die vollständige Befreiung zu verlangen. Dabei berief ich mich auf die Verdienste seines Sohnes Jesus Christus, des Ansehens der Heiligen Jungfrau und des heiligen Josephs. Wenigstens sollten sie mir die Kraft geben, dabei weniger Hemmungen zu empfinden. Danach fühlte ich, wie der Frieden in meinem Herzen wuchs. Ich konnte zwar nicht irgendetwas tun, aber ich empfand einen liebevollen Respekt vor Gott.

Damals fühlte ich nun, wie sich in meinem Innern deutlich eine Stimme erhob, die mir sagte, Isaakaaron würde zu Füßen der Heiligen Jungfrau in der Kirche von Saumur unter die Macht der Kirche gebeugt werden; ferner würde der hartnäckige Behemot am Grabe des heiligen Franziskus von Sales gebändigt werden, was seinem Ruhm und dem Ruf von dessen Heiligkeit sehr einträglich sein würde. Ich sollte das meinem Pater sagen. Doch einstweilen geduldete ich mich und war niedergeschlagen wegen der Hemmungen, die die Dämonen bei mir hervorriefen. Aber sie fügten mir keinen Schaden zu, wenn ich sie mit Unterwürfigkeit gegen Gott ertrug. Er kümmerte sich um mich und ich schätzte mich sehr glücklich, in der Zwangslage zu sein, die Hilfe der Diener seiner Kirche in Anspruch zu nehmen. Gott führte mich durch diesen Diener, den er mir gegeben hatte.

Mir kam vor, als sei es Gott, der so zu meinem Herzen

sprechen würde. Dies gewährte mir viel Tröstung. Ich dankte dem Herrn für die Gunst, die Er mir erwiesen hatte. Darauf ging ich ins Refektorium. Aber ich konnte nichts essen. Ich trat wieder vor das heilige Sakrament, meinen Rosenkranz zu beten. Kurz darauf holte man mich zu Pater Surin. Unterwegs wollte ich über das Erlebte nachdenken, aber ich wurde so sehr verwirrt im Kopfe und spürte Niedergeschlagenheit und Herzbeklemmung, dass ich dem Pater meine inneren Regungen nicht offenbaren konnte. Das hielt drei Tage lang an, während in meinem Geist die verschiedensten Gedanken über alles dies durcheinanderjagten und ich tatsächlich Angst hatte, mich zu erklären.

Zuweilen hatte ich freie Zeit, wenn ich nicht mit dem Pater Surin zusammen war. Ich bat dann den Herrn inständig, er möge mir die Gnade gewähren, dass ich mich dem Pater eröffnen könne; aber sobald er zugegen war, trübte sich mein Geist, und ich konnte ihm nichts von dem Erlebten erzählen. Mir ging auch durch den Sinn, dass man vielleicht sagen würde, wenn ich das vorbrächte, es wäre nur eine Teufelslist und man mich damit verspotten würde. Ich selber meinte manchmal, alles stamme nur vom Dämon. Jedenfalls war ich gewiss, dass es sich nicht um eine Einbildung von mir handele; denn ich hatte niemals an so etwas auch nur gedacht.

Als der Pater am Dienstag früh einsah, dass er im Sprechzimmer nichts Vernünftiges aus mir herausbekommen konnte, befahl er mir, in die Kirche zu gehen. Das war mir sehr angenehm. Denn ich gedachte, die Gelegenheit zum Frühstück wahrzunehmen, damit ich nicht zum

Abendmahl gehen musste. Ich ging also ins Refektorium, um Brot zu essen. Als ich dort eintrat, kam mir plötzlich der Gedanke, ich sollte es nicht tun. Mit einem Mal war auch mein Kopf ganz frei von Verwirrung. Ich ging nun zur Kirche und der Pater legte mir das heilige Sakrament aufs Haupt, was mir das Sprechen sehr viel leichter machte, obgleich mich dar Dämon noch immer verwirrte. Allmählich aber verzog er sich durch die Kraft des heiligen Sakraments und ich blieb vollkommen frei. Da berichtete ich alles, was sich in den vorangegangenen Tagen in meiner Seele abgespielt hatte. Für den Pater war dies ein großer Trost. Seitdem war er fest überzeugt, dass mich der Herr endgültig erlösen wollte. Dies vermehrte meinen Glauben und ich begann unablässig, von Gott meine Befreiung von den Dämonen zu fordern.

Die Dämonen verdoppelten nun ihre Anstrengungen gegen mich; sie verwirrten mich immerzu und ließen mich seltsame Wut und Raserei verspüren. Ich leistete Widerstand; doch war meine Mühe nutzlos. Den ganzen Dezember brachte ich in dieser Stimmung hin. Man stellte meinen Vorgesetzten und anderen mitleidigen Personen vor, was sich in meiner Seele in Bezug auf meine Erlösung zugetragen hatte, nebst den Erklärungen der Dämonen über denselben Gegenstand. Man urteilte, diesen Vorgängen dürfe man nicht ohne Weiteres Glauben schenken; man werde schon mit der Zeit sehen, wie die Sache verlaufen würde. Die Meinungen waren also recht geteilt und ich sah mich der menschlichen Klugheit ausgeliefert, die sehr oft in göttlichen Dingen blind ist. Deshalb wandte ich mich mit großem Vertrauen an seine

Güte, indem ich ihn bat, bei den Verdiensten Jesu Christi, der Heiligen Jungfrau und des ruhmreichen Vaters, des heiligen Josephs, diese Angelegenheit zu seinem Ruhm und nach seinen Plänen zu Ende zu führen. Ich bat Gott, mich nach dem Plan meines Paters von Isaakaaron zu befreien, wenn es ihm rätlich erscheint. Ich versprach, in Nostre-Dame-de-Saumur eine neuntägige Andachtsübung zu machen, wenn ich zur großen Freude meiner Oberinnen die vollständige Befreiung erlangt habe.

Der ganze Dezember verstrich aber, ohne dass man über meine Person eine Entscheidung getroffen hätte, weil diejenigen, von denen ich abhängig war, sich über ihre Ansichten nicht einig wurden. Isaakaaron gab die Erklärung ab, er müsse noch vor seinem Abzug der Gerechtigkeit dienen.

Ich suchte mich im Gottvertrauen zu befestigen, und in den freien Zwischenzeiten, die mir blieben, betete ich Tag und Nacht zur göttlichen Majestät. Pater Surin tat seinerseits das Gleiche, las auch in dieser Absicht Messen. Unsere gewöhnlichste Unterhaltung bewegte sich um das Vertrauen, das wir zur Vorsehung Gottes und zum Beistand der Heiligen Jungfrau und des heiligen Josephs haben müssten. Dies traf ja auch ein wenig später unserem Wunsch gemäß ein. Denn am ersten Tag des Jahres 1636 um zwei Uhr nach Mitternacht flehte ich im Gebet mit Inbrunst um den Schutz des heiligen Josephs im kommenden Jahr. Ich bat diesen Heiligen, sich bei Gott für mich einzusetzen, damit ich die vollständige Befreiung von allen Hindernissen in meinem Inneren erreichte, die meine Liebe und meinen Dienst bei Ihm einschränkten.

Als ich nun eingeschlummert war, schien es mir, als empfände ich eine ganz besondere Andacht, verbunden mit einem sehr angenehmen Geruch. Gleichzeitig hörte ich eine Stimme sagen: „Hier ist derjenige, dem du dich anempfohlen hast!" Im selben Augenblick kam mir der Gedanke an den heiligen Joseph in den Sinn und mein Herz war voller Achtung und Liebe zu ihm.

Mir schien es, als sähe ich ein helles Licht, viel glänzender als der Sonnenschein. In diesem Licht sah ich ein Antlitz von gewaltiger Majestät und von so vollendeter Schönheit, dass mir die Worte fehlten, es auszudrücken, oder einen annähernden Vergleich zu finden. Von diesem schönen Gesicht strahlte wunderbare Sanftmut und Milde aus. Dann hörte ich eine Stimme, die sprach die folgenden Worte: „Hab Vertrauen, Standhaftigkeit und Geduld! Sag deinem Pater, wenn die Menschen nicht an deiner Heilung arbeiten, so wird Gott einen anderen Weg vorsehen; er soll mit deiner Beschwörung in Geduld fortfahren." Hiernach verschwand die Erscheinung. Sie hinterließ einen Geruch, der noch längere Zeit verblieb, denn als ich erwachte, schien mir mein Bett ganz von Duft getränkt zu sein.

Die Erinnerung an diese Erscheinung stärkte mein Zutrauen zum Herrn und zum Beistand des heiligen Joseph. Trotzdem unterließ ich es, davon zu reden, weil ich die Sache, die ja im Schlaf passiert war, nur für einen Traum hielt. Jedoch in der nächsten Nacht ereignete sich während des Schlafes das Gleiche mit genau denselben oben angeführten Umständen, nur mit dem Unterschied, dass mir das schöne Antlitz ein wenig strenger vorkam.

Ich wurde gefragt, warum ich nicht mit meinem Pater von den Vorgängen der letzten Macht gesprochen habe. Ich erhielt Befehl, diesmal nicht mehr zu schweigen. Was ich auch am nächsten Morgen befolgte.

Der Pater war getröstet, denn er hatte nun die Gewissheit, dass die Zeit nicht mehr ferne sei, wo Gott mir Seine Barmherzigkeit erweisen wollte und mich von den Dämonen befreite. Wir fassten den Entschluss, Ihm mehr als jemals zuvor Vertrauen zu erweisen und Bitten an den heiligen Joseph zu richten.

Der Pater brachte mich dazu, mit Hingebung die Weisungen der Vorsehung zu erwarten. Er forderte von mir die Erlaubnis, über die Ereignisse auch mit den anderen Exorzisten sprechen zu dürfen. Dies kostete mich viel Überwindung, fügte mich aber dennoch seinen Plänen.

Wir setzten also unsere Andacht zu dem großen heiligen Joseph fort. Da ich bereits das Glück genoss, seinen Namenszug auf meiner Hand zu tragen, so flehte ich ihn inständig um die Gnade an, auch die Namen Jesus und Maria tragen zu dürfen; er möge zu dem Zweck die von den Dämonen vorgeschlagenen Zeichen austauschen.

Wir begannen nun, Pater Surin und ich, eine neuntägige Übung, um diese Gnade von Gott zu erlangen. Pater Surin stellte Beschwörungen an und befahl dem Dämon im Namen Gottes, dessen Willen zu vollbringen. Der Dämon antwortete darauf mit verdoppelter Wut.

Mein Verlangen, die heiligen Namen Jesus und Maria auf meiner Hand tragen zu dürfen, wuchs nun beständig. Mit Zustimmung meines Beichtvaters begann ich eine neuntägige Kommunion und der Pater las in derselben

Absicht und zur Unterstützung meines Planes ein feierliches Hochamt. Vier Tage lang bemühten sich währenddessen die Dämonen gewaltig, die Ausführung unseres Plans zu verhindern. Alle erdenkliche Wut und Raserei ließen sie an mir aus.

Ich begann eine neuntägige Andacht am zweiten Tag des neuen Jahres. Dies passierte am sechsten Tag. Als ich meine Dankgebete sprach, wurde ich in der neunten Stunde von einer äußerlichen Unruhe gepackt. Obwohl mein Geist nicht beunruhigt war, bemerkte ich in meinem Inneren selbst, dass es völlig von Gotteslästerungen und einer großen Wut angefüllt war. Dieser Zustand dauerte bis zur dritten oder vierten Stunde des Nachmittags an.

Pater Surin meinte, er müsse mich exorzisieren. Er ordnete an, mich zu diesem Zweck in die Kirche zu bringen. Ich war noch kaum dort angelangt, als ich auch schon ganz und gar das Bewusstsein verlor. Eine seltsame

Jesus heilt ein besessenes Kind (17. Jh.)

Raserei kam über mich und der Dämon brachte eine Unmenge von Lästerungen und Flüchen gegen Gott und die Heilige Jungfrau hervor. Es geschah noch manches andere, was sich im Protokoll verzeichnet findet. Die Hauptsache aber war der Abzug, der folgendermaßen vor sich ging. Als Pater Surin vernahm, wie der verfluchte Dämon so grässliche Lästerungen gegen den Herrn und die Heilige Jungfrau ausstieß, dass alle Anwesenden aus diesem Grund erschraken, befahl er ihm, das hochheilige Sakrament anzubeten und der Heiligen Jungfrau seine Ehrerbietung zu erweisen. Es ist fast unmöglich, den heftigen Widerstand zu schildern, den der hochmütige Geist diesem Befehl entgegensetzte. Ich will nur sagen, dass er schließlich zum Gehorsam gezwungen wurde.

Er bat die Heilige Jungfrau um Verzeihung und gab die Erklärung ab, ihre Macht zwänge ihn jetzt zum Abzug aus meinem Leib und zu ihren Füßen nieder. Bei diesem Geständnis drückte er gleichzeitig meiner Hand den Namen Marias auf, dicht oberhalb vom Namenszug des heiligen Josephs. Ich wurde von herrlichem Trost durchrieselt, als ich diese schnelle Erfüllung des Versprechens mit ansah, das der heiligen Joseph mir fünf Tage zuvor gegeben hatte. Mehr als hundert Personen waren bei diesem Auszug gegenwärtig. Der Pater glaubte nun, den anderen Dämon, der noch in meinem Körper geblieben war, danach zu befragen, auf welche Art und Weise denn I s a a k a a r o n entwichen sei, da doch gesagt worden war, er werde in Saumur seinen Abzug nehmen; und wer ihn denn gezwungen hätte, den Namen Marias auf meiner Hand zu verzeichnen.

Nach einem Zögern brachte er heraus, I s a a k a a r o n sei von hier entwichen, da die Menschen sich nicht angeschickt hätten, Gottes Weisung zu vollbringen. Der heilige Joseph habe deshalb Maria um ihr Einverständnis gebeten, dass Isaakaaron verjagt werden solle. Maria habe eingewilligt, weil die Menschen meine Erlösung nur hinausschöben. Er fügte weiter hinzu, die Heilige Jungfrau habe den Isaakaaron ihre Macht fühlen lassen, als er gezwungen wurde, sie um Verzeihung zu bitten. Vom Himmel herab habe sie ihm befohlen, aus meinem Körper zu entweichen. Was den Namenszug Marias angehe, so habe ihm mein Schutzpatron, der heilige Joseph, bereits zwei Stunden vorher befohlen, ihn auf meiner Hand abzudrücken. Er, der Sprecher, hingegen habe Anweisung, bei seinem Abzug den Namen Jesu auf meiner Hand zu markieren. Zur Abgabe dieser Erklärung also wurde der unglückselige Geist genötigt.

Ich empfand von da an eine große Ruhe in meinem Geist und nahm mir die Zeit, die große Barmherzigkeit Gottes zu genießen. Den Rest des Tages benutzte ich, um Gott meine Dankgebete zu sagen.

Folgendes geschah mir im Gebet zur Nacht. Ich war um die dritte Stunde nach dem Gebet wieder eingeschlummert und ich spürte eine herrliche Tröstung und dachte sehr an meinen glorreichen Vater, den heiligen Joseph. Mit einem Male verspürte ich einen wundersüßen Geruch und sah ein helles Licht. Aus dem erhob sich eine Stimme angefüllt mit Annehmlichkeit und Milde und sprach zu mir diese Worte: „Sag deinem Pater Exorzisten, die Heilige Mutter Gottes wünscht, dass er zusammen mit einem anderen Pater nach Saumur gehe und in ihrer Kapelle feierliche Dankmessen veranstalte dafür, dass sie Isaakaarons Abzug von hier genehmigte. Sag ihm auch, er soll in aller möglichen Eile die nötigen Vorbereitungen zu deiner letzten Heilung treffen; und du, lern rechtes Gottvertrauen und klage nicht über die Hemmnisse, so dir Gott durch den dennoch übrigen Dämon senden wird. Er wird dir

Erleichterung durch deinen Exorzisten gewähren!" Nach diesen Worten verschwand die Erscheinung.

Die Gunst dieses glorreichen Heiligen ließ weiter ihre Sonne über mir scheinen, denn ich verspürte seinen ganz besonderen Beistand in allen meinen anderen Nöten und in den Unternehmungen, die ich wegen Gott und meines geistlichen Fortschritts anstellte.

Kurze Zeit nach dem Abzug dieser drei Dämonen entbrannte ich in lebhaftem Verlangen, eine zehntägige Bußübung zu machen. Vor mehr als sechs Jahre hatte ich eine solche Übung unternommen und ich meine, ich hatte sie überhaupt nie ordentlich durchgeführt. Ich unterbreitete mein Verlangen dem Pater, der es sehr verständig fand. Allerdings hatte er die Befürchtung, der noch in meinem Leib verbliebene Dämon könnte mir am Ende nicht genug Freiheit dazu lassen, zumal ihm Gott noch oft genug gestattete, mich zu stören. Nichtsdestoweniger hieß mich der Pater froher Hoffnung sein und versprach mir, meinen Plan nach Möglichkeit zu unterstützen.

Als der verfluchte B e h e m o t unser Vorhaben bemerkte, verdoppelte er seine Bosheit gegen mich. Er gewährte mir nur ab und zu Einsicht, so dass ich kaum noch an meine Übung zu denken wagte.

Eines Tages nach dem heiligen Abendmahl ergriff mich der Wunsch, mich dem Herrn hinzugeben. Mir kam es vor, als sagte mir eine innerliche Stimme: „Was wendest du dich nicht an deinen Schutzpatron? Du weißt doch sehr gut, dass er dir helfen kann!" Sofort wandte ich mich an meinen glorreichen Vater, den heiligen Joseph, und ich schöpfte große Hoffnung, dass ich mit meinem Plan an das Ziel kommen würde. Obwohl ich nun noch oft genug gestört zu sein schien, gelang es mir drei Tage später in der Tat, die Übungen zu beginnen. Zwölf oder dreizehn Tage lang setzte ich sie bis auf eine halbe Stunde am letzten Tag ohne Störung fort. Schließlich gab der hochmütige Geist die Erklärung ab, seine Tätigkeit sei von der Tugend des heiligen Josephs gehemmt worden.

Während dieser Übungen erwies mir Unser Herr eine große Gnade, denn er verschaffte mir eine genaue Selbsterkenntnis, die bei mir eine tiefe Demut hervorrief. Im Verlauf von drei oder vier Tagen zeigte mir Seine Majestät meine Nichtigkeit und mein vergangenes Leben. Dies hatte zur Folge, dass ich Tag und Nacht, soviel ich nur konnte, Ihm zu Füßen lag und Ihn um Seine Barmherzigkeit anflehte. Als ich den größten Teil der Nacht auf den Stufen des Altars vor dem heiligen Sakrament verbrachte, brach der fünfte Tag an. Nachdem ich mich gemäß meiner Gewohnheit gegeißelt hatte, begann ich diese unendliche Güte um Barmherzigkeit anzuflehen. Inständig bat ich sie, mir meine Sünden zu verzeihen. Da hörte ich eine Stimme, die zu mir sagte: „Meine Tochter, deine Sünden sind dir verziehen, aber die Liebe muss das Herz reinigen, das noch mit Unrat angefüllt ist. Bereite dich darauf vor, zu leiden! Nimm deinem Geist nicht die Leidenschaft, die ich dir gegeben habe! Nimm zur Kenntnis, ich bleibe freiwillig in einer demütigen Seele!"

Diese Worte beeindruckten mich sehr und riefen bei mir eine große Zerknirschung vor Gott hervor. Am nächsten Morgen begann Seine göttliche Güte, meinen Geist auf eine andere Form des Gebetes zu bringen, wobei ich am

Anfang noch ein wenig Widerstand empfand. Nachdem ich mit dem Pater gesprochen hatte, sagte er mir, ich solle den Widerstand aufgeben und meinem Geist freien Lauf lassen. Dies sei der Wille Gottes und ich sollte ihm keine Vorschriften machen. Dies machte ich mit großer Freiheit.

Nachdem ich nun, wie ich oben erzählt habe, von den sechs Dämonen erlöst worden war, schmeichelte ich mir, ich würde bald ganz und endgültig frei sein, da ja nur mehr einer namens B e h e m o t übrig geblieben war. Aber ich irrte mich, denn die Erfahrung zeigte mir, dass ich noch nicht am Ziel, meiner völligen Befreiung stand.

Ich erzählte schon weiter oben, eine innere Stimme habe

Heilung eines Besessenen am Grab eines Heiligen (17. Jh.)

mir angezeigt, dass ich am Grab des glückseligen Franziskus von Sales von diesem Dämon erlöst werden würde; ja, der Dämon hatte selber bekundet, dass er nur an diesem Ort seinen Abzug nehmen werde. Dies war bereits Seiner Hochwürden, dem Bischof von Poitiers, den Exorzisten-Patres, ihren Oberen und sogar dem Hofe unterbreitet worden. Doch ergaben sich bei der Durchführung dieses Plans große Schwierigkeiten. Alle geistlichen und zeitlichen Mächte mussten erst ihre formelle Erlaubnis erteilen. Man wies auf die bedeutenden Kosten hin, die die Reise verursachen werde; man müsse sich mit der inneren Stimme und den Äußerungen des Dämons vorsehen; es sei daher gescheitert, wenn man an den Beschwörungen festhalte und den Dämon auf diese Weise zum Abzug dränge, ohne erst lange Versprechungen abzuwarten.

Diese Erklärung ließ man dem Pater Surin und mir zugehen und die Beschwörungen begannen demnach von Neuem. Der Dämon gab darauf zur Antwort, er werde am Grab des Genfer Bischofs ausfahren und nirgendwo sonst. Er verdoppelte seine Wut mit so außerordentlicher Hartnäckigkeit, dass sein früheres Arbeiten wie ein Nichts dagegen erschien. Seine Raserei wandte sich auch gegen den Pater Surin, den er aufs Äußerste quälte. Was mich anbelangte, so fügte er mir schreckliche Bosheiten zu, meinem Geist setzte er heftig zu und bedrängte meinen Leib derartig, dass ich glaubte, sterben zu müssen. Ich habe mich dem Willen Gottes unterworfen, aber es schien mir, dass ich völlig scheiterte. Pater Surin war über diese neue Verfolgung sehr verwundert. Er fürchtete die Folgen, besonders dass ich völlig entmutigt würde und in meinen geistlichen Übungen nachlassen könnte.

Als wir uns eines Tages im Sprechzimmer befanden, fragte er mich, was ich von meinem Zustand hielte. Ich gab zur Antwort, ich sei durchaus entschlossen, allen seinen Weisungen nachzukommen, so schwierig es auch sein sollte. Darauf wandte sich der Pater zu Gott in der Höhe und bat Ihn um Erleuchtung, was er tun solle. Neuer Mut überkam ihn und unter Berücksichtigung der Güte, die mir Gott bisher erwiesen hatte, richtete er folgende Worte an mich: „Ganz im Ernst, bist du entschlossen, zusammen mit mir an unserer Sache zu arbeiten und dir zur Unterstützung von Gottes Plänen die nötige Gewalt anzutun?" Ich antwortete, ich sei bereit, alles zu tun und alles zu leiden. Der Pater schlug mir nun erneute Anstrengungen zur Bekämpfung unseres Widersachers vor. Er fügte hinzu, seiner Meinung nach sollte ich wieder zur Disziplin der Geißel greifen, bis Gott sich meiner erbarme und mich aus der feindlichen Bedrängnis zöge. Er hoffe auch, Gott werde mich segnen und mich siegreich machen.

Ich war von diesem Vorschlag überrascht, da ich nicht mehr Kraft genug zu haben glaubte, die Geißel wieder zur Hand nehmen zu können. Da mir aber Gott großes Zutrauen zum Pater gewährte, entschied ich mich schließlich dafür, ihm zu gehorchen. Ich erhob mich also, so gut es ging, obwohl ich mich nur mühsam bewegen konnte. Ich schleppte mich hinten in den Garten, wo mich niemand sehen konnte, und geißelte mich eine Stunde lang. Aber ich bemerkte in meiner Seele keine Veränderung. Währenddessen verharrte der Pater im Sprechzimmer beim Gebet. Von Zeit zu Zeit fürchtete er, mir einen schlechten Rat erteilt zu haben und er überlegte, ob er mich nicht lieber holen lassen sollte, da ich vielleicht die Bußübung ins Extrem übertreibe. Doch der Herr hielt ihn zurück.

Als die Stunde um war, meinte ich, Unser Herr würde zufrieden sein, und ich könne nun umkehren. Beim Anziehen meines Gewandes kam mir aber der Gedanke, ich müsste doch noch dabei bleiben und vertrauensvoll meine Zuflucht zum heiligen Joseph nehmen. Ich fing also mit dem Kampf wieder von vorn an und schlug tapfer auf mich los.

Bald darauf hatte der Herr ein Einsehen mit meiner Beharrlichkeit und gab mir Erleichterung. Ich merkte, wie das Bedrückende aus meinem Kopf fortgenommen wurde und ich sah vor mir ein grausiges Ungeheuer gleich einem Drachen. Bei seinem Anblick erhob ich mich, redete mir Mut zu, und da ich die bluttriefende Geißel noch in der Hand hielt, stürzte ich darauf los und wollte es schlagen. Plötzlich war es verschwunden. Darnach blieb ich frei und meine Kräfte stellten sich wieder ein. Ich ging ins Sprechzimmer zurück, wo der Pater auf mich wartete. Er ließ mich über meine Stimmung Bericht erstatten. Ich erzählte alles, was geschehen war. So ging also dieser Kampf aus. Ich schied von ihm mit großem Frieden im Innern, und es schien mir, als bliebe der Teufel nun mein Sklave. Jede Nacht konnte ich mich in Freiheit dem Gebet widmen und Gott tröstete mich derartig, dass ich mich manchmal abends um neun Uhr in meinen Gebetsstuhl setzte und mich am nächsten Morgen um fünf Uhr noch darin wiederfand, als wäre seitdem nur eine Stunde verflossen.

Immer wenn ich mit dem Gebet begann, musste der Dämon aus meinem Kopf entweichen und mich mit Gott allein im Gespräch lassen. Wie ein schwarzer Hund kauerte er dann an meiner Seite nieder, ohne sich zu rühren. War das Gebet beendet, so zog er wieder in meinen Kopf ein und trieb dort, was ihm der Herr zu tun erlaubte.

Während dieser Zeit empfing ich viele Gnaden von Unseren Herrn. Ich war in meinem Glauben gefestigt und in meinem Inneren. Dieser Zustand dauerte sieben oder acht Tage an.

Damals geschah es, dass die Qualen, die Pater Surin

von den Dämonen zu erdulden hatte, so anwuchsen, dass Pater Jacquinot, der Provinzial, sich entschloss, ihn aus seinem Amt zu entfernen. Er setzte den Pater Resses an seine Stelle. Dieser Priester war ein frommer, sehr dienst-eifriger und geschickter Mann, der die Aufgabe mit gro-ßem Eifer in Angriff nahm und sie vortrefflich erledigte. Die Beschwörungen betrieb er mit großer Lebendigkeit, weil er überzeugt war, dass es den zahlreichen Zuschau-ern sehr nützen würde, wenn sie die Ehrerbietung mit ansehen, die Dämonen dem heiligen Sakrament erwiesen. Mehrere große Sünder bekehrten sich auch angesichts des Schauspiels. Ich selber hatte recht viel darunter zu leiden, teils weil meine schwache Gesundheit sehr bald dabei in Anspruch genommen wurde, und teils weil es die Süßig-keit meines Schlummerzustandes unterbrach.

Eines Tages war eine erlauchte Gesellschaft versammelt und der gute Pater fasste den Plan, zu ihrem geistlichen Heil eine Beschwörung zu veranstalten. Da ich mich ziemlich schwach fühlte, sagte ich zum Pater, eine Beschwörung würde mir eher schaden. Seine Vorgänger hätten sie jedenfalls bei solcher Stimmung nicht unter-nommen. Aber ich würde mich seinen Wünschen unter-werfen, da mir der Gehorsam über das eigene Leben ginge. Der Pater, dem die Beschwörung sehr wichtig war, sagte daraufhin, ich solle nur Mut fassen und auf Gott vertrauen. Worauf er die Beschwörung begann. Die Anstrengung war aber so groß, dass ich in eine tödliche Krankheit verfiel.

Dies geschah in der Nacht zum ersten Tag des Jahres 1637. Ich bekam starkes Fieber zusammen mit heftigen

Schmerzen in den Seiten. Ein Arzt namens Fanton wurde hinzugezogen. Er meinte, mein Leiden sei eine scheinbare Rippfellentzündung. Sie dauerte neun Tage mit ununterbrochenem Fieber. Dreimal wurde ich in dieser Zeit zur Ader gelassen und der genannte Arzt verordnete mir mehrere Arzneien. Zum Schluss erfolgte ein Blutabgang, der sieben oder acht Tage anhielt.

Danach war ich wieder völlig gesund bis zum 25. Tag dieses Monats, an dem ich abermals krank wurde. Der Pater hielt es für gut, wieder mit Beschwörungen zu beginnen. Doch ich litt danach unter heftigen Herzbeschwerden und Erbrechen. Dann traten Fieber und schmerzhaftes Stechen auf der rechten Seite auf und schließlich Erbrechen von Blut mit starker Brustbeklemmung.

Am 26. Tag dieses Monats wurde der Arzt Fanton wieder geholt. Er diagnostizierte jetzt eine richtige Rippenfellentzündung, ließ siebenmal zur Ader und verordnete verschiedene andere Mittel. Ich hatte davon kaum eine Erleichterung, die eine Stunde andauerte. Am vierten Tage dieser Krankheit fiel ich gegen sieben Uhr abends in eine große Schwäche und Gebrechlichkeit. Voran ging ihr die Vision eines Tieres oder vielmehr eines ganz grauenhaften und scheußlichen Ungeheuers. Es hatte gewaltige Klauen und ein gähnend offenes Maul, aus dem, wie auch aus den Augen, eine feurige Flamme züngelte. Überdies war es ganz in Feuer gehüllt. Dies Scheusal sprach zu mir mit deutlicher Stimme: „Verdammt bist du zum ewigen Höllenfeuer; ich warte nur, bis dass sich deine Seele vom Körper löst, um sie mit mir zu nehmen!"

Da packte mich eine sehr furchtbare Verzweiflung. Ich hatte gerade noch die Kraft, um ein Ergebenheitsgebet zu Gott emporzuschicken, und sprach dann in Gegenwart mehrerer Nonnen, die es hörten: „So geschehe denn Gottes Wille. Wenn es Ihm gefällt, will ich in die Hölle gehen. Ich bin bereit, Seinen Willen zu erfüllen, wenn ich nur Seinen Fluch nicht tragen muss und die Hölle ins Paradies verwandeln darf durch meine Lobgesänge an die göttliche Majestät!"

Die Vision hatte mir den äußersten Schrecken eingejagt und mich so niedergeschmettert, dass ich darauf in Ohnmacht fiel und über zwei Stunden mit andauernden Schwächeanfällen kämpfte. Man ließ meinen Exorzisten-Pater holen, der mir das heilige Sakrament auflegte. Danach fand ich Erleichterung, obgleich Fieber, Seitenschmerzen und Beklemmung noch anhielten. Sobald ich etwas Nahrung zu mir nahm, erbrach ich sie gleich wieder. Ich schlief auch fast überhaupt nicht.

In der Nacht zum Donnerstag, den 28. Januar, wurde ich von neun Uhr an von einer Stimme sehr beunruhigt, die in mir redete. Sie rief mir mein ganzes Leben in die Erinnerung zurück, von sechs Jahren an bis auf den damaligen Zeitpunkt; sie hielt mir alle meine Vergehen vor. Sie klagte mich auch wegen meiner Entgleisungen im Zustand der Besessenheit an, gleichsam als ob ich daran schuld gewesen sei.

Diese Worte riefen bei mir große Verzweiflung hervor. Ich erwiderte auf die Stimme mit einem vertrauensvollen Gebet zu Gott: „Unser Herr ist nur gütig und barmherzig. Die Fehler der Vergangenheit habe ich erkannt und habe mich in Seiner Gegenwart gedemütigt. Ich hoffe, Er wird sie mir verzeihen." Nach diesem Gebetsakt fand ich mich gegen vier Uhr morgens von der lästigen Stimme befreit. Mein Herz war voller Vertrauen zu Gott. Danach fühlte ich die Gegenwart meines Schutzengels. Die Namen Maria und Joseph, die auf meiner linken Hand verzeichnet standen, wurde auf wunderbare Weise aufgefrischt. Der Handschuh, den ich an dieser Hand trug, wurde mir abgezogen, ohne dass ich eine Erklärung dafür fand. Weder ich noch die Schwester Agnes, die damals zugegen war, haben den Vorgang wahrgenommen. Sofort fasste ich wieder stärkeres Zutrauen zu Gott, und es war mir wie eine Versicherung, dass ich an dieser Krankheit nicht sterben werde, obgleich meine Kräfte sehr geschwächt und das Leiden noch immer im Wachsen begriffen war.

Als mich Pater Bastide, einer der Exorzisten, aufsuchte, sagte ich zu ihm: „Die Menschen verurteilen mich zum Tode. Ich fühle mich in großer Not, aber ich glaube , dass ich noch nicht im Sterben liege. Deshalb bitte ich nicht um die letzte Ölung!"

An den beiden nächsten Tagen verschlimmerte sich meine Krankheit, und als am dritten Tag Herr Fanton seinen Besuch machte, bat ich ihn, mir seine ehrliche Meinung über die Sache zu sagen. Ich versicherte ihm, seine Auskunft würde mich keinesfalls erschrecken, da ich mich vollständig dem Willen Gottes untergeordnet hätte. Daraufhin sagte der Arzt zu mir: „Eure Krankheit ist tödlich und die Natur kann sich selbst nicht mehr helfen. Der Magen funktioniert nicht. Was Ihr Lust habt, könnt Ihr essen und trinken. Die Heilmittel und Nahrung, die ich

Euch verordnete, nützen Euch doch nichts mehr!" In der Nacht auf den Dienstag litt ich wieder die heftigsten Schmerzen. Dabei wurde mir plötzlich klar, dass ich an dieser Krankheit nicht sterben würde. Eine innere Stimme bestärkte mich hierin. Sie teilte mir mit, Gott habe mich in einen so gefährlichen Zustande gebracht, damit danach seine Macht richtig hervorscheint, wenn er mich von der Schwelle des Todes rettet und mir die Gesundheit wieder schenkt.

Als ich aber wahrnahm, dass alle meine Besucher der Ansicht waren, ich würde mich von dieser Krankheit nicht mehr erholen, fasste ich in der Nacht zum Donnerstag den Entschluss, um die letzte Ölung zu bitten und den Tod so zu erwarten, wie es den Kindern der Kirche geziemt. Gleichwohl wurde mein Vertrauen immer stärker. Ich bat also um die letzte Ölung und erhielt sie am siebenten Tage im Monat Februar. Um vier Uhr nachmittags holte man den Arzt. Als ich davon hörte, richtete ich folgendes Gebet an Gott: „Oh Herr, ich habe stets geglaubt, Du wolltest mich Deine Macht ahnen lassen und mich von dieser Krankheit heilen. Wenn diese Vermutung richtig ist, so versetze mich in einen solchen Zustand, dass mich der Arzt bei meinem Anblick für unfähig hält, noch irgend ein Medikament zu nehmen!"

Der Herr war so gütig, mein Gebet zu erhören. Denn als der Arzt kam und man das Gebet zur letzten Ölung begann, trat er an mein Bett und erklärte, ich benötige kein Medikament mehr und hätte nur noch eine oder höchstens zwei Stunden zu leben. Der kalte Schweiß brach aus meinem ganzen Körper aus, ich bekam Zuckungen und Krämpfe, fühlte eine Beklemmung und Anschwellung bald in der Kehle, bald im Magen, und eine große Menge von Schleim lief mir aus der Nase.

In diesem Zustand empfing ich das Sakrament der Letzten Ölung. Doch war mein Geist ganz frei und mit Gott vereinigt. Danach kam der kalte Schweiß wieder, auch die Zuckungen und Krämpfe. Auch das Fieber, die Beklemmung und der Schnupfen dauerten an. Eine gewisse innere Kraft, die mir ein wenig zuvor genommen worden war, hatte ich wieder. Ebenso empfand ich das Vertrauen, dass ich an dieser Krankheit nicht sterben würde. Ich erkannte die Gnade Gottes, die in mir tätig war, und bat meinen Beichtvater, er möge mich nicht allein lassen.

Um halb sieben Uhr abends verspürte ich das Bedürfnis nach Schlaf. Sogleich verlor ich jedes Gefühl der Körperlichkeit und konnte meine äußeren Sinne nicht gebrauchen. Die inneren Sinne behielt ich, die überhaupt immer bei mir frei blieben. Da hatte ich nun die Vision von einer großen Wolke, die das Bett, worauf ich lag, völlig einhüllte. Zur Rechten schaute ich meinen guten Engel in seltener Schönheit. Er hatte die Gestalt eines Jünglings von ungefähr achtzehn Jahren und lange, hellblonde Haare, die bis auf die rechte Schulter meines Beichtvaters herabhingen. Dieser Engel hatte ein schneeweißes Kleid an und hielt in der Hand eine weiße, ganz dicke und große Kerze, die sehr hell brannte.

Ich sah auch den heiligen Joseph in der Gestalt eines Mannes, mit einem Gesicht, heller als der Sonnenschein, und lang herabwallendem Haar. Sein Bart war kastanienbraun. Er erschien mir in überirdischer Majestät und legte

seine Hand auf meine rechte Seite, wo ich immer den großen Schmerz gespürt hatte. Mir kam es vor, als salbte er
mich an dieser Stelle, so dass ich meine äußeren Sinne
wiederkehren fühlte und mich vollständig geheilt fand.
Ich sprach zum Pater und zu den Nonnen, die im Zimmer
waren: „Ich bin nicht mehr krank; ich bin geheilt durch
die Gnade Gottes!"

Ich verlangte nun nach meinen Kleidern, erhob mich
sogleich aus dem Bett und trat vor das heilige Sakrament, um
Gott für meine Heilung zu danken. Ich sang mit den Nonnen
das „Herr, wir loben Dich" in Gegenwart zweier Jesuitenpatres. Ich bat, man möge Herrn Fanton und den Apotheker
holen, der mir die Arzneien bereitet hatte, damit sie sehen
würden, wie Gott in mir durch Seine Macht gewirkt hatte.

Als der Arzt ankam und mein Bett leer sah, fragte er,
wo man meine Leiche hingelegt hätte, weil er glaubte, ich
sei tot. Ich kniete gerade am Fenster meines Zimmers, das
dem heiligen Sakrament gegenüberliegt. Als ich den Arzt
reden hörte, stand ich auf, ging auf ihn zu und sagte: „Ich
bin geheilt, Herr Doktor; der heilige Joseph hat mich
besucht und geheilt!"

Der Mann war so überrascht, dass er fast auf den Rücken gefallen wäre. Als er wieder zu sich gekommen war,
fragte er, ob ich nicht irgendeine Krise oder Entleerung
gehabt hätte. Man sagte ihm, nein. Worauf er erwiderte,
weil er über das Wunder erstaunt war: „Die Macht Gottes
ist größer als unsere Heilmittel!" Trotz alledem bekehrte er
sich noch nicht und wollte uns auch nicht weiter behandeln.

Ich war nun fieberfrei und hatte kein Heilmittel mehr
nötig. Eine Masse Leute kamen zu mir zum Besuch. Zwei

Tage danach erinnerte ich mich, dass ich ja die Ölung, die mich heilte, nur mit dem Hemd abgewischt hatte. Ich ließ also die Subpriorin in mein Zimmer bitten und bat sie, die Stelle zu untersuchen, wo die Ölung stattgefunden hatte. Als wir nachsahen, verspürten wir beide einen wundervollen Geruch. Ich zog das Hemd aus und wir schnitten es in der Taille ab. Wir entdeckten nun in ihm fünf ziemlich große Tropfen jenes göttlichen Balsams, der einen herrlichen Geruch ausstrahlte. Man hielt es für angebracht, das Unterhemd zu waschen, mit dem ich die Ölung abwischte.

In der Besorgnis, dass die fünf aufgesogenen Balsamtropfen bei der Wäsche verschwinden könnten, traf man besondere Vorsichtsmaßregeln, damit die Stelle nichts von der Seife abbekommen würde. Indessen war sie hinterher genau so weiß und sauber, als wenn sie geseift worden wäre. Die fünf Tropfen hatten natürlich ihre gewöhnliche Färbung beibehalten. Als dieses Wunder bekannt wurde, ist es nicht möglich zu beschreiben, welche Verehrung das Volk diesem geweihten Öl entgegenbrachte und wie viele Wunder Gott dadurch bewirkte.

Das erste Wunder geschah an der Person der Frau von Laubardemont, die schwer krank in Tours darniederlag, weil sie von ihrem Kinde nicht entbunden werden konnte. Ihr Herr Gemahl war aufs Tiefste betrübt über ihren Zustand, und als er nun von meiner wunderbaren Heilung hörte, bat er Herrn von Morans, den Stellvertreter seiner Hochwürden von Poitiers, das Hemd mit den Öltropfen so schnell wie möglich nach Tours zu schaffen. Dieser Wunsch wurde erfüllt. Man legte es der Kranken auf, die binnen Kurzem von einem toten Kind entbunden wurde, das nach Ansicht der Ärzte bereits seit sieben oder acht Tagen verschieden war. Es bestand Grund zu der Besorgnis, dass die Mutter gleichfalls hätte sterben können. Deshalb schrieb man die Heilung der Reliquie zu.

Gott bewirkte noch mancherlei Wunder durch dieselbe Reliquie, worüber man ein ganzes Buch schreiben könnte. Doch würde diese Darstellung zu lang sein. An anderer Stelle sollen aber noch die bemerkenswertesten Wunder erwähnt werden.

Man befragte mich offiziell über diese Erscheinung des heiligen Josephs und dieser wunderbaren Heilung, die er an mir mit dem geweihten Balsam vollzog. Ich gab darauf vor Gott, dem Richter und mehreren hinzugezogenen Zeugen folgende Erklärung ab:

„Ich, Schwester Jeanne des Anges, Tochter des verstorbenen Herrn Louis Beclier, Barons von Coze, und der Frau Charlotte Goumart, Nonne der heiligen Ursula im Kloster zu Loudun und Oberin genannten Klosters, wohnhaft hier, zweiunddreißig Jahre alt, habe unter meinem Eid am 13. Februar 1637 dies ausgesagt und unterzeichnet."

Ich komme nun auf das zurück, was sich beim Abzug B e h e m o t s ereignete. Pater Resses fuhr fort, mich zu exorzisieren. Als er eines Tages dem Geist aus meinem Körper zu fahren befahl, gab dieser zur Antwort, er würde am Grab des Genfer Bischofs seinen Auszug aus meinem Körper vornehmen. Der Pater sagte darauf, er wünsche, dass er dann den Namen des Franziskus von Sales auf meine Hand schreibe. Dies versprach der Dämon auch zu tun.

Pater Surin war auf Befehl seiner Oberen nach Bordeaux gegangen. Die Dämonen verfolgten ihn in seltsamer Weise und fügten ihm viel Leid zu. So gut er konnte, verheimlichte er diese Tätigkeit der Teufel, ließ nicht ab, zum Ruhm Gottes zu arbeiten, hielt sich im Beichtstuhl auf und predigte auch. So berief ihn Seine Hochwürden, der Bischof von Bazas, zur Abhaltung der Predigten am Fronleichnamstag.

Obgleich dieser Pater durch seine Entfernung aus Loudun keinerlei Erleichterung seiner Qualen gefunden hatte, wurde er auf die Bitte unserer Gemeinschaft von seinen Vorgesetzten doch wieder zurückgeschickt. Er hoffte, der Herr würde sein Werk segnen und ihn wegen meiner Person vollenden lassen, was er so glücklich begonnen hatte. Er kam also nach Loudun, sehr abgespannt, doch voller Gottvertrauen.

Herr von Laubardemont hatte sich von Paris nach Loudun begeben und wartete hier auf den Pater in der Hoffnung, dass der Dämon bei der ersten Beschwörung ausfahren werde. Gleich nach seiner Ankunft in Loudun begann der Pater mit der Beschwörung. Er fand den Dämon sehr gehorsam allen Befehlen der Kirche gegenüber, auch sehr ehrerbietig in allem, was den Kult des heiligen Sakraments und die Anbetung der Heiligtümer betraf. Als ihn der Pater aber zum Abzug drängte, bestand er auf seiner Erklärung, er habe Befehl, nur am Grab des Genfer Bischofs Franziskus von Sales auszufahren.

Der Pater führte darüber ein Gespräch mit dem Herrn von Laubardemont und meinte, es handele sich hier offenbar um einen Befehl Gottes, den kein anderer als Gott ändern könne. Er schrieb auch an den Provinzial. Der Herr Stellvertreter gab die Mitteilung an Seine Hochwürden, den Bischof von Poitiers, mit der Bemerkung weiter, der einzige Weg, um die Geschichte zu Ende zu bringen, sei offensichtlich noch die Reise nach Savoyen. Die Herrschaften konnten sich aber dieser Meinung nicht anzuschließen. Der Pater behandelte also meine Seele weiter und ließ mich die Tugenden üben, weil er sich hiervon immer noch mehr als von den sonstigen Anstrengungen versprach.

Am Tag von Mariä Himmelfahrt gab ich mich nach dem Abendmahl der Erbauung hin und vernahm dabei eine innere Stimme, die zu mir sprach: „Wenn die Menschen sich den von Gott zu deiner Erlösung angewiesenen Mitteln widersetzen, so sollt ihr beide, Pater Surin und du, geloben, dass ihr zusammen das Grabmahl des hochwürdigen Bischofs von Genf aufsuchen wollt. In Loudun könnt ihr nicht erlöst werden! Euere Arbeit hat hier ein Ende! Sag das deinem Pater!"

Ich versäumte es nicht, ihm über alles Bericht zu erstatten. Er hielt es seinerseits für gut, seinen Oberen davon Mitteilung zu machen. Er wandte sich also an den Provinzial, und ich schrieb an Hochwürden von Poitiers und an den Herrn von Laubardemont. Alle billigten den Plan und machten uns Hoffnung, dass sie die notwendige Reiseerlaubnis erteilen würden.

Der Entschluss zu dem Gelübde stand also fest. Als Termin wurde der 7. September bestimmt, der Tag der Wundmale des heiligen Franziskus. Das Gelübde wurde vom Pater und mir in unserer Kapelle vor dem heiligen Sakrament abgelegt.

Ungefähr um den 10. Oktober herum hatte ich das Gefühl, ich sollte eine innere Einkehr veranstalten. Ich tat dies nun und der Pater unterließ während der Zeit die Beschwörungen. Man hatte von dem Dämon gefordert, er solle zum Zeichen des Abzugs meinen Körper in die Luft erheben. Er hatte aber beständig dagegen protestiert, weil ihm schon einmal ein anderes Zeichen aufgetragen worden sei, nämlich auf meine Hand die Namen Jesus und Franziskus von Sales zu schreiben, und er deshalb nicht verpflichtet sei, meinen Körper in der Luft schweben zu lassen.

Am Tag der heiligen Therese, dem siebzehnten desselben Monats, brachte Pater Surin nach der Messe, obwohl er sehr leidend war, das heilige Sakrament an das kleine Fenster des Gitters, um mir das Abendmahl zu reichen. Als er nun die Worte sprach „Der Körper des Herrn Jesu Christi", wurde ich außerordentlich gepeinigt. Ich bekam eine wütende Verrenkung, die mich hinten überbog und mein Gesicht war schrecklich verzerrt. In demselben Augenblick sah der Pater deutlich, wie auf meiner Hand der Name Jesu entstand, oberhalb der Namen Maria und Joseph, in schönen blutroten Buchstaben. Darauf entstand der Name Franziskus von Sales, ohne dass es der Pater bemerkte. Einige Nonnen, die in der Nähe waren, sahen, wie er sich bildete. Dabei muss bemerkt werden, dass der Name Joseph von Baalam zuerst ganz oben auf die Hand geschrieben wurde. Dann wanderte er aber allmählich herab, machte dem von Isaakaaron gezeichneten Namen Maria Platz, und diese beiden Namen rückten dann wieder nach unten und machten Platz für den Namen Jesu, der von Behemot aufgeschrieben wurde.

Nachdem der Dämon ausgefahren war, empfing ich den Leib des Herrn, und seit der Zeit bin ich von allen Einwirkungen der Dämonen frei geblieben.

Ich muss gestehen, dass der Dämon, als er mir die erwähnte Verrenkung antat, auch in meinem Geist eine lebhafte Vorstellung von der Strafe der Verdammnis erzeugte, und so kam es mir vor, als sei ich in der Tat eine verdammte Seele. Ich hatte die machtvolle Idee Jesu Christi, wie er als Gott, als Richter und als mein erbitterter Feind vor mir stand. Ich fühlte seinen Zornesausbruch und war von seinem Unwillen so furchtbar geschlagen, dass mir die Hölle wünschenswerter erschien als die Gegenwart meines Richters.

Dieser Eindruck ging aber bald vorüber. Denn als der Dämon gezwungenermaßen meinen Leib verließ, verwischte sich auch dieser Gedanke. Ich spürte plötzlich ein Gefühl des Vertrauens und eine Friedensstimmung und empfing in dieser das heilige Abendmahl. Doch blieb mir ein sehr lebhafter und tiefer Eindruck von dem entsetzlichen Jammer der Kreatur, die von Gott verdammt wird und von Seinem Angesicht verwiesen wird.

Man wird gern wissen wollen, auf welche Art und Weise sich denn die Namen Jesus, Maria und Joseph auf meiner Hand von Zeit zu Zeit immer wieder erneuern. Sie verlöschen allmählich. Aber an den Tagen, wo sie erneuert werden, werden sie hochrot und durchscheinend.

Die Auffrischung geschieht durch meinen guten Engel. Was mich zu diesem Glauben veranlasst, ist Folgendes:

Es ereignet sich gewöhnlich am Vorabend der großen Feste, oder nachts, wenn ich im Gebet liege, oder am Feiertag selber, wenn ich zum Tisch des Herrn gehe. Mein Geist ist alsdann auf Gott gerichtet und meine Seele empfängt innere Tröstung.

Äußerlich ist die Wirkung wundersüß. Ich fühle eine Art Ameisenlaufen in der Hand, aber doch ganz sanft. Manchmal nimmt mir mein heiliger Engel ganz offensichtlich den Handschuh fort, den ich in der Hand halte. Nicht dass ich sehen würde, wie der Handschuh fortgenommen wird. Aber ich bemerke dann, dass er fortgenommen ist. Es passierte einmal, dass eine von uns Nonnen, die Agnes heißt, dabei war, wie mein heiliger Engel die Schriftzüge erneuerte. Als sie merkte, wie mir der Handschuh fortgenommen wurde, legte sie ihre Wange auf die Hand und fühlte das erwähnte leise Ameisenlaufen. Als sie darauf meine Hand näher betrachtete, erkannte sie, dass die Buchstaben erneuert und sehr schön und hochrot waren.

Zuweilen kommt es vor, dass sich bei der Erneuerung der Buchstaben sehr angenehme Düfte verbreiten, nicht bloß im Chor der Kirche, sondern manchmal auch im ganzen Hause.

Die Buchstaben selber sind duftgetränkt und riechen ähnlich süß wie die Ölung; was den Personen, die den Geruch wahrnehmen, viel Verehrung einflößt und sie überzeugt sein lässt, dass die Auffrischung durch göttliche Kraft erfolge.

Der Pater Surin war nun also mit seinem Vorhaben zu Ende gekommen, indem er Behemot, den letzten der mich besitzenden Dämonen, verjagte. Er kehrte darauf auf Befehl des Paters Provinzial nach Bordeaux zurück und

hatte dort ständig Nachstellungen von den Dämonen aus-
zuhalten. Ich werde in der Folge einige Umstände berichten, die auf meinen eigenen Zustand Bezug haben.

Jetzt will ich erzählen, was sich auf der Reise zutrug,
die ich nach Annecy zum Grab des glückseligen Franziskus von Sales machte.

Ich fühlte mich innerlich genötigt, das Gelübde, das
wir getan hatten, auch auszuführen und nach Annecy
zum Grab des glückseligen Franziskus von Sales zu wal-
len. Ich nahm meine Zuflucht zu Pater Jacquinot, dem
Provinzial, um von ihm die nötige Erlaubnis zu erlangen,
dass sich Pater Surin dorthin begeben dürfe, um sich mit
mir zu treffen.

Ich wandte mich auch meinerseits an Seine Hochwürden, den Bischof von Poitiers, um von Amts wegen Urlaub
zu erhalten. Nach Bewilligung desselben brach ich am
Montag, dem 26. April 1638, in Begleitung zweier Nonnen
und unseres Beichtvaters Morans von Loudun auf.

Wir kamen durch Chinon und wurden dort von den
Nonnen unseres Instituts sehr freundlich aufgenommen.

Auf Einladung der Nonnen von Le Relay, vom Orden
von Fontevrault, kehrten wir dann bei diesen ein und
kamen am Abend in Tours an.

Wir stiegen dort bei unseren Ursulinerinnen ab und
wurden sehr ehrenwert aufgenommen. Ich hatte sie von
unserer Abreise benachrichtigt und sie gebeten, uns für
den zweiten Tag nach unserer Ankunft Plätze in dem nach
Paris abgehenden Wagen zu bestellen. Sie machten dies
aber nicht, um uns länger in ihrem Hause festzuhalten.

Gleich nach unserer Ankunft in Tours feierten wir frühmorgens unsere Andacht am Grab des heiligen Franziskus von Paule. Nach Tisch besuchte Ehrwürden von Morans Seine Hochwürden, den Erzbischof, und bat um dessen Segen für uns.

Dieser Prälat sandte gegen Abend einen seiner Beamten zu mir und ließ mich zu sich bitten. Folgenden Tags schickte er einen seiner Bediensteten mit dem Wagen, um mich zum Erzbischof abzuholen. Wir setzten uns hinein und fuhren zur Audienz. Er empfing uns mit außerordentlicher Güte.

Als er mich so ganz frei und in guter Gesundheit vor sich sah, war er aufs Äußerste überrascht. Denn er erinnerte sich noch genau an den Zustand, in dem er mich vier Jahre zuvor in Loudun gesehen hatte, als ich noch dem Teufel als Spielzeug diente. Mehrere hochrangige Personen befanden sich noch im Saale, unter anderem Seine Hochwürden, der Bischof von Boulogne, der Neffe des Erzbischofs. Der Herr Präsident Cottreau, einer der Richter, die Grandier verurteilt hatten, befand sich auch dort. Alle bewunderten die Namen, die auf meiner Hand standen. Man wollte von mir wissen, wie denn die Dämonen auf die geistigen Fähigkeiten der Seele einwirken, wenn sie einen Körper besitzen. Infolge der Achtung, die ich dem Willen des Erzbischofs schuldete, fühlte ich mich veranlasst, einige Erklärungen darüber abzugeben. Seine Hochwürden ließ mir hierauf mehrere Fragen durch den Pater Grandami, den Rektor der Jesuitenkollegien, vorlegen. Ich versuchte, sie hinreichend zu beantworten, und die Gesellschaft schien von meinen Antworten befriedigt zu sein.

Seine Hochwürden wünschte auch, dass zwei Ärzte die Namen auf meiner Hand genau in Augenschein nehmen sollten.

Das Gerücht von der Aufprägung der Namenszüge hatte sich in der ganzen Stadt verbreitet und das Volk lief in großer Zahl herbei, um sie zu sehen. Dies hatte zur Folge, dass täglich vier- bis fünftausend Personen kamen, um sie zu betrachten.

Dienstag, den 30. April, brachte der Pater Grandami die zwei oben genannten Ärzte, dazu noch einen dritten, in das Sprechzimmer der Ursulinerinnen mit, um die Namenszüge prüfen zu lassen. Sie taten dies mit aller möglichen Genauigkeit. Auch legten sie mir eine große Anzahl von Fragen über den Ursprung der Schriftzüge vor. Sie forschten danach, wer sie gemacht habe, wann sie aufgetreten seien, durch welche Mittel, an welchem Ort, in Gegenwart wessen und mit welcher Absicht. Sie studierten aufmerksam die Gestalt und Schönheit der Züge, die auf der Haut meiner Hand so gut hervortraten. Sie fragten auch, wer sie denn in dieser Form erhielte, weshalb sie erblassen und schwächer und die Erneuerung der Namen kommen würde. Ferner, woher es käme, dass der Name Jesu, der über den vier anderen Namen stand, viel größere Buchstaben aufweise als der Name von Maria. Dieser habe aber wieder größere Buchstaben als der von Joseph; dieser wieder größere als der des Franziskus von Sales. Sie fragten auch noch, wer ihnen denn die lebhafte Färbung beibringe.

Nachdem ich ihnen Rede und Antwort gestanden und sie untereinander beraten hatten, verkündeten sie als

Ergebnis, der wundersame Effekt, der in der Prägung dieser Namenszüge zur Geltung käme, könne weder einer natürlichen Kraft noch menschlicher Erfindung beigemessen werden; vielmehr müsse man ihn einer überirdischen Ursache zuschreiben.

Auch schlug noch jemand vor, die Schriftzüge mit Wasser zu waschen. Aber die drei Ärzte versicherten, Wasser würde die Namen in keiner Weise auslöschen.

Als diese Probe in der Stadt bekannt wurde, erhitzte sich die Stimmung und die Neugier des Volkes nur noch mehr. Es strömte in noch größerer Zahl als vorher zusammen, so dass an den folgenden Tagen bis siebentausend Personen täglich zum Kloster kamen.

Hervorzuheben ist, dass sich unter den drei Ärzten, die die Prüfung vornahmen, einer namens Toutlieu befand, der angeblich der reformierten Religion angehörte und der die Meinung der anderen Ärzte teilte.

Dienstag, den 4. Mai, wurden die Namen, die ich auf der Hand trug, erneuert, während sich die Nonnen, im ganzen etwa sechzig, in den Chor zum Abendmahl gingen. Einige Tage zuvor waren sie eingetrocknet, halb verlöscht, abgeblasst und wie weggekratzt gewesen. Nun wurden sie wieder schön, strahlend und hochrot, wie das erste Mal, als sie aufgedrückt wurden.

Am fünften Mai begehrte Seine Hoheit, der Herzog von Orleans, der Bruder König Ludwigs XIII., der von dem Neudruck in Kenntnis gesetzt worden war, die Sache selber in Augenschein zu nehmen.

Als Seine Hochwürden der Erzbischof davon hörte, sandte er einen seiner Bediensteten mit einem Wagen, um mich davon zu benachrichtigen und mich nach der erzbischöflichen Residenz zu holen. Ich fuhr dorthin. Der Herzog von Orleans kam mir bis zur Tür des Saales entgegen. Er erwies mir viel Aufmerksamkeit, wünschte mir Glück zu meiner Befreiung und sagte: „Ich war früher auch in Loudun. Die Teufel in Ihnen machten mir riesige Angst. Ich bin dadurch von meiner Gewohnheit zu fluchen geheilt worden, und da habe ich auch den Entschluss gefasst, ein verständiger Mensch zu werden. Davon war bis jetzt nicht viel bei mir die Rede!"

Er stellte mir dann mehrere Fragen in Bezug auf die Besessenheit und er wollte meine Hand sehen, wo die geweihten Namen standen. Sie waren eben erst aufgefrischt worden. Er war nun über dieses Wunder außerordentlich erstaunt. Er nahm meine Hand, betrachtete sie aufmerksam, rief seinen Arzt, Herrn Pallu, und fragte ihn, was man zu einem so außergewöhnlichen und offenbaren Wunder sagen solle. Der Arzt erwiderte, es sei ein Werk, an dem weder natürliche Kraft noch menschliche Kunstgriffe Anteil hätten.

Donnerstag, den 6. Mai, reisten wir von Tours ab. Eine Dame von Stand, die Frau eines Parlamentsrates namens Tronchet, nahm im Wagen mit uns Platz und hielt uns unterwegs frei.

Wir übernachteten in Amboise bei unseren Ursulinerinnen. Das Volk strömte in Mengen herbei, um die Namenszüge zu schauen. Man musste das Sprechzimmer bis elf Uhr nachts geöffnet halten. Einige Leute kletterten über die Mauer in den Garten. Ich musste zu ihnen gehen und meine Hand betrachten lassen. Freitag, den 8. Mai, speisten wir in Blois zu Mittag. Wir blieben in der Gastwirtschaft, weil der Kutscher sich weigerte, uns zu unseren Ordensschwestern zu fahren, und da wurden die Gasthaustüren von den Leuten, die meine Hand sehen wollten, eingedrückt.

Sonnabend wohnten wir der Messe und dem Abendmahl in Nostre Dame de Clery bei und übernachteten in Orleans bei unseren Schwestern.

Seine Hochwürden, der Bischof von Orleans, hatte Befehl erteilt, ihn von unserer Ankunft zu benachrichtigen. Als er die Mitteilung erhielt, begab er sich sogleich in Begleitung einer großen Anzahl der angesehensten Leute der Stadt ins Kloster. Er legte mir mehrere Fragen über die Ereignisse während meiner Besessenheit vor. Auch einige von seinen Begleitern richteten Fragen an mich, um zu sehen, ob ich mir widersprechen würde. Der Herr gewährte mir die Gnade, dass ich korrekt antwortete.

Als sie die Zeichen sahen, die ich auf der Hand trug, waren sie sehr erstaunt und überzeugten sich, dass hier weder Menschenwerk noch Einbildungskraft im Spiel sei. Seine Hochwürden der Bischof betrachtete die heiligen Namen sehr aufmerksam und rief mehrfach aus: „Das Werk Gottes darf nicht verborgen bleiben; man muss das Volk zufriedenstellen!" Er ordnete darauf an, ich solle mich am Gitter aufhalten, das Volk aber solle man ins Sprechzimmer eintreten lassen.

Die Nonnen der Heimsuchung Maria schickten ihren Beichtvater und ließen um meinen Besuch bitten, vorausgesetzt Seine Hochwürden der Bischof würde zustimmen. Dieser gab seine Einwilligung und schickte mir einen

Wagen, um mich hinzubringen. Es gab einen so großen Andrang von Menschen, die herbeiliefen, um meine Hand zu sehen, dass die Tore des Klosters erst um elf Uhr abends geschlossen werden konnten. Montag, den 10. Mai, kam Herr von Laubardemont mit der Eilkutsche aus Paris an, um uns dorthin zu geleiten. Seine Ankunft war uns ein rechter Trost. Denn er hatte uns immer sein väterliches Wohlwollen gezeigt, sowohl in Loudun als auch in Paris und anderswo.

In Paris kamen wir Dienstag, den 11. Mai, in der Kutsche des Herrn von Laubardemont an. Zuerst gingen wir zur Nostre-Dame-Kirche, hörten dort die Messe und nahmen das Abendmahl. Wir stellten uns auch von Neuem unter den Schutz der Heiligen Jungfrau.

Unsere Ursulinerinnen und mehrere andere religiöse Gemeinschaften boten uns sehr freundlich ihr Haus an und waren bemüht, uns als Gäste zu bekommen. Doch wollte uns Herr von Laubardemont in seinem Haus haben und man fand dies auch passend. Er erhielt von Seiner Hochwürden, dem Erzbischof von Paris, die Erlaubnis, an einem sehr dezenten und passend gelegenen Ort seines Hauses einen Altar zu errichten und dort die heilige Messe zu feiern, damit wir unsere Andachtsübungen ausführen könnten, ohne Gesellschaft oder gestört zu werden.

Donnerstag, den 13. Mai, am Himmelfahrtstag, erneuerten sich meine Namenszüge wiederum durch die besondere Gnade Gottes. Kaum sprach sich das herum, so kam eine große Anzahl vornehmer Leute, die mit Herrn von Laubardemont befreundet waren, bei mir zu Besuch:

Staatsräte, vortragende Räte, Doktoren der Sorbonne, Nonnen aller Orden, mehrere Ärzte usw. Die Herrschaften besahen sich die Schriftzüge sehr aufmerksam und hatten eine unterschiedliche Meinung, die einen für, die anderen dagegen. Ich musste alle ihre Reden über mich ergehen lassen und benötigte große Geduld, um nicht die Geduld zu verlieren.

Die Schwestern von der Heimsuchung Maria ließen mich dann um meinen Besuch bitten. Ich entschuldigte mich aber mit der Entscheidung, die gemeinsam mit Herrn von Laubardemont gefasst worden war, dass ich seine Wohnung nicht verlassen und niemanden in Paris besuchen sollte, weil der König, die Königin und der Herr Kardinal von Richelieu verreist waren. Außerdem wünschten wir vorher noch den Segen Seiner Hochwürden, des Erzbischofs von Paris, zu bekommen, was vor zehn Tagen nach unserer Ankunft nicht geschehen konnte.

Montag, den 17. Mai, erkrankte ich an einem starken Säfteerguss, der drei Tage lang anhielt und so heftig war, dass Herr Infuns, ein berühmter Arzt, erklärte, wenn er noch länger anhielte, so würde ich daran sterben. Dieser Arzt aber heilte mich bald. In diesen drei Tagen erhielt ich öfters Besuch von Ihren Hoheiten, dem Herzog von Chevreuse und dem Prinzen von Guemenee, sowie von anderen Personen von Range.

Alsbald nach meiner Gesundung gab es einen solchen Zulauf von Volk, das sich herandrängte, um mich zu sehen, dass sich die Wohnung des Herrn von Laubardemont als zu klein erwies, um so viel Gesellschaft zu fassen. Man hat berechnet, dass mich seit meines Pariser

Aufenthaltes täglich mehr als zwanzigtausend Menschen besuchten. Besonders peinlich war dabei, dass die Leute nicht damit zufrieden waren, meine Hand mit den geweihten Namen zu besichtigen, sondern dass sie mir unzählige Fragen vorlegten, wie das denn mit der Besessenheit und mit der Austreibung der Dämonen gewesen sei. Wir waren also genötigt, einen Prospekt drucken zu lassen, in dem man das Publikum über die wichtigsten Ereignisse beim Ein- und Abzug der Dämonen und über die Aufprägung der heiligen Namen auf meine Hand orientierte.

Herr von Laubardemont begab sich drei- oder viermal zur erzbischöflichen Residenz, überbrachte Seiner Hochwürden dem Erzbischof unsere ehrerbietige Empfehlung und bat um die Erteilung seines Segens. Er traf ihn aber nie persönlich an. Deshalb fuhr er am Pfingsttag nach der Nostre-Dame-Kirche, begrüßte hier Seine Hochwürden in unserem Namen nach Beendigung des Hochamts und bat um seinen Segen für uns, indem er ihn anflehte, er möge doch eine Stunde angeben, in der wir ihm persönlich unsere pflichtgemäße Ehrerbietung zeigen dürften. Der Prälat gewährte nun eine Zusammenkunft auf drei Uhr nachmittags nach der Vesper.

Wir begaben uns in die Nostre-Dame-Kirche, wohnten der Vesper bei und wurden dann von Herrn von Laubardemont zur erzbischöflichen Residenz gebracht.

Demütig warfen wir uns vor dem Prälaten nieder und flehten ihn um seinen Segen an. Er nahm uns sehr huldvoll auf und verlangte die heiligen Namen zu sehen, die auf meiner Hand standen. Er bewunderte sie, zeigte sie allen Umstehenden und sagte ganz laut: „Was zum Ruhm Gottes dient, darf nicht in der Verborgenheit bleiben!" Er stellte mir nun mehrere Fragen bezüglich der Besessenheit und der Tätigkeit der Teufel sowohl auf seelischem wie körperlichem Gebiet; sprach auch von Grandier, bot mir zum Schluss seine Unterstützung an und geleitete uns recht weltmännisch bis an den Wagen.

Am folgenden Tag, dem 24. Mai, verbreitete sich in Paris das Gerücht von den Vorgängen in der erzbischöflichen Residenz, von dem huldvollen Empfang, den Seine Hochwürden uns hatte zuteil werden lassen, und von dem, was er zu mir gesprochen hatte. Darauf versammelte sich das Volk noch mehr, um mich zu sehen. Dies hatte zur Folge, dass man mich von vier Uhr morgens bis zehn Uhr abends mit Fackelbeleuchtung öffentlich zur Schau stellen musste. Man setzte mich in ein Zimmer im Erdgeschoss, wo ungefähr in Mannshöhe ein Fenster auf den Hof des Gebäudes hinausging. Ich saß und hielt meinen Arm auf einem Kissen, so dass die Hand zum Fenster hinausbaumelte und vom Volke betrachtet werden konnte. Hochrangige Personen konnten nicht in das Zimmer gelangen, weil das Volk alle Zugänge versperrte. Man ließ mir nicht einmal Zeit, die Messe zu hören oder meine Mahlzeiten einzunehmen. Überdies war es außerordentlich heiß und die Menschenmenge machte die Hitze noch viel drückender, so dass mir schwach wurde und ich sogar ohnmächtig auf die Fliesen niedersank.

Seine Hochwürden, der Kardinal von Richelieu, war immer unser Beschützer gewesen und hatte uns während der Besessenheit vorzügliche Dienste erwiesen. Bei unse-

Richelieu

rer Ankunft in Paris war er gerade abwesend. Als er jetzt von uns hörte, ließ er aus Compiege, wo er war, uns mitteilen, wir sollten ja nicht abreisen, sondern auf ihn warten.

Sobald Herr von Laubardemont erfuhr, er sei zurück und habe sich auf sein Besitztum in Ruel dicht bei Paris begeben, suchte er ihn am Dienstag nach Pfingsten auf, überbrachte ihm unsere untertänigste Empfehlung und bat um seinen Segen für uns.

Der Prälat zeigte viel Freude über die Nachricht, verlangte sehr, uns zu sehen, und versicherte, er würde uns übermorgen Audienz gewähren.

Herr von Laubardemont brachte uns an diesem festgesetzten Tag hin. Seine Hochwürden der Kardinal war gerade zur Ader gelassen worden. Alle Tore des Schlosses in Ruel waren daher gesperrt, selbst für Bischöfe und Marschälle von Frankreich. Wir indessen wurden sogleich ins Vorzimmer eingelassen, obwohl er sich im Bett befand. Er befahl einem Edelmann und seinem Leibarzt, uns zu empfangen, um uns in seinem Namen zu begrüßen.

Auf seinen Befehl geleitete man uns in ein Zimmer, wo der Tisch bereits gedeckt stand. Es war prächtig und wir wurden von seinen Pagen bedient. Gegen das Ende der Mahlzeit ließ Seine Hochwürden der Kardinal Herrn von Laubardemont bitten und fragte ihn, ob es nicht indezent wäre, wenn er uns im Bett begrüße. Er fürchte, es könne uns peinlich sein. Herr von Laubardemont sagte aber nein und holte uns.

Wir traten dicht ans Bett und ließen uns zur Entgegennahme seines Segens aufs Knie nieder. Ich blieb auch beim Sprechen in dieser Stellung. Aber er wollte dies nicht und versicherte, er könne das nicht dulden. Diese Diskussion dauerte eine geraume Weile. Schließlich aber musste ich gehorchen und auf einem Sessel Platz nehmen, worin er mich niedersitzen ließ.

Seine Hochwürden der Kardinal begann nun die Unterhaltung damit, dass er sagte, ich sei Gott zu außerordentlichem Dank verpflichtet, dass er mich in diesem jammervollen Zeitalter auserwählt hätte, zu Seinem Ruhm, zur Ehre der Kirche, zur Bekehrung mehrerer Seelen und zur allgemeinen Verwirrung der Bösen zu dienen. Er bemerkte dann weiter, für mich sei es ein großes Glück, dass ich zu diesem Zweck alle Schande, Schmach, Anwürfe, Anklagen, Verleumdungen, überhaupt alle Einwirkungen der Dämonen seit nunmehr einigen Jahren erdulden musste.

Ich erwiderte Seiner Eminenz, er sei uns Vater, Mutter, Ernährer, Schutzherr und überhaupt ein und alles gewesen, während hingegen die ganze Welt uns im Stich ließ, uns als irrsinnig, lügnerisch und boshaft hinstellte.

Seine Eminenz antwortete darauf: „Ich bin Gott sehr verpflichtet, dass er mich eure Unschuld erkennen ließ inmitten dieser Wetterwolken von Verleumdung, die auf euch lasteten, und dass Er mir den Willen und die Mittel gab, euch wohlzutun; ich gebe euch die Versicherung, dass ich auch weiter stets an euch denken werde!"

Er tröstete mich dann über die lange Dauer der Leiden,

die ich zu erdulden hatte, und sagte: „Es ist ein Schlag aus der Hand der besonderen Vorsehung Gottes, der durch all die Geschehnisse die von den Dämonen Gequälten heiligen wollte. Ja, es geschah selbst zum allgemeinen Wohl Frankreichs, das gewaltigen Nutzen davon hat!"

Der Prälat brachte alles dies mit hinreißender Güte und Sanftheit vor. Er fügte noch hinzu: „Als mir Seine Hochwürden Mylord Montaigu vor zwei Jahren hinterbrachte, er sei selber dabei gewesen, wie der Name Maria auf eure Hand geschrieben wurde, und dass er sogar die Finger eurer Hand in seiner hielt. Da ermutigte mich das Zeugnis dieses englischen Edelmannes, wie ich gestehen will, ganz besonders zu dem Plan, die armen, vom Teufel und der Menschheit verfolgten Nonnen von Loudun unter meinen Schirm und Schutz zu nehmen!" Der Prälat sagte auch noch: „Es bedarf absolut keiner besseren Proben mehr, dass die Besessenheit wahr gewesen ist, als die Erneuerung dieser heiligen Namen, die so auffällig vor sich geht und jedes Mal von Gott nach Seinem Ermessen bewerkstelligt wird. Dies ist ein ganz untrügliches Zeichen von der Wirklichkeit der Besessenheit und von den erhabenen Absichten, die Gott dabei hatte!" Dann wandte er sich an Herrn Citoys, seinen Arzt, und fragte nach seiner Meinung. Dieser erwiderte: „Gnädiger Herr, nach meinem Gefühl liegt in der Aufprägung der Namen auf der Hand der Frau Oberin nichts, was von der Natur oder menschlichem Fleiß geschaffen sein könnte!"

Seine Hochwürden der Kardinal bat mich darauf näher heran, um meine Hand dicht dabei zu betrachten. Als er sie mit großer Aufmerksamkeit angesehen hatte, sprach er

diese Worte: „Das ist doch wunderbar!" Danach wünschte er einen Bericht über die Nonnen, die ich in Loudun
zurückgelassen hatte. Ich sagte, sie seien jetzt nicht mehr
besessen und ganz friedfertig. Es sei dies ein Erfolg der
Güte Gottes und der Macht, die Er der Kirche über die
Dämonen gegeben hatte.

Schließlich bat ich Seine Eminenz sehr demütig um
Fortsetzung seines Schutzes und seiner Wohltaten zur
Unterstützung unserer Gemeinschaft. Ich versicherte ihm,
wir würden unsere Gelübde und Gebete fortsetzen und
den Segen des Himmels auf sein Haupt herabflehen.

Der Herr Kardinal sagte auch, er sei sehr erfreut gewesen, den Pater Surin zu sehen.

Herr von Laubardemont ergriff darauf das Wort und
sprach von der Ölung, die der heilige Joseph an mir zu
meiner Heilung vollzogen hatte. Das Stück Hemd, auf
dem die besagte Ölung geschehen war, wurde hervorge-
holt. Der Kardinal war bei seinem Anblick sehr gerührt
und brachte seine Verehrung dadurch zum Ausdruck,
dass er trotz seiner Krankheit sein Haupt entblößte, bevor
er es in die Hand nahm, daran roch und es zweimal küsste mit den Worten: „Es riecht wirklich gut!" Er ließ ein
Reliquienkästchen damit berühren, das er an seinem Kopf-
kissen hatte. Während er dies Hemd voll Bewunderung
und Ehrfurcht in Händen hielt, musste ich ihm erzählen,
auf welche Art und Weise ich durch die Macht des heiligen
Josephs und das Auftragen des Öls gesund wurde.

Er lud mich dann ein, sein Haus in Ruel zu besuchen.
Wir warfen uns der Eminenz zu Füßen, um ein zweites
Mal ihren Segen zu erhalten; er sagte dabei: „Stürzt euch

nicht in Unkosten wegen der Reise; ich will schon dafür sorgen und euch beistehen!" Nächsten Morgen früh sandte er uns auch einen Edelmann und ließ uns fünfhundert Taler aushändigen.

Seine Eminenz bedankte sich noch bei Herrn von Morans und Herrn von Laubardemont für die Fürsorge, die sie unserer Gemeinschaft zuteil werden ließen. Dann

Ludwig XIV.

gab er uns seinen Segen und sprach: „Betet für mich zu Gott, dass er mich ebenso segne, wie ich es jetzt euch tue!"

Als wir das Zimmer des Herrn Kardinals verlassen hatten, ließ er Herr von Morans zu sich bitten. Er sagte ihm, er sei ihm sehr verpflichtet für den uns erwiesenen Beistand, bat ihn, darin fortzufahren und bot ihm seine Dienste an.

Einige Hofleute schlugen dem Herrn Kardinal vor, er solle meine Hand in einen Handschuh stecken und diesen mit einem Siegel versiegeln. Er lehnte das aber mit den Worten ab: „Man müsste verrückt oder ruchlos sein, wenn man noch an der Wahrheit dessen, was wir sahen, zweifeln wollte. Auf solchen Vorschlag eingehen, hieße Gott versuchen!"

Einige missbilligten auch diese Ölung, indem sie meinten, vom Himmel käme nichts Wirkliches und sinnlich Wahrnehmbares; worauf man aber erwiderte: es steht in der heiligen Schrift, dass vieles vom Himmel heruntergekommen sei, zum Beispiel das Schwert, das Jeremias lange nach seinem Tode im Auftrag Gottes dem Makkabäer Judas mit den Worten überbrachte: „Nimm das heilige Schwert; es ist ein Geschenk Gottes, mit welchem du die Feinde deines Volkes zerschmettern sollst!"

Ferner wurde das heilige Salbgefäß vom Himmel herniedergebracht, mit dem unser erster König Chlodwig vom heiligen Remigius am Abend des Osterfestes gesalbt worden ist. Dieser König sah mit eigenen Augen einen Engel in der Gestalt einer weißen Taube vom Himmel herunterkommen und das Gefäß überreichen. Das Wunder ist von mehreren Geschichtsschreibern anerkannt worden, sogar von Chronisten aus Magdeburg, die als Lutheraner doch Feinde des Wunderglaubens sind.

Ludwig XIII.

Als wir wieder in Paris zurück waren, teilte mir Herr von Laubardemont mit, er habe einen Brief bekommen von Anna von Österreich, der Königin Frankreichs, Gemahlin Ludwigs des Gerechten, in welchem Ihre Majestät ihm befahl, mich nach Saint-Germain-en-Laye zu bringen, wo sie sich gerade aufhielt. Sie hatte nämlich von der Aufprägung der Namenszüge auf meiner Hand und von der wunderbaren Heilung, die der heilige Joseph mit der Ölung vollbracht hatte, sprechen hören und begehrte nun lebhaft, mich zu sehen und von mir die Erzählung alles dessen, was sich in der Besessenheit zugetragen hatte, zu vernehmen.

Einige Personen, die die Besessenheit als Lug und Trug bezeichneten, taten alles, diese Begegnung zu verhindern. Denn sie waren besorgt, man würde erkennen, dass sie mit ihrer Verurteilung der Vorgänge von Loudun im Unrecht waren.

Die Hugenotten ihrerseits entfesselten eine wüste Hetze gegen mich. Sie brachten die Haltung der Exorzis-

Palais de Cardinal in Paris, der Wonsitz der französischen Königin Anna von Österreich

ten und überhaupt aller Personen, die sich mit der Angelegenheit befasst hatten, in Verruf. Sie konnten das, was doch sonnenklar war, nicht ertragen, besonders die Macht, die die katholische Kirche besitzt, die Dämonen zu züchtigen und sie zum Auszug aus den Körpern, die sie vorher in Besitz genommen hatten, zu zwingen.

Man bediente sich sogar eines Kniffes, um den Besuch zu hintertreiben. Die Königin war nämlich im sechsten Monat schwanger. Man erweckte bei den Personen ihrer Umgebung die Furcht, dass der Anblick der Namenszüge auf meiner Hand der Königin irgendeinen Schrecken einjagen könnte, da ja die Dämonen diese Namen geschrieben hätten.

Man befragte Herrn Seguin, den Leibarzt der Königin. Er war der Ansicht, ich solle nach Saint-Germain kommen, damit die Königin endlich den Trost hätte, mit eigenen Augen die Schriftzüge zu sehen. Sein Grundgedanke war, etwas so Heiliges könne der Königin keinen Schaden antun; im Gegenteil, der Anblick sei imstande, ihr Trost und Freude, ja selbst Körperkräfte einzuflößen; kurz und gut, es sei durchaus angebracht, dass der ganze Hof Zeuge von so viel Wundern sei, die doch nur dem Ruhm Gottes und dem Heil der Seelen dienten.

Ich vergaß zu sagen, dass ich den Herrn Kardinal danach fragte, ob er es richtig fände, wenn ich gemäß der zweimaligen Aufforderung der Königin nach Saint-Germain ginge. Er ließ mir sagen, darüber müsse der König entscheiden, zumal von verschiedener Seite dieser Reise widersprochen würde. Herr von Laubardemont solle deshalb den König aufsuchen und ihm den Wunsch der Königin sowie die Schwierigkeiten darlegen, die mehrere Personen in dieser Zusammenkunft sahen.

Herr von Laubardemont führte diese Weisung aus. Der König erklärte sofort, er sähe keinerlei Hinderungsgrund, weder für die Reise noch für den Besuch. Die Annäherung einer Nonne müsse für unverdächtig gelten, und man dürfe die Königin nicht dieses Trostes berauben, da sie ihn so sehnsüchtig herbeiwünsche.

Ich fuhr also in Begleitung der Herren von Morans und Laubardemont nach Saint-Germain.

Sobald die Königin von unserer Ankunft benachrichtigt war, schickte sie eine ihrer Ehrendamen ab, die uns in ihr Zimmer geleiten musste. Zuerst machte mir die Königin Vorwürfe, dass ich trotz ihres wiederholt gegebenen Befehls so lange gezaudert hatte. Ich entschuldigte mich mit den Schwierigkeiten, die entstanden seien, und dass mehrere Personen die Besorgnis geäußert hätten, meine Anwesenheit könnte Ihrer Majestät Unbequemlichkeit verursachen. Die Königin sagte darauf lachend: „Ich habe keine Angst, aber der König!" Weiter sagte sie: „Frau Oberin, es freut mich, dass Sie gekommen sind. Ich hatte großes Verlangen, Sie zu sehen. Treten Sie nur bitte näher! Sie haben durchaus nichts an sich, das Furcht einflößen könnte. Also kommen Sie nur bitte! Wirklich, es gibt doch recht böse Menschen! Was habe ich denn bloß getan, dass sie mir mein Glück beneiden?"

Die Königin hieß mich also setzen und legte mir mehrere Fragen vor. Sie schien mit meinen Antworten zufrieden. Mit Vergnügen hörte sie mit an, was ich von meiner Besessenheit erzählte; ja, sogar das Grausigste. Sie sagte: „Es macht mir Spaß, von den Sachen zu hören. Ich habe gar keine Angst!"

Die Königin fragte, ob unsere Gemeinschaft in großer Not gewesen sei, sowohl geistlich wie weltlich. Dies veranlasste mich zu folgender Äußerung: „Majestät, wenn ich Ihrem Wunsch willfahren soll, so muss ich eingestehen, dass Menschen und Teufel mehrere Jahre lang einen grausamen Krieg mit uns geführt haben. Nachdem die Besessenheit ausgebrochen war, befanden wir uns, was die wichtigsten Bedürfnisse des Körpers anbelangte, in der äußersten Zwangslage. Oftmals fehlte es an Brot und einige Tage lang hatten wir überhaupt nichts zu essen. Als unser Vorrat gänzlich ausgegangen war, sahen wir uns gezwungen, uns von dem Kohl und Gemüse zu nähren, die in unserem Garten wuchsen. Wenn uns barmherzige Leute etwas anderes zu essen gaben, so war niemand da, um zu kochen und das

Gegebene zuzubereiten. Denn die unter uns vom Teufel besessen waren, machten den anderen, die es nicht waren, so viel zu schaffen, dass sie sich nicht in der Lage sahen, die Bedürfnisse unseres Körpers zu befriedigen.

Um uns von diesem Jammer zu befreien, gab uns Gott den Gedanken ein, Wolle und Flachs zu spinnen. Obgleich wir dieses Handwerk gar nicht verstanden, lernten wir es doch mit Gottes Gnade. Aber die Kaufleute, die uns zu spinnen gaben, zogen ihren Nutzen aus unserer Notlage und kürzten uns unseren Verdienst um ein Drittel. Denn während sie anderen Spinnerinnen drei Sous bezahlten, gaben sie uns nur zwei. Die Ursachen dieses trostlosen Jammers waren:

Dass die Eltern unserer Pensionärinnen ihre Töchter aus unserem Haus nahmen wegen des schrecklichen Getümmels, das die Dämonen durch die Besessenen verübten.

Die Leute, die uns wegen unseres unglückseligen Zustands am meisten zugetan waren, wandten uns nun den Rücken zu.

Unsere Eltern rückten von uns ab, ja verweigerten die weitere Auszahlung der kleinen Lebensrente, die die eine oder andere von uns als Taschengeld bekam.

Die Hexenmeister und Hugenotten verbündeten sich, um uns als Schurken, Verrückte, Schamlose oder Hexen zu bezeichnen.

Der grausamste und Unverschämteste von allen unseren Verfolgern war Urbain Grandier, der Stadtpfarrer von Loudun.

Dieser unglückselige Priester suchte nach allen erdenklichen Mitteln, um uns ehrlos zu machen. Ohne dass wir

Der Teufelspakt (17. Jh.)

ihn jemals gesehen oder irgendeine persönliche Beziehung zu ihm gehabt hätten, haben ihn die Teufel immer angeklagt, dass er der Urheber unserer Besessenheit sei. Er verfasste verleumderische Pamphlete gegen unsere Ehre und ließ sie an den Stadttoren von Loudun anschlagen.

Dieser elende Priester wurde schließlich der Zauberei überführt und abgeurteilt nach dem Spruch der Richter, die der König gesandt hatte, um gegen ihn den Prozess zu führen. Er wurde in Loudun lebendig verbrannt. Das Gerücht von den Ereignissen, die sich bei den Beschwörungen ereigneten, verbreitete sich in den nahe gelegenen Städten, dann in den entfernteren, und eine Menge von Menschen jeden Alters, Geschlechts und Standes kam aus Neugier herbeigeströmt. In den Gasthäusern von Loudun waren Leute, die man angewiesen hatte, uns in Verruf zu bringen und als niederträchtige Schurken zu verleumden. Nicht bloß böse Menschen hetzten gegen uns, sondern auch wohlgesinnte. Aber schlecht unterrichtete Leute wurden zu unseren Verfolgern. Einige verurteilten uns nicht gerade – es ist wahr –, aber sie nahmen uns auch nicht in Schutz. Sie wollten eben die Wahrheit nicht ergründen und fürchteten auch die allgemeine Missbilligung, wenn sie unsere Partei ergriffen. Das schadete uns sehr wegen des Ansehens, das sie in der Stadt besaßen.

Gott ließ einen Stiftsherrn von Loudun mit Namen Mignon für uns aufstehen, dem wir sehr verpflichtet sind und es bleiben werden. Er half uns mit weisem Rat und unterstützte uns länger als ein Jahr, da wir uns in tiefster Not befanden, durch seine Barmherzigkeit.

Einige Eltern von uns erboten sich, uns wieder ins Haus zu nehmen. Aber so verlockende Vorschläge sie uns auch machten, wir wiesen ihr Anerbieten ab.

Das ist so etwa, Majestät, eine kleine Skizze von unseren äußeren Leiden. Unsere inneren Qualen aber lassen sich Euerer Majestät gar nicht schildern. Wir gerieten durch die Tätigkeit der Dämonen in die furchtbarste Angst, Schrecken, Aufregung, Verzweiflung und Raserei, wie sie nur Gott allein und den Engeln bekannt geworden sind.

Besonders schwer traf es uns, dass wir damals, als die Richter das Todesurteil gegen Grandier aussprachen, voneinander getrennt wurden. Man quartierte je ein Paar von uns in den Häusern der Stadt ein und unterzog uns juristischen Befragungen!"

Die Königin und alle, die in ihrem Zimmer waren, zeigten keinerlei Langeweile bei meiner großen Rede. Im Gegenteil, jeder zeigte Freude und bewunderte diese zahlreichen erstaunlichen Ereignisse.

Die Königin begehrte meine Hand mit den heiligen Namenszügen

Anna von Österreich, die Königin von Frankreich, besucht mit ihrem Sohn Ludwig XIV. ein Hospital

235

zu sehen. Ich reichte sie ihr hin. Sie nahm sie, hielt sie über eine Stunde fest und bewunderte eine Sache, die man noch nie gesehen hatte von Anbeginn der Kirche an. „Wie kann man nur ein solches Wunder verwerfen wollen!" rief sie aus. „Ein Wunder, das so viel Andacht erzeugt! Nur Widersacher der Kirche können es in Verruf bringen und verdammen, da es doch zum Ruhm Gottes und zum Heil der Seelen dient!" Sie sagte dann noch weiter: „Sollte es wirklich Unglückselige geben, die eine offenkundige und von allen religiösen Menschen gebilligte Wahrheit abstreiten? Diese Leute verbünden sich mit dem Teufel gegen Gott!"

Ihre Hoheit, die Prinzessin von Conde, die gleichfalls zugegen war, pflichtete dieser Ansicht der Königin bei. Sie sagte beim Anblick der Namenszüge: „Jetzt wundere ich mich nicht mehr über das, was mir mein Gemahl, der Prinz, erst neulich schrieb. Er sei durch Loudun gekommen, hätte die Namen auf der Hand der Oberin gesehen und sei davon unterrichtet worden, dass diese Oberin durch eine wunderbare Ölung vom heiligen Joseph geheilt wurde. Er habe in Loudun ein eigenhändiges Schreiben hinterlassen und darin erklärt, dass ihm der Dämon Isaakaaron, als er einer Beschwörung beiwohnte, einen ganz geheimen Gedanken offenbarte, den er in seinem innersten Herzen verschlossen gehalten habe. Diese Bescheinigung habe er mit Ludwig von Bourbon, Prinz von Conde unterzeichnet." Die Königin fragte mich darauf, wie denn die Heilung mithilfe der Ölung des heiligen Josephs vor sich gegangen sei. Ich gab ihr einen sehr genauen Bericht.

Zwei Ärzte, der eine von der Hofhaltung des Königs, der andere von der der Königin, erstatteten nun dem König Bericht über mein erfolgtes Zwiegespräch mit der Königin und versicherten ihm, sie hätten alles aus nächster Nähe geprüft und seien überzeugt, dass nicht irgendein Kunstgriff bei der Entstehung der Schriftzüge im Spiele sei. Folglich handele es sich also um ein Werk Gottes.

Auf diesen Bericht hin äußerte der König den Wunsch, die Namen mit eigenen Augen zu sehen und meine Erzählung mitanzuhören. Er kam also zu diesem Zweck in das Zimmer der Königin, am 29. Mai 1638.

Zuerst begrüßte er mich sehr ehrenvoll und freundlich. Dann fragte er nach meinem Befinden und verlangte meine Hand zu sehen, von der man ihm so viel erzählt hatte. Ich wies sie vor. Er betrachtete sie aufmerksam und war außerordentlich überrascht, als er die Schriftzüge der heiligen Namen erblickte. Schließlich sagte er ganz laut: „Ich habe nie an der Wahrheit dieses Wunders gezweifelt. Aber jetzt, da ich es so vor mir sehe, wird mein Glaube noch gefestigt!"

Er ging und holte persönlich einige Personen in das Zimmer der Königin, die seit Langem erklärte Feinde unserer Gemeinschaft waren und die Wahrheit der Besessenheit bestritten, ja uns in den Augen des Königs als Schwindlerinnen und Hexe hingestellt hatten. Der König holte diese Personen ins Zimmer der Königin. Als sie dort waren, bestanden sie aber weiter auf ihrer Ansicht. Um sie zu überführen, ergriff der König meine Hand, zeigte ihnen den Aufdruck der geweihten Namen, der noch ganz frisch war, und meinte: „Nun, was sagen Sie hierzu?"

Diese Leute wollten sich aber nicht geschlagen geben. Ich habe die Namen der Herrschaften aus christlicher Nächstenliebe niemals an die Öffentlichkeit gebracht.

Der König erwies mir die Ehre, eine gute Stunde mit mir zu plaudern. Von Zeit zu Zeit fasste er nach meiner Hand und besah sich die heiligen Namen aufmerksam. Er stellte mehrfach Fragen über die Besessenheit und hauptsächlich über den unglückseligen Grandier. Er sprach ferner von der Reise nach Annecy, auf der ich mich gerade befand. Er war so gütig, mich vor gewissen gefährlichen Orten zu warnen und gab mir den Weg von Paris bis Savoyen an, wobei er bemerkte: „Der kürzeste Weg verläuft von Lyon aus rechts nach Grenoble. Das Grabmal des Genfer Bischofs, dessen Namen Ihr auf Eurer Hand tragt, liegt in Annecy in einer kleinen Kirche der Schwestern von der Heimsuchung!"

Diese Unterredung verlief sehr familiär und vonseiten des Königs sehr gütig. Ich überhäufte Seine Majestät mit Danksagungen für all das Wohlwollen und die Sorge, die Sie den Bedürfnissen unserer Gemeinschaft hatte angedeihen lassen. Ich versicherte, wir würden im Gebet um Ihre geheiligte Person und das ganze königliche Haus fortfahren.

Die Königin ergriff dann das Wort und schilderte dem König die große Armut unserer Gemeinschaft. „Ich will Ihnen auch weiterhin", sagte dieser, „Gutes erweisen!"

Dann wandte er sich an Herrn von Laubardemont und sagte: „Sie haben diesen guten Nonnen redlich in ihren Nöten beigestanden!" Herr von Laubardemont erwiderte: „Sire, alles geschah auf Anordnung Eurer Majestät!"

„Es bleibt dabei," sagte der König, „dass Sie sich in dieser Angelegenheit sehr bemüht haben. Ich bin mit Ihren Diensten recht zufrieden!" Danach verabschiedete sich der König von der Königin und sagte zu mir: „Tun Sie mir den Gefallen, für mich zu Gott zu beten!"

Die Königin wünschte noch, ich solle ihre oberste Ehrendame, die krank war, besuchen und ihr die Ölung des heiligen Josephs auflegen; ebenso einem ihrer Hofbeamten, Herrn von Comminges, der gleichfalls krank im Bett lag.

Frau von Laubardemont hatte mir empfohlen, diesen Vorschlag zu machen. Es fiel mir nicht leicht, mich ihm zu fügen. Da ich aber in Eile war, gab ich nach. Die Königin wünschte ferner, ich sollte ein Stück von dem Hemd, worauf sich die Ölung befand, abschneiden, da sie durch Vermittlung des heiligen Josephs von Gott eine glückliche Niederkunft erhalten wollte. Ich weigerte mich aber und sagte, ich könnte mir nur höchst ungern dazu entschließen, ein so kostbares Ding zu zerstückeln. Ich sagte dann weiter: "Ich kann mir nicht denken, dass meine Zustimmung hierzu dem Willen Gottes entspreche. Wenn es Ihre Majestät befiehlt, wie es ja in Ihrer Macht steht, so will ich gern das Stück ganz in Ihren Händen lassen. Doch wage ich Ihrer Majestät zu bedenken zu geben, dass Sie eine unendliche Anzahl von Personen zu Dank verpflichten wird, wenn Sie mir gestattet, die Ölung ganz so, wie sie ist, wieder mit mir zu nehmen. Denn viele werden dadurch Trost und Andacht beim heiligen Joseph empfinden, wenn sie mit eigenen Augen dies sehen dürfen. Außerdem besitzen wir in unserer Kirche nur diese einzige Reliquie des heiligen Josephs!"

Frau de la Flotte, die diese Äußerung mitanhörte, überbrachte sie der Königin. Diese war zufrieden und meinte:
„Ich füge mich den Gründen der Frau Oberin. Ich will,
dass sie die Reliquie wieder mitnimmt. Es handelt sich
um ein Gut, das man der Öffentlichkeit nicht rauben darf.
Sie hat ganz recht, dass sie sich einer Zerstückelung
widersetzt!"

Am anderen Tag nahm ich von der Königin in ihrem
Zimmer Abschied. Sie empfing mich mit der gleichen
Güte wie an den vorhergehenden Tagen und verlangte
noch einmal die Ölung des heiligen Joseph zu sehen. Sie

*EinFest
am Hof
Ludwigs XIII.*

erwies ihr die Ehre und ließ sie mit Rosenkränzen berühren. Sie begehrte auch nochmals die heiligen Namen zu
sehen, pries Gott wegen dieses großen Wunders und be-

glückwünschte mich zu der Sorgfalt, mit der ich die Reliquie des heiligen Joseph aufbewahrte; sie empfahl sich auch meinem Gebet. Ich verabschiedete mich dann von der jungen Prinzessin von Orleans, der Frau Prinzessin von Conde und mehreren anderen hochrangigen Personen, die meine Ehrerbietung sehr huldvoll aufnahmen.

Wir kehrten dann nach Paris zurück. Am folgenden Tage begaben wir uns ins Kloster zur Heimsuchung in der Saint-Antoine-Straße zur Kommunion. Dort wurden die Namen wiederum aufgefrischt. Mehrere Nonnen waren anwesend, während die Oberin meine Hand hielt. Es ist bemerkenswert, dass sie sich dreimal erneuerten, obwohl noch nicht eine Woche vergangen war. Nachmittags erschien Seine Hochwürden von Bellegarde, der Erzbischof von Sens, in dem Kloster und ließ mich ehrenvoll zu sich bitten. Er wünschte die bemerkenswerten Ereignisse von meiner Besessenheit zu erfahren. Zwei Stunden lang legte ich ihm darüber Rechenschaft ab.

Das Volk drängte sich sehr, um die heiligen Namen zu besichtigen. Es bestand die Gefahr, dass die Klosterumfriedung durchbrochen wurde. Schließlich musste ich am Fenster erscheinen, damit sich das Volk zufriedengab. Man hat ausgerechnet, dass sich täglich dreißigtausend Personen anstellten, die die heiligen Namen besichtigen wollten.

Auch der päpstliche Nuntius wollte selber die Wahrheit des Wunders erkunden. Nach aufmerksamer Betrachtung meinte er, ich sei eines der schönsten Stücke, das man jemals in der Kirche Gottes gesehen hätte. Er habe schon dem Papst davon geschrieben und wundere sich nur, dass die Hugenotten nach einem so überzeugenden

Beweis der von ihnen bekämpften Wahrheit noch weiter in ihrer Verblendung verharrten. Er verstehe nicht, was sie noch gegen ein so großes Wunder vorbringen könnten. Er verlangte dann die Ölung des heiligen Joseph zu sehen. Da sie einen wunderbaren Geruch ausströmte, war er davon entzückt und küsste sie andächtig.

Ihre Hochwürden, die Bischöfe von Alby, Chartres, Le Mans, Meaux, Nimes, und mehrere andere wollten mich gleichfalls sehen; ich musste gehorchen.

Herr von Laubardemont ersuchte die beiden Geschicktesten Wundärzte von Paris, die Schriftzüge auf meiner Hand zu prüfen. Dies taten sie unabhängig voneinander. Der erste besah die Schriftzüge sorgfältig und sagte dann, er wolle seinen Kopf aufs Schafott legen, wenn hier irgendein Werk der Natur oder Menschenerfindung mitspiele.

Herr von Laubardemont sagte darauf: „Mit diesem Zeugnis bin ich noch nicht zufrieden. Bitte, stellen Sie die denkbar genauesten und schärfsten Proben an. Es soll den Leuten, die das Wunder verdammen und in Misskredit bringen, endlich der Mund gestopft werden!"

Um Herrn von Laubardemont zufriedenzustellen, unternahm der Chirurg darauf folgende Proben:

Er rieb mit heißen Leinentüchern kräftig auf meiner Hand herum, um festzustellen, ob der Stoff, aus der die Buchstaben bestanden, nicht etwa künstlich mit Gummilösung aufgeklebt war.

Er bediente sich der stärksten Flüssigkeiten, deren er habhaft werden konnte. Diese brachte er auf meine Hand, aber der Versuch war nutzlos.

Er wandte Öl an, das sich aber auch als nutzlos erwies. Anstatt zu verlöschen und sich irgendwie zu verändern, strahlten die Buchstaben nach so viel Anstrengung nur in schönerem Glanze als je zuvor. Als der Chirurg das sah, legte er sogleich ein doppeltes Zeugnis ab, eins mit den Augen, die in Tränen der Freude und Rührung schwammen, und eines mit dem Mund, indem er laut und feierlich sprach: „Das ist der Finger Gottes!" Danach ging er hin und verbreitete überall die Wahrheit von diesem Wunder. Als der Herr Kanzler von den angestellten Experimenten erfuhr, ließ er sich von dem Chirurgen über die Sache einen Vortrag halten. Der Chirurg sprach sehr eindringlich und bewies mit überzeugenden Gründen, dass weder Natur noch Kunst etwas mit dieser Erscheinung zu tun hätten.

Der zweite Chirurg namens Limprenet nahm nun seinerseits eine Prüfung vor. Nachdem er sich überzeugt hatte, dass bei der Aufprägung der Namen ein Wunder vorliegen würde, verfasste er einen sehr gelehrten Aufsatz, in dem er die Erklärung des anderen Chirurgen bestätigte.

Das doppelte Zeugnis veranlasste mehrere Pariser Ärzte und Wundärzte, sich persönlich von der Wahrheit der Tatsachen zu überzeugen. Daher drängten sie sich zur Besichtigung der Schriftzüge und verlangten nachdrücklich meine Hand zu sehen. Eine große Anzahl kam sieben oder acht Tage lang. Alle zogen in Übereinstimmung mit den beiden ersten den Schluss, dieses Werk sei weder auf künstliche noch auf natürliche Kräfte zurückzuführen; vielmehr müsse Gott dabei tätig gewesen sein, entweder persönlich oder mittels eines außergewöhnlichen Urhebers.

Eine niederträchtige Person versuchte die Namenszüge, die ich auf der Hand trage, auf ihrer Hand gleichfalls hervorzurufen und zu fälschen. Aber er zog sich eine so schwere Entzündung der Hand zu, dass er glaubte, er würde den Arm, ja selbst das Leben einbüßen. So gab Gott zu erkennen, dass es nicht möglich sei, die Schriftzüge auf natürlichem Wege herzustellen.

Das Urteil der Ärzte brachte die Ketzer und Freigeister zum Schweigen und stärkte den Glauben und die ehrfürchtige Achtung der Gutgesinnten vor diesem großen Wunder.

Ein wenig später nach unserer Abreise boten uns mehrere Personen eine beträchtliche Summe an, die sich auf etwa Hunderttausend Livres belief. Einige machten uns dieses Angebot nur in schlechter Absicht, damit sie unser Verhalten anprangern könnten. Wir lehnten diese Almosen ab, aber behielten die Fünfhundert Ecus. Die uns der Kardinal Richelieu gegeben hatte.

Der König ließ uns gütigst einen Geleitbrief ausstellen, in welchem er allen Statthaltern der Provinzen und Magistraten der Städte, die wir passieren mussten, befahl, uns allen nötigen Beistand zu gewähren und unsere Reise nicht zu behindern oder zu verzögern.

Wir fuhren am Sonntag, dem 20. Juni 1638, aus Paris fort. Frau Amaury, die Witwe eines Pariser Parlamentsrats, ließ es sich nicht nehmen, uns auf der Reise zu begleiten. Wir kamen durch Melun, wo sich Seine Hochwürden, der Erzbischof von Sens, aufhielt.

Wir stiegen in der Bernhardinerabtei ab, in der Marie de la Tremouille die Reform eingeführt hatte. Wir blieben dort einen Tag und ich führte mit der Äbtissin lange

Unterhaltungen über die Ereignisse in Loudun. Dann übernachteten wir bei den Schwestern von der Heimsuchung in Montargis. Von da kamen wir zur der Stadt La Charite, wo sich die heiligen Namen erneuerten, während wir in einer kleinen Kapelle der Nonnen, die dem heiligen Joseph geweiht ist, die Messe hörten. Durch dieses Ereignis wurde die Ehrerbietung der Nonnen vor dem Heiligen noch bedeutend verstärkt.

Von La Charite fuhren wir nach Nevers und übernachteten dort im Kloster der Heimsuchung. Eine große Volksmenge lief herbei, um die geweihten Namen zu schauen. Ein so großes Gedränge entstand, dass fast die Türen aufgebrochen wurden. Seine Hochwürden, der Bischof von Nevers, erwies mir die Ehre seines Besuchs in Begleitung der vornehmsten Leute der Stadt.

Die Jesuiten-Patres und fast alle Mönche beeilten sich, uns zu besuchen. Ich musste ihnen meine Hand mit den heiligen Namen und die Ölung des heiligen Joseph zeigen und ihren Wissensdurst durch Erzählung der bemerkenswertesten Ereignisse befriedigen.

Nicht weit von Lyon entfernt ließ uns Seine Hochwürden, der Kardinal Alfons von Richelieu, Erzbischof dieser Stadt und Bruder Seiner Hochwürden, des Kardinals von Richelieu, seine Einladung zugehen.

Wir kamen in Lyon vierzehn Tage nach unserer Abreise von Paris mit guter Gesundheit an. Zuerst machte man uns wegen des Verdachts auf Pest einige Schwierigkeiten mit dem Öffnen der Tore; doch sobald wir die königliche Order vorwiesen, ließ man uns herein. Auch hier musste ich vielen Menschen meine Hand mit den heiligen Namen zeigen.

Wir stiegen im kleinen Kloster der Heimsuchung ab. Man sagte uns aber, Seine Hochwürden, der Kardinal von Lyon, hätte geäußert, wir sollten im großen Kloster zur Heimsuchung, genannt Bellecour, Wohnung nehmen; er wolle uns dort aufsuchen.

Wir stiegen in dem kleinen Kloster nur ab, um die Nonnen zu begrüßen. Aber wir hielten uns dort nur eine kurze Zeit auf.

Seine Hochwürden der Kardinal hatte befohlen, ihm unsere Ankunft zu melden. Sobald er erfahren hatte, dass wir uns im kleinen Kloster befanden, entsandte er zwei angesehene Geistliche und ließ uns seinen Willkommensgruß entbieten. Er sei sehr erfreut, uns in Bellecour zu treffen und wünsche, dass wir dort unseren Aufenthalt nehmen würden, nachdem wir unser pietätvolles Verlangen nach dem kleinen Kloster zur Heimsuchung gestillt hätten.

Wir nahmen also in dem Kloster der Heimsuchung von Bellecour Quartier. Seine Eminenz der Kardinal begab sich dorthin und nahm uns sehr wohlwollend auf. Eine gute Stunde lang musste ich ihn von der Tätigkeit der Teufel, ihrem Auszug aus meinem Körper und von den Zeichen, die sie auf meiner Hand hinterlassen hatten, berichten. Auch legte mir der Kardinal mehrere Fragen vor.

Ich versuchte, ihn zufriedenzustellen. Er wollte die Namen, die auf meiner Hand aufgeprägt waren, mit einer Schere entfernen. Als er sie schon angelegt hatte, nahm ich mir die Freiheit und sagte: „Hochwürden, Sie tun mir weh!" Er ließ darauf einen Wundarzt rufen, der die Namen abrasieren sollte. Ich leistete Widerstand und sagte: „Hochwürden, ich habe nicht den Befehl von meinen Oberen erhalten, solche Experimente erdulden zu müssen!" Der Kardinal fragte mich daraufhin, wer denn diese Oberen wären. Ich antwortete: „Hochwürden, es ist der Kardinal von Richelieu, Ihr Herr Bruder. Er hatte den Befehl vom König erhalten, unsere Besessenheit zu untersuchen. Daraufhin hatte er zu uns Exorzisten gesandt. Als ich durch Paris kam, hatte ich die Ehre, ihn zu begrüßen. Er war so gütig, mich sehr wohlwollend aufzunehmen. Ich fragte ihn, ob er zur Feststellung der Wahrheit dieser Namensprägung Untersuchungen anstellen wolle. Er antwortete mir jedoch, er hielte das nicht für nötig und zweifele in keiner Weise an einer Sache, die so sonnenklar sei!"

Endlich gab dieser Kardinal von Lyon nach. Er zog mich beiseite in einen Wandelgang und sagte: „Sie werden mir das Vergnügen machen und sich nur an mich wenden, wenn Sie etwas brauchen. Ich helfe Ihnen sehr gern und ich beschwöre Sie, kommen Sie auf Ihrer Rückreise von Annercy wieder durch Lyon!" Darnach zog er sich endlich zurück.

Kurz vor unserer Abreise aus dem Kloster der Heimsuchung von Bellecour gewährte uns die Oberin noch einen besonderen Trost; wir durften das Herz des glückseligen Stifters Franziskus von Sales betrachten, und zwar ganz ohne Hülle, während man es gewöhnlich nur durch ein Kristallglas besichtigen darf. Ich hielt dies Herz in meinen Händen und betrachtete es einige Zeit in tiefer Andacht. Dabei erneuerten sich die geweihten Namen auf meiner

Hand in der Gegenwart von fünfundfünfzig Nonnen. Als sich das Gerücht von dieser Erneuerung verbreitete, lief fast ganz Lyon herbei zum Kloster der Heimsuchung. Ich war gezwungen, meine Hand von einer riesigen Volksmenge ansehen zu lassen. Das Gedränge war so groß, dass zwei Personen dabei erstickten.

Pater Surin hatte damals, um meine Erlösung von dem letzten Dämon zu erlangen, der in mir war, vor Gott ein Gelübde abgelegt. Er verpflichtete sich, mit Erlaubnis seiner Oberen nach Annecy zu gehen, um der göttlichen Majestät für diese Gnade, wenn sie bewilligt würde, zu danken. Pater Jacquinot, der Provinzial, hatte ihm die Erlaubnis gewährt und ihm als Gefährten den Pater Thomas gegeben, der in Loudun einer der Exorzisten gewesen war. Der Pater Surin konnte seit sieben Monaten nicht sprechen und war stumm.

Ein besessener Mönch wird geheilt (16. Jh.)

Sie kamen in Annecy am 10. Mai des Jahres 1638 an. Sogleich am folgenden Morgen begann Pater Surin eine neuntägige Gebetsübung am Grabe des glückseligen Franziskus von Sales, an deren Ende er sich ein wenig besser befand. Doch war ihm der Gebrauch der Sprache noch nicht wiedergekehrt, was den Nonnen von der Heimsuchung und besonders der Frau von Chantal großen Kummer bereitete.

Um von Gott diese Gunst zu erlangen, durch Vermittlung ihres glückseligen Vaters und die Anwendung irgendeiner seiner Reliquien, ließen sie ihn ein Stückchen seines getrockneten Blutes verschlucken. Als er das Abendmahl zu sich genommen hatte, war es ihm möglich, die Worte Jesus Maria auszusprechen. Aber mehr konnte er nicht sagen.

Sie reisten nun in der Absicht nach Lyon, dort so lange zu bleiben, bis sie von uns Nachricht bekommen würden. Nach einigem Aufenthalt in Lyon fassten sie aber den Entschluss, nicht auf uns zu warten. Gerade als sie auf Pferde steigen wollten, erreichte sie die Nachricht, wir seien in einem Kloster der Vorstadt Fourvieres angelangt.

Pater Surin suchte uns dort mit seinem Reisegefährten auf. Nach der Begrüßung erzählten sie uns, sie hätten gerade zur Rückreise aufbrechen wollen, da sie vom Provinzial keine Erlaubnis zu einer zweiten Reise nach Annecy besäßen. Ich nahm mir die Freiheit, dem Pater Surin und seinem Gefährten darzulegen, dass mich der Kardinal von Richelieu angewiesen habe, wenn ich sie nicht in Annecy antreffen würde, so dürfte ich sie wieder dorthin mitnehmen, um das Gelübde, das wir abgelegt hatten, auch zu erfüllen.

Die Patres hielten es für geraten, die Angelegenheit in ihrer Gesellschaft in Lyon durchzusprechen. Die Sache wurde vorgetragen, und die dortigen Patres waren der Ansicht, man solle sich an die dem Kardinal von Richelieu vorgeschriebene Weisung halten, da der Pater Provinzial vermutlich nichts Schlimmes in den gegenwärtigen Umständen finden würde. Wir reisten also zwei oder drei

Tage danach zusammen ab. Es ereignete sich etwas Außerordentliches auf dieser Reise. Pater Surin war bis dahin immer noch stumm geblieben. Nun geschah es, dass Pater Thomas unterwegs das „Ich, der Schöpfer, bin gekommen" anstimmte. Da fiel der Pater Surin mit ein und behielt seit der Zeit die Freiheit der Sprache.

Wir begaben uns zusammen nach Grenoble. Als wir dort anlangten, strömten in ungwöhnlicher Zahl die Menschen zusammen, die alle die Schriftzüge auf meiner Hand besichtigen und die heilige Ölung ehren wollten. Herren vom Parlament, selbst der Herr Präsident, wollten die Wunderdinge sehen. Der Pater Surin wurde auserwählt, die heilige Ölung aufzubewahren.

Als eine große Menschenmenge zu diesen Patres in die Kirche geströmt war, um aus dem Anblick der Reliquie Trost zu schöpfen, trat Pater Surin auf einen höher liegenden Ort, um sie zu zeigen. Er redete zum Volk und erzählte, was sich bei meiner wunderbaren Heilung zugetragen hatte. Man schrie vor Erstaunen so sehr, dass der Pater wieder sprechen konnte. Denn er war kurz zuvor durch diese Stadt gekommen, und viele Personen hatten erfahren, dass er stumm sei. Nun waren sie sehr überrascht von seiner Fähigkeit zu sprechen, die ihm auf wunderbare Weise wiedergegeben worden war.

Wir blieben einige Tage in Grenoble, und während der ganzen Zeit, die wir dort waren, begab sich fast die ganze Stadt zu unserer Wohnung. Es herrschte ein solcher Andrang, dass ich davon fast erdrückt wurde.

Gott bewirkte mehrere Wunder durch die heilige Ölung. Die Patres wurden ersucht, sie zum zweiten Kloster der Heimsuchung zu bringen. Alle Nonnen erwiesen ihr dort Ehre. Eine von ihnen war fieberkrank. In dem Augenblick, als die Patres hinkamen, wich das Fieber. Sie erschien im Chor, erklärte ihre Genesung und dankte Gott.

Eine Frau hatte einen Degenhieb über den Kopf bekommen, so dass die Nerven angegriffen waren und sie weder den Mund öffnen noch seit zwei Jahren etwas Festes essen konnte. Die Ärzte und Chirurgen wollten Feuer bei ihr anwenden. Diese nun war anwesend bei der Erzählung des Pater Thomas von den Wundern, die die heilige Ölung bewirkt hatte. Sogleich war sie von seinen Worten gerührt und begann ihr Leid zu klagen.

Franz v. Sales (Abb. auf einem Kirchenfenster; 19. Jh. Rhonetal)

Pater Thomas sprach zu ihr: „Wenn du den Glauben hast, kannst du geheilt werden, ebenso gut, wie es viele andere wurden!" Diese Frau sprach darauf lebhaft und erregt zu dem Pater: „Ich glaube fest, dass ich geheilt werden kann!" Der Pater hieß sie nun sich aufs

Knie lassen, legte ihr die Ölung aufs Haupt und ließ sie dann vor das heilige Sakrament treten und fünf Vaterunser und fünf Ave Marias beten. Dies tat sie auch.

Während sie betete, erschlafften die Nerven ihres Kopfes. Sie konnte den Mund öffnen und abends die gewöhnlichen Speisen zu sich nehmen. Man erhielt eine Bestätigung dieses Wunders von ihr, dem Arzt und dem Wundarzt; und der Pater verwahrte diese Bestätigungen.

Am 9. Tag gelangten wir in Chambery an. Das Parlament stattete uns persönlich einen Besuch ab. Der erste Vorsitzende, der Schatzmeister, bot uns sein Landhaus an, das auf dem Weg nach Annecy gelegen ist. Wir kamen dort an und wurden sehr ehrenvoll aufgenommen.

Am 11. Tag kamen wir in Annecy an. Wir gingen geradewegs zum Grab des glückseligen Franziskus von Sales. Ich betete tausend Dankgebete für all die Gunst, die ich durch seine Vermittlung erlangte hatte.

An den folgenden Tagen begann ich meine neuntägige Übung an seinem Grab, um das Gelübde zu erfüllen. Die Oberin von Chantal empfing uns mit allen Ehren, die man von einer so heiligen Seele erwarten darf. Wir unterhielten uns lange zusammen über die Ereignisse während der Besessenheit. Besonders berichtete ich ihr ausführlich, was sich bei der Erscheinung des heiligen Josephs zugetragen, und wie er mich auf wunderbarer Weise durch die heilige Ölung heilte.

Das Kapitel der Kathedrale und Rat der Stadt erwies uns die Ehre eines Besuchs Sie wollten die heiligen Schriftzüge sehen. Sie nötigten mich auch zu erzählen, was sich dabei zugetragen hatte. Sie befragten die Patres

Surin und Thomas, sowie Herrn von Morans über diese Sache, ließen dann ein Protokoll über alles aufnehmen, das von den Patres, Herrn von Morans, mir und meiner Begleitung unterzeichnet wurde. Dann ließen sie diese Akten in die Registratur des Rathauses einreihen, damit das Andenken daran in Ewigkeit bewahrt bleibe.

Das Volk von Annecy und aus der benachbarten Gegend in einer Entfernung von fünf, sechs, sieben und acht Meilen lief herbei, um die geweihten Namen und die Ölung des heiligen Josephs zu betrachten. Es war ein großes Gedränge, da man Rosenkränze, Kreuze, Medaillen, Baumwolle und Papier damit berühren lassen wollte. Auch wurde eine große Anzahl von Kranken durch diese Berührung geheilt. Die Patres Surin und Thomas verbrachten ganze Tage damit, Bilder und andere Dinge mit der heiligen Ölung zu berühren.

Auch die Teufel zeigte sich in Gegenwart der heiligen Ölung. Ein Mädchen, das sich besessen glaubte, wurde in die Kirche gebracht. Man stellte sie dem Pater Thomas vor. Dieser legte ihr zur Erleichterung die heilige Ölung auf das Haupt und redete stark auf die lästigen Dämonen ein. Sie schrien und sprachen durch den Mund des Mädchens: „Wir haben nichts damit zu schaffen!"

Die Stellen, auf denen sich die Ölung

De la Rochepozay, Bischof von Poitiers, führt bei Jeanne des Anges den Exorzismus durch

befand, wurden wiederum gereinigt. Frau von Chantal wusch mit ihren Nonnen das Wäschestück mit der Ölung wieder weiß, und doch behielten die Öltropfen ihre gewöhnliche Färbung bei.

Als die neuntägige Übung vorüber war, trafen wir Vorbereitungen zur Heimreise. Wir brachen von Annecy auf und kamen wieder durch Chambery. Dort geschahen wieder einige Wunder. Unter anderem war da ein junges Mädchen von Stand gelähmt. Sie benutzte das Bad in der Nähe von Chambery und ließ sich nun in das Kloster zur Heimsuchung in Chambery tragen. Man legte ihr die Ölung des heiligen Josephs auf das Haupt auf und im selben Augenblick war sie gestärkt. Ihre Nerven dehnten sich, sie schritt bequem einher und stieg sogar auf eine Stufe. Als sie sich so geheilt sah, brach sie in große Freude und Dankbarkeit zu Gott aus, ergoss in Tränen und rief: „Oh welche Gunst, ich bin geheilt!" Besonders bemerkenswert ist, dass diese junge Dame ein sehr weltliches Leben führte. Aber nach Auflegung der heiligen Ölung, wurde sie innerlich von Gott gerührt und änderte ihr Benehmen. Dies wurde später vom Herrn Marquis von Urfe, als er in Bordeaux war, bestätigt; er versicherte, jene Dame, die seither verstorben ist, hätte ein so erbauliches Leben geführt, dass ein Mönch ihre Lebensbeschreibung verfasste. Beim Publikum fand dieses Werk einen großen Beifall.

Wir setzten nun unsere Reise in Begleitung der Patres Surin, Thomas und Morans bis Briare fort. Wir kamen durch Roanne, Moulins und Nevers. Überall lief das Volk in großer Zahl herbei.

Da wir in Sorge waren, die heilige Ölung könnte durch das Auflegen auf die Kranken allmählich ausgehen, so befand man es für gut, ein Seidentüchlein auf die Ölung zu legen. Dies Tüchlein empfing einen Eindruck und gleichsam eine Spur von den Tropfen des geweihten Balsams, da es sie immer berührte.

Bei unserer Ankunft in Moulins stiegen wir in das Kloster der Heimsuchung ab. Die Gemeinschaft versammelte sich alsbald, um die geweihten Namen und die heilige Ölung zu sehen. Eine Nonne hatte gänzlich den Geruch verloren. Sie trat heran, roch den geweihten Balsam und wurde von ihrer Schwäche geheilt.

Frau von Montmorency, die in diesem Hause wohnte, nahm uns sehr wohlwollend auf. Wir hatten lange Besprechungen über alle Ereignisse während der Besessenheit, über meine wunderbare Heilung durch den heiligen Joseph und die Aufprägung der geweihten Namen beim Abzug der Dämonen aus meinem Körper. Als diese Dame bemerkte, dass das Seidentüchlein Spuren des geweihten Balsams in sich aufgenommen hatte, bat sie mich, ich möge es ihr zum Geschenk machen. Gern stimmte ich zu, als ich ihre Verehrung der heiligen Reliquie bemerkte. Wir setzten nun unsere Reise fort, nachdem wir uns schon in der Stadt Briare von den Patres Surin und Thomas, die nach Poitiers abbogen, getrennt hatten. Wir schlugen die Richtung nach Paris ein, um der Königin ihren Willen zu erfüllen, die uns das wegen ihrer Niederkunft dieses Versprechen abgenommen hatte.

Nach kurzem Aufenthalt in Paris kehrten wir dann nach Loudun zurück. Bald darauf bekam ich eine schwere Krankheit. Sie bestand aus andauerndem Fieber in Verbindung mit einer Lungenentzündung und ich glaubte mehrfach, sterben zu müssen. Ein Jesuit, der mein Beichtvater war, fragte mich, was ich von meiner Krankheit hielte, und welche Heilmittel man zu meiner Heilung anwenden sollte. Ich antwortete: „Mein Vater, wenn man mir die Ölung des heiligen Josephs auflegen wollte, würde ich auf der Stelle wieder gesund werden!"

Einige Zeit darauf fragte mich der Pater ein zweites Mal, was man zu meiner Heilung tun solle. Ich antwortete: „Der Herr hat mir ein großes Verlangen nach dem Himmel eingeflößt. Doch offenbarte Er mir auch, ich würde Ihm noch manchen Dienst erweisen können, wenn ich einige Zeit unter den Lebenden weilen würde. Wenn Ihr mir daher die heilige Ölung auflegen wollt, mein Vater, so werde ich sicherlich gesund werden!"

Der Pater sah ein, dass ich dies ganz ernsthaft und mit großer Festigkeit erklärte, und glaubte, dass der Herr mir eingegeben habe, um diese Gunst zu bitten. Deshalb bestimmte er eine Stunde zur Auflegung. Und da er nicht im Geringsten an dem günstigen Erfolg zweifelte, sprach er mit mehreren Personen darüber und bestimmte das bevorstehende Weihnachtsfest als Termin.

Er versammelte eine unglaubliche Menschenmenge in unserer Kirche, damit sie Zeuge von meiner Heilung würde. Sogar das benachbarte Zimmer war voller Leute. Es war von meinem Zimmer nur durch ein Gitter getrennt, und hier hielten sich die angesehensten Leute auf.

Zu Weihnachten also, als mein Leiden auf seinen Höhe-

punkt erreicht hatte, kleidete sich der Jesuitenpater Alan-
ge, der das Hochamt feiern sollte, in sein priesterliches
Kleid, aber ohne Messgewand, und brachte die heilige
Ölung herbei. Er trat an mein Bett, legte mir die Reliquie
auf das Haupt und begann die Litanei des heiligen
Josephs, die er gänzlich absingen wollte. Kaum hatte er
aber den heiligen Schatz auf mein Haupt gelegt, da fühlte
ich mich sogleich vollkommen gesund. Doch wollte ich es
nicht eher verkünden, bis der Pater seine Litanei beendet
hatte. Dann aber gab ich die Erklärung ab und verlangte
nach meinen Kleidern.

Der Pater ging nun nach unten, zog sein Messgewand
an und begann das Hochamt. Ich wohnte diesem bei und
sang mit den anderen, ohne dass ich irgendeinen Schmerz
verspürte. Das Gleiche tat ich bei der Messe morgens früh
um neun Uhr. Alle diese Messen sang ich mit großer Freude, und das Volk war verwundert, als es mich so in voll-
kommener Gesundheit erblickte.

Auszug aus den Briefen,
die Jeanne des Anges,
Oberin der Ursulinerinnen von Loudun,
an ihren Beichtvater,
den ehrwürdigen Pater Saint-Jure,
S. J., geschrieben hat

Im ersten Brief, den sie ihm unterm 1. Oktober 1643 schreibt, teilt sie ihm mit, sie sei verschiedentlich von Gedanken bestürmt worden, wieder einen Beichtvater zur Leitung ihrer Seele zu nehmen, da sie seit vier Jahren keinen mehr gehabt hätte. Sie bittet ihn, ihr diese christliche Nächstenliebe anzutun, vorausgesetzt, dass er glaube, es geschehe zum Ruhm Gottes.

Im zweiten Brief vom 22. Oktober desselben Jahres bittet sie ihn um eine Leitung, die nicht ihrer Natur schmeichle, sondern ihren Geist in der Demut erhalte. Sie versichert ihn ihres besonderen Gehorsams.

Sie zählt ihm ihre natürliche Stimmung und alle ihre Schwächen auf und legt folgendermaßen Rechenschaft ab über die Art und Weise, wie sich die geweihten Namen auf ihrer Hand erneuern: „Seit länger als zwei Jahren passiert es mir öfters, wenn die Zeichen, die ich trage, sich erneuern, dass ich dann einen fünfzehn- oder sechzehnjährigen Jüngling von unvergleichlicher Schönheit neben mir zu sehen glaube, der mich bei der Hand fasst und die

Zeichen zum Zweck der Erneuerung berührt. Oft hat er mit mir verschiedene Unterhaltungen geführt über das, was ich zu tun hätte; manchmal hat er mich auch auf Fehler aufmerksam gemacht, zu denen ich mich hatte hinreißen lassen. Das letzte Mal, als ich ihn sah, war am 15. des Monats. Da sagte er: „Vergiss niemals die Barmherzigkeit, die du seit deiner gänzlichen Erlösung von den Dämonen bis auf den heutigen Tag empfangen hast!" Er sagte noch weiter: „Ich bin dein Schutzengel. Gott hat mir deine Seele anvertraut!"

Im gleichen Brief berichtet sie ihrem Beichtvater von dem Reiz, der für sie in der Ausübung der Tugenden liege, besonders in der Demut des Herzens, der Armut im Geist, der Liebe zum Nächsten, der Neigung zum Gehorsam und in dem Verlangen nach innerer Sammlung. Endlich bekennt sie ihre Untreue und die Unreinheit, die sie an ihren besten Handlungen bemerke.

Im folgenden Brief vom 12. November legt sie ihm genaue Rechenschaft über alle ihre Fehler und über eine natürliche Hinneigung zu einigen frommen Personen ab. Sie spricht vom Gebet und der Begeisterung und Mühelosigkeit, die ihr Gott bei dieser Übung gewähre.

Über eine Gnade, die ihr im Gebet zuteil geworden ist, berichtet sie in folgenden Worten: „Der Herr sprach eines Nachts innerlich zu mir und sagte: ‚Meine Tochter, Ich will, dass du dich nur um Meinen Ruhm kümmerst ohne Rücksicht auf andere Dinge! Ich will, dass du Mir oft darbringest die Verdienste meiner Leiden um die Bekehrung der Seelen, die Ich wiedergewann. Ich will auch, dass du Mich oft besuchest vor dem heiligen Sakrament des Altars!'"

Gehorsam diesem Befehl, habe ich mich dazu entschlossen, täglich dreiunddreißigmal das heilige Sakrament zu besuchen."

Hinsichtlich der Erneuerung der Zeichen sagt sie: „Ich möchte es nicht mit absoluter Gewissheit behaupten, dass es mein guter Engel ist, der mich besucht; doch glaube ich es ziemlich fest. Was mich zu solchem Glauben veranlasst, ist die Nachwirkung, die so ein Besuch bei mir erzeugt, besonders die Furcht Gottes, innerer Friede, Gewissensreinheit und Tugendlehre, die er mir erteilt." Ein Jahr lang war ich in großer Besorgnis, von den Besuchen dieses Geistes irregeführt zu werden. Ich ging ihnen zuerst möglichst aus dem Wege und schenkte seinen Versicherungen, er käme von Gott, keinen Glauben. Endlich offenbarte ich mich hierüber einem Pater von Eurer Gesellschaft. Er meinte, wir sollten eine neuntägige Übung veranstalten, um von Gott eine Erleuchtung zu bekommen bezüglich der Ungewissheit, in der ich mich befand. Am letzten dieser neun Tage erschien mir der Geist in der Nacht und versicherte mir, er sei mein guter Engel und von Gott gesandt, und ich habe von ihm nichts zu befürchten. Der Pater bekam zur gleichen Zeit dieselbe Gewissheit. Er sagte es mir am Morgen. Das bestärkte mich außerordentlich und nahm mir damals jede Ängstlichkeit. Aber bald darauf fühlte ich mich doch wieder beunruhigt, und ich musste meine Zuflucht zu Pater Jacquinot nehmen und mich ihm offenbaren. Dieser prüfte die Angelegenheit und gab mir die Versicherung, der Geist käme von Gott. Er sagte weiter, ich müsse mich in Zukunft gelehriger benehmen und großes Gewicht auf die Anweisungen legen, die ich von diesem Geist bekommen würde. Von dieser Zeit an fühlte ich in meinem Innern nach dem heiligen Abendmahl die Gewissheit, dass es ein guter Geist sei, der mir Besuche abstatte.

Seit der Zeit also erweise ich ihm viel Ehrerbietung. Wenn er spricht, höre ich aufmerksam zu. Ich befrage ihn, wenn ich Zweifel habe, auch wenn mir seine Gegenwart nicht ersichtlich ist. Täglich bringe ich ihm irgendein Gebet dar und oft beschwöre ich ihn, mir in allen meinen Handlungen beizustehen. Geh ich irgendwo hinein oder heraus, so erhebe ich in der Regel meinen Geist in Ehrerbietung zu ihm und bitte ihn, den Vortritt zu nehmen. Nur beim Abendmahl unterlasse ich das, denn er hat es mir wegen der dem heiligen Sakrament gebührenden Hochachtung untersagt. Kurz, ich tue nichts, ohne es ihm anzuempfehlen.

Ich berichte Euch alles als mein Vater, damit Ihr mir bitte Verhaltungsmaßregeln für die Zukunft erteilt. Denn ich bin fest entschlossen, Euch zu gehorchen in der Überzeugung, dass Gott es so will.

Wenn der Geist mir erschien, verfehlte ich nicht, sobald ich seiner gewahr wurde, Eurer Anweisung gemäß das Zeichen des Kreuzes zu machen und die Namen Jesus und Maria auszusprechen. Ich gestehe, ich tat das mit einiger Besorgnis. Darauf sprach er zu mir: „Warum fürchtest du dich? Ist es nicht das Zeichen deiner Erlösung? Gehorch in Einfalt und Herzensdemut! fürchte nur immer, was Gott missfallen könnte! Lass die heiligen Namen immer in deinem Herzen und Munde sein! Sie werden mich nicht von dir verjagen, vielmehr nur deine

Untreue allein gegen Gott, falls du dich in dem vergissest, was du Ihm schuldest!"

Schließlich erneuerte er die Zeichen, die ich auf der Hand trage. Ich verfehlte nicht, Euch ihm zu empfehlen, und bat ihn, Eurer Anweisung zufolge, er möge mit Euch in Verbindung treten. Er hörte mich mit sehr sanfter und leutseliger Miene an. Sagte, er werde es tun, und zog sich dann zurück. An Allerheiligen (1. November) erschien mir der glückselige Geist wieder, erneuerte die Zeichen, sagte aber nichts.

Sie fragt dann bei ihrem Beichtvater an, wie sie die Adventszeit verbringen und welche Buße sie unternehmen solle, und ob er für geraten halte, dass sie besondere Übungen anstelle.

Im Brief vom 24. Dezember 1643 schreibt sie, sie habe großes Verlangen nach dem heiligen Abendmahl, finde eine rechte Stärkung darin und ein Heilmittel für alle inneren und äußeren Schwächen. Sie teilt ihm mit, sie habe es bist jetzt täglich genommen, auf den Rat des Paters Jacquinot.

Sie berichtet ihrem Beichtvater dann über die Besuche ihres heiligen Engels: „Seit dem 21. November hat er mich viermal besucht, stets um die Zeichen, die ich auf der Hand trage, zu erneuern. Beim zweiten Besuch sprach der glückselige Geist zu mir: „An diesen Advent sollst du dich mit der Betrachtung des Mensch gewordenen Gottes und der Vernichtung, die Jesus Christus in diesem Mysterium an sich selber vornahm, beschäftigen, damit du schätzen lernst, was Unser Herr für deine Erlösung getan hat!"

Schließlich half er mir, mich besser in den Willen Gottes wegen meines Zustandes zu fügen, ich war nämlich ein wenig verdrießlich, mein Vater, dass ich infolge meiner mangelhaften Konzentration nichts tun konnte. Er hielt mir das als eine sehr große Unvollkommenheit vor.

Beim letzten Besuch sagte der Geist zu mir: „Wenn du den Empfang des Jesukindleins in deinem Herzen verdienen willst, in der Zeit, bis es die Heilige Jungfrau der Menschheit schenkt, so achte auf drei innere Zustände: erstens auf große Herzensreinheit, zweitens auf eine innere Einkehr, die dich alles vergessen lässt, was dich in irgendeiner Weise von diesem heiligen Mysterium ablenken könnte und drittens auf eine gänzliche Erniedrigung aller deiner Seelenkräfte, bis zur Unterwerfung unter das Reich des höchsten Herrschers!"

Mit Datum des 14. Januar 1644 schreibt sie dem Pater Saint-Jure, ihr Geist sei immer sehr anhänglich an Gott gewesen, so dass sie nur selten Seine Gegenwart verlor und stets tiefe Liebesempfindungen zum Herrn hegte.

Sie fährt dann fort: „In dieser Zeit erhielt ich häufig Besuche von meinem guten Engel. Den ersten zu Weihnachten gegen zwei Uhr nach Mitternacht. Der glückselige Geist erschien mir voller Glorie, wie ich ihn nie vorher gesehen hatte. Er blickte mich lieblich an und sprach: ‚Heute muss dein Herz bis in den Abgrund des Nichts gedemütigt werden, da Gott zu einem Mensch geworden ist. Versenk dich in die Anschauung der Lehren, die Er dir in solchem Zustand erteilt! Nur die wahrhaft reinen Seelen vermögen sie zu begreifen, nur diese wissen, wie sich die Größe eines allmächtigen Gottes mit der Winzigkeit des in der Krippe bebenden Kindleins vereinigen lässt!'"

Am Tag des Evangelisten Johannes (27. Dezember) besuchte mich der glückselige Geist wiederum. Er ermahnte mich sehr, ich solle nie die Gunst vergessen, die ich von Unserem Herrn durch das Verdienst dieses Heiligen erhalten habe, und fügte dann noch diese Worte hinzu: „Gott gefällt sich in demütiger Erkenntlichkeit!"

Um Euch das zu erklären, teurer Vater, muss ich gestehen, dass ich sehr von Gedanken und Regungen wider die Keuschheit gepeinigt wurde, auch nachdem ich von den Dämonen befreit wurde.

Eines Tages beklagte ich mich nach dem heiligen Abendmahl hierüber sehr zärtlich bei Unserem Herrn. Da wurde mir durch eine innere Stimme gesagt: „Meine Tochter, nimm Meinen vielgeliebten Schüler St. Johannes den Evangelisten zum Hüter deiner Keuschheit!" Das tat ich auch und seit der Zeit gewährte mir Gott die Gnade, dass ich weder im Geist noch im Körper schon sechs Jahre lang weder einen Gedanken noch eine Regung gegen diese Tugend verspürte."

Im selben Brief legt sie ihm weitere Rechenschaft ab: „Am ersten Tag des Jahres besuchte mich der glückselige Geist gegen drei Uhr morgens und sprach zu mir: ‚Du musst fleißig den hochheiligen Namen Jesu verehren! Mach heute zweihundert Kniebeugungen und küss die Erde und sprich dabei die Worte: ‚Im Namen Jesu, alles im Himmel, auf Erden und in der Hölle wird von Jesu überwunden!' Verrichte das Jahr hindurch diese Andacht, so oft du kannst, und fahre so fort in dem Rest deines Lebens! Wenn du von rechter Andacht zu diesem verehrungswürdigen Namen erfüllt bist, wird Gott dir nicht die Gnade verweigern, die Er mehrfach anderen gewährte, den Namen Jesu in deinem Herzen geschrieben zu tragen!" Zum Schluss erneuerte er die Zeichen, die ich auf der Hand trage, hörte noch die kleinen Wünsche meines Herzens mit an und verschwand dann."

Sie berichtet ihm in demselben Brief weiter von einem anderen Besuche des Geistes: „Am heiligen Dreikönigstag (6. Januar) erschien mir mein guter Engel um sechs Uhr morgens und sprach zu mir: ‚Heute ist der Tag, da du dem Herrn Geschenke machen musst, weil Er dir die Gunst erweisen will, diese anzunehmen! Biete Ihm dein Herz an und biete Ihm auch Herz und guten Willen derer an, mit denen du in geistlicher Gemeinschaft stehst! Bitte das göttliche Kind, Es möge sie zu Seiner Ehre und als Zeichen deiner Dienerschaft annehmen!' Danach erneuerte er die Zeichen und verschwand."

In demselben Brief schreibt sie noch weiter: „Ich wünschte, Ihr würdet mein Inneres kennen. Ich fühle mich sehr frei, es Euch offenzulegen. Alles, was Ihr mir sagt, prägt sich meinem Geist ein und schafft mir inneren Frieden. Ich muss Euch sagen, dass ich jede Nacht zwei Stunden im Gebet liege und oftmals sogar drei. Um Mitternacht stehe ich auf und gehe um drei Uhr wieder zu Bett. Oft geschah es, wenn ich nicht pünktlich aufgewacht war, dass ich so lange am Arm gezupft wurde, bis ich aufstand. Ich glaube, dies war mein guter Schutzengel. Jeden Tag verrichte ich zweieinhalb Stunden Gebete, wobei die Zeit der Messe und Danksagung nicht mitgerechnet ist, die eine halbe Stunde beträgt."

Im Briefe vom 9. Februar 1644 berichtet sie ihrem

Beichtvater Folgendes: „Ich befinde mich in großer Todessehnsucht und flehe zum Herrn, Er möge mir diese Gnade gewähren, damit ich Ihn ohne Hindernis genießen könne und niemals mehr in der Lage sei, gegen Ihn zu handeln. Ich habe allen Grund, mir zu misstrauen, dass etwa mit diesem Verlangen Unreinheit vermischt ist. Denn mein guter Engel gab mir einst den Rat, nie etwas herbeizuwünschen außer den Willen Gottes und die Vermehrung Seines Ruhmes."

Im gleichen Brief schreibt sie: „Am Sonntag Quinquagesimä (Sonntag 50 Tage vor Ostern) hörte ich die Stimme: ‚Meine Tochter, ich will ab jetzt, dass du fleißig zu Mir betest wegen des Heils der Seelen und du dich in Meiner Gegenwart selbst vergisst, damit du dich hingibst der Liebe zum Nächsten!" Gleichzeitig fühlte ich mich dazu gedrängt, die Fortsetzung mehrerer Bitten zu unterlassen, die ich an den Herrn um meinetwillen zu richten pflegte, hauptsächlich wegen Tugenden, die ich nötig zu haben glaubte. Ich bitte Euch um Anweisung hierüber.'"

Im selben Brief schreibt sie weiter, wie folgt: „Am gleichen Tag hat mein guter Engel die Zeichen, die ich trage, erneuert und zu mir gesprochen: ‚Suche in der Zeit, wo dein Heiland so viel Schmähungen von der Kreatur zu ertragen hat, mit großer Aufmerksamkeit Seine göttliche Gegenwart!' Trag dein Herz von Schmerzen durchbohrt, damit du immer daran denkst, die göttliche Majestät um Verzeihung zu bitten für die ungeheuren Sünden, die an Ihr begangen werden! Sei bestrebt, Seine Barmherzigkeit zu beugen, damit Er den undankbaren Seelen verzeiht und ihnen wirksam Gnade gewährt, sich zu Ihm zu bekehren,

und also Sein kostbares Blut ihnen nicht unnütz bleibt!"
Im Brief vom 25. Februar 1644 berichtet sie ihm, auf welche Art ihr der gute Schutzengel erscheint: „Ich will Euch sagen, mein Vater, dass mir mein guter Engel seit mehr als zwei Jahren in der Regel für meine körperlichen Augen äußerlich sichtbar erscheint. Er nimmt die Gestalt eines sehr schönen Jünglings an, der ein Alter von fünfzehn Jahren hat und drei und einen halben Fuß groß ist. Sein Gewand scheint mir weiß und voller Klarheit, seine beiden Augen wie zwei Sonnen. Ein großes Licht umstrahlt ihn. Sein Gesicht ist ernst, aber trotzdem sehr, sehr leutselig. Spricht er nicht mit mir, so ist sein Besuch ziemlich kurz. Er dauert dann nicht länger, als man braucht, um aufmerksam ein ‚Erbarme Dich' zu beten.

Will er die Zeichen erneuern, so fasst er mich sehr sanft bei der Hand. Manchmal zieht er mir den Handschuh ab und dann geschieht eine Bewegung, als wenn jemand auf meine Hand schriebe. Er beginnt immer damit, den sehr heiligen Namen Jesu zu bilden. Währenddessen fühle ich gleichsam eine leichte Hitze auf der Hand, aber sie ist sehr sanft und ohne die geringste Unbequemlichkeit für mich. Meine Seele befindet sich dabei in tiefer innerer Sammlung. Einmal gab mir der glückselige Geist folgende Verhaltensmaßregel: „Gib acht, dass du dich nicht bei diesen äußeren Dingen aufhältst oder irgendeinen Gefallen daran findest."

Lässt er sich mit mir ins Gespräch ein, so dauert sein Besuch zuweilen eine gute Viertelstunde. Er hinterlässt auf meiner Hand einen sehr angenehmen Geruch und der Ort, wo sein Besuch stattfindet, ist ganz von süßem Duft getränkt. Ich höre ihn auf meinen Knien an und mit großer Ehrfurcht. Auch empfehle ich ihm die Bedürfnisse meiner Seele sowie derer, mit denen ich besonders verbunden bin."

Unter dem 16. März 1644 legt sie zunächst ihre innere Stimmung auseinander. Diese besteht in großer Dürre, Furcht und Misstrauen in ihren Zustand zusammen mit großer Liebessehnsucht zu Gott. Sie fährt dann fort: „Mein guter Engel besuchte mich am ersten Tage dieses Monats gegen zehn Uhr abends. Ich schlief bereits und er zupfte mich am Arm und befahl mir aufzustehen, was ich auch sogleich tat. Ich kniete dann vor das heilige Sakrament hin. Bald darauf näherte er sich mir und sprach: „Deine Seele muss auf alle Tröstung verzichten, die sie aus diesem Dasein schöpfen könnte, und an den bitteren Qualen und Schmerzen teilnehmen, die der Herr für dich in Seiner Passion erlitten hat. Schau zu, dass du treu und beständig all deine Übungen durchführst!" Diese Worte flößten mir etwas Furcht ein. Ich bot mich Gott dar zu allem, was ihm gefallen würde, und gab mich vollständig Seinem hochheiligen Willen hin."

Im Brief vom 20. April 1645 berichtet sie ihrem Beichtvater, was seit der Osterwoche in ihr vorgegangen sei: „Ich verbrachte die Osterwoche, teurer Vater, in der Sehnsucht, an den Leiden und Mühen Unsres gütigen Heilands teilnehmen zu dürfen. All meine innere Betrachtung stellte ich über Seinen Jammer an, und ich spürte ein großes Mitgefühl in meiner Seele, so dass ich stets damit vereint bleiben konnte. Palmsonntag gegen vier Uhr morgens erschien mir mein guter Engel, erneuerte die Zeichen, die ich auf der Hand trage, und sagte zu mir: „Jetzt ist die Zeit, da dein Heiland seine unendliche Liebe zeigt, die Er zu Seiner Kreatur hat. Wie wirst du dich Ihm erkenntlich zeigen für solche Liebe?" Diese Worte überraschten mich etwas. Trotzdem gab ich ihm zur Antwort: „Ich bin bereit, alles zu erfüllen, was Gottes Majestät von mir fordern wird. Ich bitte um Belehrung über seinen heiligen Willen!" Er entgegnete darauf: „Du musst einig sein im Herzen und in der Liebe mit deinem Heiland! Folge Ihm im Leiden und verlier Ihn nicht aus den Augen! Gib alle göttlichen und menschlichen Befriedigungen auf und verehre allein die Todesängste, die Unser gütiger Heiland für dich hat erleiden wollen!"

Ich will in Wahrheit bekennen, teurer Vater, dass meine Seele hierbei von einer ganz unaussprechlichen Traurigkeit ergriffen wurde. Ich empfand eine große körperliche Niedergedrücktheit. Alles, was mir noch verblieb, war eine Übereinstimmung mit dem Willen Gottes und die Erinnerung an die Leiden Unsres Herrn. Bis in die Nacht zum Donnerstag blieb ich in diesem Zustand. Gegen Mitternacht, als ich das heilige Sakrament in unserem Zimmer bewachte, wurde ich von einem großen Schrecken erfasst. Ich sah dicht bei mir zwei grässliche menschliche Gestalten und spürte einen großen Gestank. Sie hielten beide Ruten in den Händen, packten mich wütend beim Arm, fesselten mich an den Bettpfosten und peitschten mich eine halbe Stunde oder länger aus. Mein guter Engel erschien da, warf sie zu Boden, dass sie wie Hunde heulten, und zwang sie zur Flucht. Sie ließen mich am ganzen Körper zerfleischt zurück. Der glückselige Geist hatte nichts zu mir gesprochen. Gegen drei Uhr morgens erschien er mir und sprach: „Gegenwärtig sind Himmel und Erde erstaunt darüber, dass sie einen Gott sehen, der für Seine Kreatur stöhnt und leidet. Er hat sich zum Auswurf aller Völker gemacht und wird von Seinen nächsten Freunden im Stich gelassen. Sieh zu, ob du unter der Zahl derer sein willst, die Ihn verlassen, oder ob du Ihn begleiten willst!" Ich antwortete ihm: „Ich will meinem Heiland folgen! Ich bitte Ihn um diese Gnade!" Er entgegnete: „Dein Herrscher hat dein Begehren angenommen. Du wirst innerlich einen Teil der Schmerzen empfinden, die Er getragen hat in Seiner Passion, und als Gipfel Seiner Barmherzigkeit wird Er deinem Herzen Sein Kreuz aufdrücken. Du aber halte diese Gunst ganz geheim!"

Dieses letzte Wort verwunderte mich ein wenig. Deshalb sagte ich zu ihm: „Da mir Gott einen wahren Vater zuerteilt hat, so mögt Ihr es für gut befinden, dass ich diesem Eure eben erfolgte Erklärung mitteile. Denn ich befürchte, ein böser Geist könne die Gelegenheit wahrnehmen und mich irreführen!"

Er antwortete darauf: „Ich denke nicht daran, es dir zu untersagen, dass du dich in voller Freiheit mit deinem Beichtvater berätst; ich gebe dir die Versicherung, dass du niemals irregeleitet wirst, wenn du seiner Anweisung folgst. Es ist aber nicht nötig, dass auch noch andere davon erfahren!"

Bald darauf fühlte ich eine große innerliche Bewegung zusammen mit so heftigen Schmerzen, dass ich sie unmöglich beschreiben könnte. Sie hielten fünf Stunden lang an. Die Schmerzen waren allgemein im ganzen Körper, aber am lebhaftesten im Herzen. Die Wirkung war so groß, dass ich denselben Tag noch ungefähr drei Steinkrüge Blut erbrach und in Wahrheit daran zu sterben glaubte. Der Schmerz im Herzen hat mich noch nicht verlassen. Auch blieb mir eine große Schwäche, so dass ich fast jeden Augenblick in Ohnmacht falle. Was meine Seele anlangt, so bleibt sie in Gegenwart Gottes sehr ruhig und es scheint mir, als ob sie sich mehr und mehr zu Jesus Christus neigt und mit ihm vereinigt."

In dem Brief an ihren Beichtvater vom 18. Mai 1645 berichtet sie nähere Einzelheiten über die im vorigen Brief erwähnte Geißelung entsprechend der Anweisung, die er ihr in seinem Antwortschreiben erteilt hatte. Folgendes schreibt sie ihm also: „Ich muss Euch demnach mitteilen, teurer Vater, dass die Person, von der ich schrieb, aller ihrer Kleider bis auf das Hemd beraubt wurde. Dies wurde ihr über die Schultern hinaufgeschoben und auf dem Kopfe zusammengesteckt. Sie wurde von denen, die sie geißelten, in diesen Zustand versetzt. Die Geißelung geschah von den Schultern hinab bis zu den Kniekehlen. Die Person war ganz in Blut getaucht, so dass der Fußboden des Zimmers stark verunreinigt wurde. Eine von den Schwestern musste sie und ihre Wäsche wieder säubern. Sie nahm ihr einen Treueid ab, dass sie zu niemandem davon spreche. Aber sie sagte ihr auch selber nicht, was geschehen sei, sondern ließ sie in dem Glauben, es handele sich um die Wirkung einer übermäßigen Ausübung der klösterlichen Zucht. Diese Person hat dennoch nicht völlig das Bett gehütet. Denn sie ist immer aufgestanden, um die Messe zu hören und das Abendmahl zu nehmen.

Allerdings musste sie sich vierzehn Tage lang oder länger zu Bett halten, weil sie sonst Ohnmacht oder Herzschwäche bekam wegen der allgemeinen Schmerzen, die sie empfand, und überhaupt wegen ihres Schwächezustandes. Ihre Wunden sind heute noch nicht geheilt. Als man ihr das Hemd, das sie auf dem Kopf hatte, wieder herunterschlug, banden sie diejenigen, die sie gefesselt hatten, wieder los. Sie hat nicht bemerkt, dass bei dieser Handlung irgendwie gegen die Keuschheit verstoßen wurde. Sie hat sich auch nicht in ihrer Nacktheit gesehen."

Im gleichen Brief schreibt sie: „Nach der Geißelung wurde das Kreuzeszeichen in folgender Weise aufgedrückt: Das Herz wurde entzweigeschnitten; dann wurde auf den einen Seite ein Kreuz mit Inschrift und der Gestalt des Gekreuzigten aufgedrückt, was drei Tage lang Blutverlust verursachte." Sie schreibt dann weiter: „Äußerlich ist nichts sichtbar. Doch befinde ich mich in der Zeit beständig in einer großen inneren Mattigkeit mit einem Schmerz im Herzen, der mich nicht verlässt."

Besessene (Gemälde Pieter Brueghel; 16. Jh.)

Ihre Stimmung neigt sehr zum gekreuzigten Jesus, und oft ertappt sie sich dabei, dass sie Ihn bittet, Er möge hier nicht stehen bleiben, sondern fortfahren, sie Seine Schmerzen leiden zu lassen und die Tränen Seiner Passion in ihr Herz zu ätzen. Sie hat es dahin gebracht, dass sie sich selbst jeder Art von geistlicher und körperlicher Tröstung beraubt und auf alle die Süßigkeiten im Geist verzichtet, die sie zuweilen in Gegenwart des hochheiligen Sakramentes genießt, woraus sie sonst große Kraft schöpft.

Manchmal fühlt sie sich getrieben, zu ihrem Herrn im Geiste des Vertrauens zu sprechen: „Mein süßes Lieb und guter Meister, ruh nun aus auf dem Kreuze, das du deiner unwürdigen Magd gegeben hast, und mach sie dir ähnlich!" All ihr geistlicher Fleiß und ihre inneren Unterhaltungen gelten der Passion. Womit sie sich auch beschäftigt, sie findet sich doch immer in dieser wieder. Seit der Zeit hat sie wegen ihres Zustandes keine Schmerzen gehabt. Sie lebt in einer Loslösung von allen Dingen und wirft sich vollständig in die Arme Gottes, um alles zu erleiden, was er nur immer wünschen wird.

In ihrem Brief vom 2. Juni 1645 berichtet sie wie folgt: „In der Nacht vom Donnerstag auf den Freitag der heiligen Woche erschienen mir unterschiedlich starke Lichter: Das eine trüb und gelblich wie eine Sonne, die sich verfinstert. Das andere erschien, als man die Widersacher, die mich peitschten, verjagte, und war sehr hell."

Sie berichtet ihm dann weiter über ihre Stimmung in folgenden Worten: „Mein teurer Vater, Unser Herr bindet mich mehr und mehr an Seine Schmerzen, und was für Qualen meine Natur auch empfindet, so brennt mein Herz doch lichterloh für das Leiden."

Am Freitag vor dem Himmelfahrtsfest erschien mir mein guter Engel gegen drei Uhr morgens. Er trug drei

Nägel in seiner linken Hand. Diese, die ziemlich groß und dick aussahen, bot er mir dar. Er fragte: „Gibst du nicht dein Herz Gott hin, um es mit diesen Nägeln zu befestigen, ebenso wie Er wollte, dass sein Sohn Jesus Christus damit ans Kreuz geheftet wurde? Und bist du nicht damit einverstanden, dass Er dir die Gunst erweist, alle Zeichen Seiner Passion in dein Herz einzugraben?" Ich antwortete ihm: „Ich bin damit einverstanden, dass Gottes Wille gänzlich in mir geschehe. Ich bin Sein Eigentum! Möge Er mit mir und in mir alles machen, was Ihm gefällt!" Er entgegnete darauf: „Die Natur wird viel zu leiden haben, aber derjenige, der dich mit der einen Hand zu Boden schlägt, wird dich mit der anderen stützen. Übe tiefe Demut und große Treue aus! Nimm dich in Acht vor jeder Art innerer und äußerer Selbstgefälligkeit! Sei wach in der Furcht, dass deine Widersacher dich überrumpeln könnten! Sei mitteilsam zu demjenigen, den Gott dir gegeben hat zum Schutz vor den Nachstellungen! Man wird versuchen, dich zu überrumpeln, wenn du am wenigsten daran denken wirst! Lass dich also leiten!"

Ich bat ihn um Erleuchtung, damit ich vor den Listen der Widersacher bewahrt bleibe, und ferner, er möge Euch kundgeben, was Gott von mir in dieser Angelegenheit wolle. Nach dieser Unterhaltung erneuerte er die Zeichen und verschwand.

Ungefähr eine Viertelstunde später überkam mich eine gewaltige Liebe zu Unserem Herrn Jesus Christus. Mein Herz befand sich in sehr schmerzhafter Bedrängnis, als wäre es zu verschiedenen Zeiten dreimal dicht nebeneinander durch und durch gebohrt worden. Meine Natur

Jesus heilt einen Besessenen (18. Jh.)

empfand die Stiche so lebhaft, dass mir das Blut in einem starken Strahl aus dem Mund spritzte. Ich verbrachte lange Stunden ohne äußere Regung. Mein Inneres aber war mit Gott beschäftigt und versenkte sich in Seinen hochheiligen Willen. Ich habe wieder ein völlig neues Verlangen danach, an den Schmerzen Jesu Christi, Seines Sohnes, Anteil zu nehmen. Gerade kann ich mich eine Stunde aufrecht halten, dann werde ich sogleich ohnmächtig. Der Blutverlust verursacht mir diese Ohnmacht.

Am Himmelfahrtstag erschien mir mein guter Engel wiederum. Er erneuerte die Zeichen, sprach aber nicht zu mir."

Im Brief vom 30. August 1645 schreibt sie ihrem Beichtvater Folgendes: „Mein guter Engel besuchte mich zweimal. Der erste Besuch war ohne Gespräch. Beim zweiten aber, am Tag des heiligen Ignatius (31. Juli), redete er also: „Du empfindest zu viel Zärtlichkeit zu dir selber, weil kleine Schwächen dich dazu verleiten. Das zerstreut dich leicht und du hältst nicht fest genug zu Gott und suchst zuweilen kleine menschliche Vergnügungen, was den Absichten Gottes zuwider ist. Denn Er meint, dass dieser Zustand der Qualen, in dem du dich befindest, dich mehr und mehr von dir selber loslöst und dich enger an Ihn bindet, indem du Seinem Sohn Jesus Christus ähnlicher wirst!"

Er sprach weiter: „Eine Person, die bestimmt ist, das Kreuz zu tragen, wie du, und die Zeichen Seiner Passion im Herzen zu erdulden, darf weder Freude noch Vergnügungen aus den Qualen schöpfen. Also sei auf der Hut, dass du dich nicht durch Treulosigkeit der Gnade Gottes beraubst!"

Ich fragte ihn dann, ob die Eindrücke tatsächlich auf meinem Herzen wären. Seine Antwort lautete: „Kreuz, Nägel und Krone sind darein gegraben, die anderen Werkzeuge noch nicht. Doch wenn du dich Gott treu ergibst, wird Er sie alle noch anbringen. Zu allerletzt wird die Lanze eingegraben werden. Sie wird dir das Herz durchbohren und deinen Tod herbeiführen. Die anderen Werkzeuge werden Stück für Stück eingegraben werden, unter großen Schmerzen, wie bereits geschehen ist!" Er sagte noch weiter: „Das Letzte wird so bald nicht geschehen. Du wirst zuvor noch viel zu leiden haben!" Nach diesen Worten erneuerte er die Zeichen und verschwand.

Im gleichen Brief schreibt sie: „Mein Herz verspürt den Geschmack Gottes so sehr, dass alles andere ihm nichts ist. Mir kommt es vor, als sei meine Seele in die Tugenden Jesu Christi gekleidet und angefüllt von Erleuchtung über Seine göttlichen Vollkommenheiten. Mit Eifer schrei ich: ‚Herr, eine Dich mit mir! Verwandle mich in Dich!'"

Mir kommt es vor, als ruhe dieser liebliche Gatte in meinem Herzen gleich wie auf Seinem Throne. Ich merke es, wie Er Wohlgefallen empfindet. Was mich vor Liebe und Bewunderung fast ohnmächtig macht, ist eine gewisse Annehmlichkeit, die Er zu empfinden scheint, wenn ich mein ganzes Wesen in Seines ergieße und in ehrfürchtiger Liebe alles wieder erstatte, was Er mir gewährt. Zuweilen bin ich so frei und spreche vertraulich zum Herrn, nenne Ihn „Liebchen" und interessiere Ihn für alles, wonach ich frage, sowohl um meinetwillen als auch wegen der anderen."

Unter dem 14. September 1645 berichtet sie ihm folgendermaßen: „Mir kommt es vor, als sei das, was ich bei der Erneuerung der Zeichen auf meiner Hand verspüre, eine Wirkung davon, dass der Herr mir das Wappenzeichen Seiner Passion ins Herz gräbt. Denn ich fühle in diesem Körperteil so große Schmerzen, dass ich es gar nicht auszudrücken vermag. Je lebhafter sie sind, um so mehr begehre ich sie. Wie sehr auch die Natur klagen mag, so kann ich mich doch nicht zurückhalten, Unseren Herrn zu beschwören, Er möge Sein Werk fortschreiten lassen und mich Ihm ähnlich machen im Schmerz. In der Tat, ich leide mit großem Vergnügen, ja mehr noch, mit einer süßen Ungeduld zu leiden, und es dauert mir viel zu lange, bis mein Heiland Sein Werk vollende und mich Ihm einigermaßen ähnlich mache."

Im Brief vom Monat Januar 1646 berichtet sie ihrem Beichtvater Folgendes: „Gegen vier Uhr morgens, als ich noch im Bett lag, zupfte es mich am Arm und eine Stimme sprach deutlich diese Worte: „Steh unverzüglich auf und rüste dich zum Empfang der Tätigkeit Gottes in deinem Herzen!"

Am gleichen Tag gegen neun Uhr vormittags, als ich mich nach dem Dankgebet der heiligen Kommunion auf mein Zimmer zurückgezogen hatte, litt ich unter einem so heftigen Herzschmerz, dass ich ihn gar nicht beschreiben kann. Das rief bei mir einen halben Tag lang ständig Ohnmachtsanfälle hervor, die schließlich mit starkem Bluterbrechen endeten. Währenddessen verlor ich die Besinnung nicht, und ich glaube, mein Geist und mein Wille einten sich mit dem Herrn. Im Inneren fühlte ich eine gewaltige Freude, weil es mir vorkam, als ob in mir etwas Schmerzhaftes durch einen Effekt Seiner Liebe tätig sei.

Ich hätte gern gewünscht, ich sei fähig, noch mehr zu erdulden und könnte es ihm darbringen. Es ärgerte mich, dass ich so leicht die äußeren Sinne einbüßte, weil das meinen Schmerzen einige Ruhepausen gewährte. Mir schien es, als spräche der Herr im Grunde meines Herzens: „Meine Tochter, Ich will ein Bildnis von Mir machen auf diesem Herzen!"

Diese Worte haben einen starken Eindruck auf meinen Geist gemacht und geben mir eine sehr gute Vorstellung, inwieweit der Herr in allen diesen äußeren Handlungen tätig war. Es kommt mir vor, als seien seit der Zeit meine äußeren Regungen bedeutend gleichmäßiger gewesen. Was mein Inneres anbelangt, so fühle ich mich ganz an Gott gefesselt.

Am Tag der heiligen Therese (15. Oktober) erschien mir gegen sechs Uhr abends am Schluss des Gebets mein guter Engel wieder. Er erneuerte die Zeichen und sprach zu mir: „Du lassest dich zu leicht auf kleine Zerstreuungen ein in deiner Schwäche, aber das möchte nicht dein Heiland. Nicht aus menschlichen Dingen sollst du Erleichterung schöpfen, sondern allein aus der Betrachtung der göttlichen Mysterien. Wenn dein Körper schwach und zerschlagen bleibt, so geschieht dies nur, um deinem Geist mehr Kräfte zu geben. Gib all die kleinen Erleichterungen auf, die dir die Menschen geben könnten! Denk daran, dass du im Herzen das Bild des gekreuzigten Jesus tragen musst! Noch heute wird Er dich die Schmerzen der Passion empfinden lassen und in dein Herz einige Werkzeuge eingraben, die einst diesem geweihten Mysterium gedient haben!"

Ich fragte nun, welche Zerstreuungen ich vermeiden müsste. Ich war so plump, dass ich die gemachten Fehler gar nicht erkannte. Worauf er antwortete: „Auf dreierlei verschiedene Dinge musst du achtgeben: erstens nicht deine Einbildung durch den Gesang erfreuen, wenngleich es auch fromme Verse sind. Denn dazu neigst du leider; zweitens nicht öfters, als es die Regel gestattet, mit einer der Schwestern, auch wenn es gute Dinge sind, sich zu unterhalten. Es sei denn es ist wichtig; drittens musst du selbst während der Erholung solche Unterhaltungen vermeiden, die dich zerstreuen könnten. Vielmehr musst du dich erinnern, dass sich Unser Herr weder Freude noch Trost gegönnt hat bei der Erfüllung des Willens Seines Vaters!"

Er warnte mich dann noch vor einer gewissen kleinen Zufriedenheit, in der sich mein Herz gehen lasse, sobald man mich beklagt, bemitleidet oder sonst um mich kümmert. Ich sollte erkennen, dass es sich hierbei um eine große Unreinheit handelt. Dann verschwand er.

Am selben Tag gegen Mittag litt ich unter Herzschmerzen und Ohnmachtsanfälle von großer Heftigkeit, die fast drei Tage lang andauerten, und mit starkem Bluterbrechen verbunden waren. Meine innere Stimmung zielte darauf ab, mich in Gegenwart Gottes recht frei zu halten. Ich gab mich Ihm ganz hin, vereinte mich mehr und mehr mit Seinem göttlichen Wollen und verharrte in großer Bewunderung Seiner Güte, die Er an mir ausließ.

Ich komme auf die Ereignisse am Tag des heiligen Franz Xaver zurück. Morgens gegen acht Uhr erschien mir mein guter Engel und erneuerte die Zeichen, die ich trage. Dann ermahnte er mich zu großer Einigkeit mit Gott und Verachtung meiner eigenen Person, zu einer Loslösung von all meinen Interessen, zur geistigen Ruhe in allen Ereignissen meines Lebens, zur Übereinstimmung meines Willens mit Seinem in allen Dingen und zu großer Geduld in den Übeln, die mir zustoßen würden. Am folgenden Tag wurde ich krank mit anhaltendem Fieber. Während dieser Krankheit befand ich mich fast stets in der Gegenwart Gottes. Ich fühlte mich in einer großen Ruhe des Geistes und Unterwerfung unter den Willen Gottes. Nur der Umstand, dass ich nicht täglich zum Abendmahl gehen konnte, verursachte mir Qualen.

Dieser einzigen Unruhe wollte der böse Geist ausnutzen. Er erschien mir in der Gestalt meines guten Engels, bot mir das Abendmahl an und sprach: „Der Herr hat diese Gunst mehrfach anderen erwiesen. Du darfst sie genießen, weil du von Ihm geliebt wirst!"

Die Wirkung dieser Worte in meiner Seele ließen mich erkennen, dass sie nicht von einem guten Geist kämen. Ich antwortete dem, der da sprach: „Würde Gott wollen, dass ich das Abendmahl bekommen würde, so würde er wohl

Wege finden, dass es ordnungsgemäß in der Kirche geschehen würde. Von dir aber will ich es nicht!" Ich machte darauf das Zeichen des Kreuzes, und der Geist erschien wie ein großer brüllender Stier."

Dies sind also die Vorgänge, die sich zutrugen, als der Schwester des Anges die Werkzeuge der Passion Unseres Herrn ins Herz gedrückt wurden. Die gleichen Eindrücke erneuerten sich in den folgenden Jahren. Folgendermaßen schreibt sie darüber zu ihrem Beichtvater, dem ehrwürdigen Pater Saint-Jure: „Im Jahre 1645 fühlte ich am Neujahrstag nach dem heiligen Abendmahl mein Herz lebhaft gerührt von Liebe zum hochheiligen Namen Jesu. Ich konnte mich nicht enthalten, Unseren Herrn sehr inständig darum zu bitten, dass er ihn in mein Herz einpräge. Da wurde mir innerlich die Stimme: ‚Meine Tochter, Ich will dein Verlangen erhören und dich die Kraft und die Tugend Meines Namens fühlen lassen; Ich verharre in der Erwartung der Versprechungen!'

Am 1. Oktober 1646 sagte mir mein heiliger Engel, ich solle mit Einwilligung meines Beichtvaters täglich irgendeine Handlung zu Ehren der Passion Unseres Herrn vornehmen, da Er mir doch die Gunst erwiesen hätte, dass ich Sein Wappen in meinem Herzen eingraviert tragen dürfe. Der große Blutverlust, den ich von Zeit zu Zeit verspürte, zusammen mit den fast ständigen Herzschmerzen hatten als Ursache diese Wunden. Es solle mir eine beständige Erinnerung sein an die Schmerzen, die mein Heiland für mich erlitten hatte."

Vom 24. November 1649: „Oft habe ich Bilder von der Passion meines einzigen Lieblings gesehen. Manchmal

kommt es mir vor, als geschehe sie in mir und als erneuerten sich alle Geräte der heiligen Passion in meinem Herzen. Durch diese Anstrengung spucke ich viel Blut aus
und falle in einen so seltsamen Schwächezustand, dass
man mehrmals meinte, ich würde meine Seele aufgeben.

Karfreitag, den 16. Juni 1651, glaubte ich, ich würde
sterben. In fünf Tagen nahm ich mehr als vier Pfund ab. So
heftig waren die Herzbeschwerden. Auch schien mir es,
als ob mein guter Heiland in meinem Herzen den Eindruck der Passionswerkzeuge und die Wunden erneuerte.
Daher musste ich so viel Blut ausspucken und daher halten meine Herzschmerzen noch an."

Hier folgen der Reihe nach die Eindrücke, die auf dem
Herzen der Schwester Jeanne des Anges von den Passi-
onsinstrumenten Unseres Herrn gemacht worden sind:

Karfreitag, den 14. April 1645, eine Stunde nach Mitternacht wurde ihr Herz entzweigeschnitten und auf einer Seite
ein Kreuz mit Inschrift und der Gestalt des Gekreuzigten
aufgeprägt. Dies rief einen dreitägigen Blutfluß hervor.

Am 3. Mai, dem Tag der Kreuzfindung, wurden drei
Nägel in das Kreuz geschlagen, das den gekreuzigten
Christus hielt.

Am 24. Juni, dem Tag Johannes des Täufers, wurde
die Dornenkrone auf das Haupt des Gekreuzigten
gedrückt.

Am 31. Juli, dem Tag des heiligen Ignazius, wurde eine
Staubsäule auf der anderen Herzhälfte angebracht.

Am 10. August, dem Tage des heiligen Laurentius,
wurden Seile und zwei verschiedene Geißeln angebracht.

Am 15. August eine Leiter.

Am Tag der Kreuzerhöhung wurden Zange und Hammer angebracht.

Am Tag der heiligen Therese (15. Oktober) ein Rohrstab.

Am 1. November dreißig Silberlinge und drei Würfel.

Am 3. Dezember Lanze und Schwamm.

„Es bleibt noch die eiserne Lanzenspitze", erklärte der gute Engel, „die erst zum Todesstoß angesetzt werden wird, wofern du dich ihrer würdig erweist und Gott getreu bleibst."

Nachdem Schwester des Anges von ihrem guten Engel diese Aufklärung empfangen hatte, vertraute sie ihm und legte ihm einige Fragen vor, die er wie folgt beantwortete:

„Woher kommen gegenwärtig die Blutergüsse, die mich von Zeit zu Zeit befallen?"

„Sie kommen von der Erneuerung, die den Wunden geschieht, und werden von Zeit zu Zeit immer wiederkehren!"

„Ist diese Erneuerung notwendig für die Erhaltung der Wunden?"

„Nein, sie geschieht wegen der größeren Übereinstimmung mit den Schmerzen Unseres Heilands und um dich enger an die Passion zu binden!"

„Sagt mir bitte, was Gott von mir wünscht für diese Gnade?"

„Gott wünscht, dass du zu Ihm oftmals Dankgebete sprichst, Freude und Trost nur in Ihm suchst und jede Zufriedenheit aufgibst, die nicht zum Leben notwendig sind, täglich nach dem Rate deines Beichtvaters einige

Handlungen zu Ehren der Passion Jesu Christi vornimmst, alles Glänzende meidest, an die Dinge herangehest, die dich demütigen, dich jeden Augenblick loslösest von dem, was deine Vereinigung mit Gott verhindern könnte, weise alle unnütze und eitle Neugier vermeidest, an die sich die Mehrzahl der Menschen ergötzt, was aber nur den Geist der Demut erstickt!

Sei eifrig in Handlungen der Nächstenliebe, auch wenn du sehr wenig Lust dazu hast! Leide geduldig, sanftmütig und untertänig unter den Launen anderer, auch wenn sie dir zuwider sind, und vor allem aber, verurteile sie niemals in der Erregung!"

In einem Brief vom 9. Februar 1646 schildert sie ihrem Beichtvater ihre Stimmungen. Sie sagt, ihr Geist sei in der Finsternis. Sie habe Gefühle von Eigenliebe. Alle Augenblick ertappe sie sich bei Gedanken der Eitelkeit und bei der Suche nach Selbstzufriedenheit. Sie spüre Ungeduld und inneren Kummer. Ihr Herz strebe aber immer noch zu Gott, so dass sie stöhne, wenn sie sich so gefangen und von Jammer umgeben sieht.

„Mein guter Engel hat die Zeichen zweimal erneuert, ohne mir etwas zu sagen. Ja, er lässt mich nicht einmal sein Gesicht deutlich sehen, obwohl dies doch sonst seine Gewohnheit war. Wenn ich erkennen könnte, weshalb ich dem Herrn missfalle, oder was Er von mir wünscht, so wäre ich zufrieden. Eher möchte ich sterben, als dass ich diese Sache nicht in Ordnung bringe. Mein größter Schmerz ist die Furcht, dem lieben Gott missfallen zu haben. Deshalb wage ich bloß wie eine Verbrecherin vor Ihn zu treten, die Ihn um Erbarmen anfleht."

Unter dem 30. März 1646 berichtet sie ihrem Beichtvater über die Vorgänge bei ihrer Wahl zur Oberin: „Ich erklärte gestern im Kapitel unserer Gemeinschaft, dass ich den Entschluss gefasst hatte, bei einer Neuwahl die Regeln zu beachten. Man machte große Schwierigkeiten. Endlich gab der größte Teil der Gemeinschaft die Hand darauf, sie gemäß unserer Regel zu veranstalten. Mit Mühe erlangte ich von Seiner Hochwürden von Poitiers die erbetene Gnade, dass ich bei der Wahl keine passive Stimme haben müsste. Die Schwestern bereiteten mir Kummer mit der Anhänglichkeit, die sie mir entgegenbrachten."

Am 12. April 1646 schreibt sie folgendermaßen: Wir haben unsere Wahl abgehalten. Seine Hochwürden von Poitiers hat die erste nicht bestätigen wollen, weil sie bedingt war. Ich strengte mich an, den Schwestern nachzuweisen, dass sie gewissenhaft ihre Augen nicht mehr auf mich werfen dürften, weil das der Regel zuwiderlief und auch kein Grund vorhanden war, in einem so wichtigen Punkt eine Ausnahme zu erbitten.

Ich hatte mich bemüht, ihre Aufmerksamkeit auf einige andere Schwestern zu lenken und hoffte, entlastet zu werden. Wir hielten also die Wahl ab. Von siebzehn vorhandenen Stimmen bekam ich nur sechs absolute. Sechs andere waren bedingt und wünschten meine Wahl, wenn das die Regel gestattete; andernfalls erwählten sie unsere Subpriorin. So war also diese Schwester gewählt; denn sie hatte außerdem noch vier andere absolute Stimmen.

Seine Hochwürden von Poitiers verweigerte sich entschieden, dieser Wahl seine Zustimmung zu geben. Er erklärte, es sei seine Sache, zu beurteilen, ob eine Wahl gegen die Regel verstoße. Es falle ihm nicht ein, der Gemeinschaft die Freiheit zu nehmen, dass sie ihre Augen werfen dürfe, auf wen sie wolle. Er würde es aber nicht verstehen, weshalb eine von denen, die man für fähig gehalten hatte, das Amt auszuüben, der passiven Stimme beraubt sein solle, selbst wenn sie es eben erst ausgeübt hätte. Er verbot also, bedinge Wahlzettel abzugeben, erklärte solche für null und nichtig und befahl, man solle zu einer neuen Wahl schreiten.

Gehorsam dieser Anordnung nahmen wir nun am folgenden Mittwoch eine neue Wahl vor. Ich bekam alle Stimmen bis auf eine. Seine Hochwürden sandte seine Bestätigung, bezeigte seine Zufriedenheit mit dieser Wahl und befahl mir, das Amt wieder anzunehmen. Ich habe mehrfach Fehler begangen in dieser Angelegenheit, indem ich zu sehr meinen Willen durchsetzen wollte.

Der böse Geist erschien mir in Gestalt meines guten Engels. Er sagte mir Worte des Beifalls und wollte mir die Versicherung geben, dass meine Fehler verziehen seien und ich die Liebe des Herrn besäße. Seine Worte versetzten meine Seele in Unruhe. Daher kam ich zu der Ansicht, es sei mein Widersacher und nicht mein guter Engel. Ich verachtete diesen bösen Geist. Er verwandelte nun seine Schönheit und erschien mir in scheußlicher Missgestalt. Er stürzte sich mit großer Gewalt auf mich, versetzte mir mehrere Schläge und verschwand dann wie eine Schlange, die über den Boden schlich und heulte wie ein Hund.

Gegen vier Uhr morgens erschien mir mein guter Engel. Zuerst war ich in einiger Sorge wegen des Ereignisses vom vorhergehenden Abend. Ich machte das Zeichen des Kreuzes. Darauf sprach er: „Beruhige deinen Geist und achte aufmerksam auf das, was ich dir sagen werde!" Seine Worte taten ihre Wirkung in mir, und ich war ganz beruhigt.

Folgendes sprach er zu mir: „Du unternimmst die Dinge mit zu viel Eifer und ordnest sie nicht genügend nach dem Willen Gottes. Sieh, wie oft du dich selber in allem, was vorging, gesucht hast! Nun erkennst du die Anzahl der begangenen Fehler und die verlorene Zeit! Wenn du so fortfährst, wirst du dich der Gnade Gottes ganz und gar unwürdig erweisen. Entschuldige dich nicht mit guten Absichten, das hieße nur, dir selber schmeicheln, du wirst das Amt ausüben; aber denke daran, du wirst Anlass zu leiden finden, wo du es am wenigsten erwartest! Bitte Gott oft um Verzeihung wegen der in dieser Angelegenheit begangenen Fehler und flehe um Seinen Beistand, damit du nicht vielleicht strauchelst!"

Nach diesen Worten fasste er mich bei der Hand und erneuerte die Zeichen. Ich bat ihn, mir auch weiterhin seinen Beistand zu gewähren und mir den Drang zur völligen Hingabe an Gott einzuflößen. Auch soll er dafür sorgen, dass ich keinen Fehler begehe, der Ihm missfallen könne."

In dem Brief vom 3. Mai 1646 berichtet sie ihm folgendermaßen über ihre innere Stimmung: „Ich befand mich vor Gott in großen Gefühlen des Schmerzes wegen meiner Sünden. Ohne Unterbrechung bat ich den Herrn schreiend um Erbarmen und begehrte, Seiner Gerechtigkeit zu genügen. Diese Stimmung hat nun aufgehört. Nach dem

Abendmahl wurde mir im Innern gesagt: „Meine Tochter, Ich vergebe dir deine Sünden. Sei Mir in Zukunft treu! Ich will, dass du mehr an Mich denkest!"

Diese Worte flößten mir augenblicklich Furcht ein, weil ich fürchtete, es könnte sich um einen Streich des bösen Geistes handeln. Trotzdem verschafften sie mir in meinem Inneren einen Gewinn. Denn von da an fand ich mich sehr losgelöst von den selbstsüchtigen Gedanken. Ich fand mich mit Gott vereint in einem glühenden Verlangen, Ihm immer zu gefallen und war voll von großem Mut, der alle Hindernisse überschreiten konnte. Mir wurde die Erleuchtung zuteil, dass ich die kleinsten Regungen meiner Seele erkannte, ebenso wie das, was ich tun musste, um meine Handlungen angenehmer vor Gott zu machen. Kurz darauf wurde ich von den Dämonen heftig angegriffen. Sie setzten mir zu mit Gespenstern, Schrecken und beleidigenden Worten. Sie erfüllten meine Fantasie mit schrecklichen Vorstellungen und bewirkten, dass ich fast gestorben wäre. Außerdem schlugen sie mich viel. Gebt mir Euren Rat, ob ich irgendeine außerordentliche Bußübung unternehmen soll!"

In ihrem Brief vom 24. Mai 1646 schreibt sie ihm, ihre Schmerzen dauern an, sie befände sich in großer Verwirrung vor Gott und könne zu Ihm nichts sprechen, als: „Herr, ich will bis zum Tage des Jüngsten Gerichts leiden, wenn das Dein Wille ist. Wenn Du aber nicht erzürnt bist, bin ich zufrieden. Alle Furien der Hölle und alle Bosheiten meiner verderbten Natur werden mich niemals von diesem Willen entfernen, weil ich zu Deiner Gnade Vertrauen habe. In der Tat fühle ich das Verlangen in meinem Herzen!

Am Himmelfahrtstag erschien mir mein guter Engel. Er befreite mich von der großen Unruhe, in der ich mich wegen dieser Versuchung befand. Er sprach dann: „Dein Grundsatz sei: besser ist es, eine Versuchung in Demut zu erdulden, als sich dagegen in Unruhe zu verteidigen. Wisse, wenn die Versuchung in Treue ertragen wird, ist Gott angenehmer als der Eifer, den die Natur zu ihrer Vermeidung aufwendet!"

Seit dieser Zeit bin ich etwas ruhiger. Meine innere Stimmung kann ich mit der Zügellosigkeit, die in meinen Sinnen vorgeht, nicht in Einklang bringen. Denn zur selben Zeit, wo ich mit der Gegenwart Gottes beschäftigt bin und Er mich die Wirkungen Seiner göttlichen Liebe empfinden lässt, ereignen sich selbst beim Abendmahl so seltsame Veränderungen in meinen Sinnen und meiner Einbildung, dass ich in Furcht bin."

Am Pfingsttag sprach mein guter Engel zu mir: „Du musst dich fleißig der Betrachtung hingeben und von den Früchten des Heiligen Geistes in deiner Seele kosten, damit du dich zu ihrem Empfang vorbereitest. Unserem Herrn ist die allzu große Zärtlichkeit, die du anzeigst, nicht angenehm. Lerne es, die Schwierigkeiten zu verschlingen! Du wirst noch viele davon ertragen müssen!" Ich gab ihm folgende Antwort: „Ihr wisst wohl, dass ich auf mich gestellt nichts kann! Doch überlasse ich mich allem, was Seine göttliche Güte wünscht!" Er erwiderte lächelnd: „Denk an dein Wort!"

In dem Brief vom 1. Juni 1646 beschreibt sie ihre seelische Stimmung und wie sie nach Leid begierig sei, um Ihren Heiland nachahmen zu dürfen. Sie fügt hinzu:

„Wenn mir der Gedanke ans Sterben durch den Kopf geht, so sage ich zu mir selber: „Wir haben eine Ewigkeit fürs Genießen und nur eine kurze Spanne Zeit für das Leid. In dieser kurzen Zeit müssen wir uns Jesus Christus ähnlich machen. Was mir Kummer bereitet bei der Versuchung, ist nur die Furcht, ich könnte Gott beleidigen und Ihm untreu werden!"

Sie schreibt dann weiter: „Ich fange schon an zu merken, wie mir mein guter Engel kurz nach der Wahl sagte, dass ich bei der Ausübung meines Amtes nicht sonderlich zufrieden sein würde. Denn jeden Augenblick wird mir in meinen Absichten zur guten Leitung unseres Hauses hineingeredet, selbst von Personen, die für sehr geistlich gelten. Darum halte ich die Schwestern, soweit ich kann, fern von Gesprächen mit weltlichen Personen oder diesen Geistlichen, die sie nicht anleiten können.

Man hat sich hierüber vielfach beschwert. Zu diesem Vorgehen hat mich die Beobachtung veranlasst, dass man unter dem Vorwand geistlicher Unterhaltungen sehr viel Zeit in den Sprechzimmern verbrachte. Das unterbrach unsere Übungen und verursachte einen großen Mangel an geistiger Konzentration, so dass die Schwestern nicht in der Lage waren, wie es sich gehört, das Gebet zu verrichten. Außerdem erregte das in einigen die Begierde, sich zu zeigen und bekannt zu machen. Obgleich die Mehrzahl der Schwestern mit der von mir eingeführten Ordnung ganz zufrieden ist, so entstand doch gewisses Gerede darüber, besonders bei den Menschen außerhalb des Klosters.

Unter anderem habe ich angeordnet, wenn zur Beachtung einer der Ordensregel geläutet wird, sollten sich die Schwestern aus denn Sprechzimmer entfernen, wenn es sich nicht um eine wichtige und unaufschiebbare Angelegenheit handele.

Was die Weltlichen anlangt, so lasse ich ihnen meistens sagen, wir seien beschäftigt, da ich sehe, dass sie uns doch nur zum Zeitvertreib besuchen. Das erzeugt Unzufriedenheit. Deshalb sagt man, ich sei zu streng."

Sie spricht ferner in diesem Brief von einer Freundin von ihr, die unter einem sehr großer Schmerz und heftiger Versuchung leide. Folgendermaßen lässt sie sich darüber aus: „Diese Person war immer sehr andächtig der heiligen und anbetungswürdigen Menschlichkeit Unseres Herrn Jesu Christi ergeben. Im Gebet ist sie oft in die vollkommene heiligen Seele Unsers Herrn versenkt. Sie betrachtet seine Vollkommenheit und Schönheit und beschäftigt sich mit der Freude, die die Glückseligen über ihren Besitz empfinden. Seit einiger Zeit nun, wenn sie sich mit solchen Gedanken befassen will, erfährt sie Angriffe wider die Keuschheit. Ihre Einbildung schweift in ärgerlicher Zügellosigkeit umher und gaukelt ihr unanständige Sachen vor. Es entsteht in ihr ein wenig keusches Verlangen und sie fühlt sich dazu gezwungen, der heiligen Menschlichkeit beleidigende Worte zu sagen. Dieses Verhalten ruft einen großen Kummer bei ihr hervor. Alles, was in ihrer Macht steht, hat sie getan, um das Übel zu heilen. Sie hat heftige Geißelungen unternommen und hat sich auf Dornen und glühenden Kohlen gewälzt, ohne dass sie Erleichterung erhielt.

Am Fest des heiligen Sakraments wurde ihr gesagt:

‚Lass ab von der Gewaltsamkeit, die du dir antust! Sie ist nicht vom Gehorsam begleitet! Befleißige dich lieber der Anschauung Gottes, der nicht zu bekämpfen ist! Seine Gnade muss dir genügen! Man soll leiden in Verachtung und kämpfen auf der Flucht!'"

Sie fragte nun den Sprecher, ob sie etwas in sich habe, das diese Unordnung verursache und ob sie etwas dagegen tun könne. Selbst zu einer Kasteiung Gottes wäre sie bereit. Sie erhielt die Antwort: „Gib acht, dass diese Bitte dir nicht eine scheinbare Ruhe verschafft und sorge dafür, dass du nicht zu wenig Demut hast! Als Antwort sage ich dir, du hast durch keine Handlung Anlass gegeben. Gottes Wille lautet, dass du erprobt und versucht sein sollst in allem, wo du schwach und empfindlich bist. Er will von dir große Treue und Misstrauen gegen dich selbst. Wie hoch Er dich auch erhebt, so musst du lernen, dass du stürzen und zu Seiner Widersacherin werden kannst!" Er sagte noch weiter: „Du sollst noch andere Proben überstehen! Deshalb beklage dich nicht!"

Sie fragte nun, ob Gott verklärt werden könne in der Unordnung, in der sie sich befindet, weil es ihr vorkomme, als ob sie im Gebet nicht so wacker sei. Man antwortete ihr: „Gott wird nicht in Unordnung verklärt! Er wird es aber, wenn du dich der Tugenden befleißigst, deren du fähig bist. Er wird verklärt werden, wenn du aus der Versuchung Nutzen ziehst und vertrauensvoll zu ihm flüchtest!"

Sie fragte ihn nun, ob sie vom Abendmahl wegbleiben solle, besonders wenn sie während der Nacht von bösen Vorstellungen belästigt worden war, die ihre Einbildung verwirrt und ihre natürlichen Gefühle erregt hätten, obgleich sie alles Mögliche zur Verhütung der Ausschweifung getan hätte. Ihr wurde darauf die Antwort erteilt: „Ändere nichts an der Leitung deiner selbst! Höre nicht auf, zum Tisch des Herrn zu gehen! Erläutere hingegen demütig deinem Beichtvater diese Stimmung und folge seinem Rat. Denn er ist von Gott für dich erleuchtet!"

Sie antwortete: „Oft kann ich ihm nicht mitteilen, was mir passiert. Das ist eins von den Dingen, die mir Schmerz verursachen!" Man erwiderte ihr darauf: „Die Qual kommt aus deiner natürlichen Unruhe!" Nach diesen Worten schied der Sprecher von ihr.

Der Exorzismus in Loudun (Zeichnung, 19. Jh.)

Diese Person hatte große Sehnsucht, sich mit dem Herrn in der Kommunion zu vereinigen. Es scheint ihr, als sei dies ihr Leben. Abends schon sehnt sie den Morgen herbei und den Empfang des Abendmahls. In der Nacht denkt sie oftmals daran und beschwört den Herrn bei der heiligen Kommunion.

Unterdessen erscheinen ihr die oben erwähnten schrecklichen Dinge und machen sich sehr stark bemerkbar, was sie in große Unruhe versetzt. Sie fühlt sich stark zu Gott hingezogen auf dem Wege der Liebe. Die Dämonen setzen fast allnächtlich ihren Angriff fort. Sie schlagen sie roh, werfen sie unter ihr Bett auf die Erde und zerren sie durch das Zimmer.

Seit drei Wochen schläft sie immer angekleidet, weil man ihr nachts Schamlosigkeiten antun wollte. Wenn sie sich nachts geißelt, so machen die Dämonen Licht im Zimmer und erscheinen ihr in sehr unanständigen Stellungen und Bewegungen. Sie wendet sich ab, so gut sie kann, und fährt mit der Geißelung fort.

Zuweilen dringt sie auf sie ein und sagt ihnen verächtliche Worte, worüber sie in große Wut geraten. Aber hernach rächen sie sich durch Gotteslästerungen und Beleidigungen. Gott gibt ihr mehr Mut, als sie von Natur aus besitzt.

Zuweilen spricht sie zu ihnen: „Versteht ihr euch nur auf so etwas? Ich fürchte euch nicht!" Manchmal bleiben sie zwei Stunden bei ihr, um sie zu beunruhigen, besonders während ihres Gebets in der Nacht. Doch beunruhigt sie das nicht, lenkt sie auch nicht ab, sondern dient ihr vielmehr dazu, sich aufmerksamer Gott zuzuwenden. Was ich für sie fürchte, ist nur, dass ihr manchmal selbstgefällige Gedanken wegen der überstandenen Kämpfe kommen. Ich empfehle sie Eurer Sorgfalt! ich empfinde Befriedigung aus dieser Verbindung, die Gott zwischen mir und der teuren Schwester hat entstehen lassen.

Am Gründonnerstag erschien mir mein Engel, der die Zeichen erneuerte und die Empfehlungen anhörte, die ich wegen Euch an ihn richtete. Worauf er zu mir sagte: „Ich werde nicht aufhören, mit Genugtuung deinen Beichtvater Gott vorzustellen und ihn selber oft zu besuchen! Folge nur in ruhiger Gewissheit seiner Leitung und halte dich daran gebunden!"

Er sprach weiter: „Hör niemals auf, dich mit Gott im

Grunde deines Herzens wie bisher zu beschäftigen! Halte deinen Geist von allem fern, was in deinen Sinnen vorgeht! Die Absicht deiner Feinde besteht darin, dass du damit Zeit verlierst!" Seit dieser Zeit war mein Geist weniger beunruhigt, mehr dem Schmerz unterworfen und aufmerksamer Gott gegenüber."

Im Brief vom 27. Juli 1646 berichtet sie ihrem Beichtvater über ihre Stimmungen ungefähr mit folgenden Worten: „Der Herr mehrt mir die Sehnsucht nach Seiner reinen und vollkommenen Liebe. Es bereitet mir Schmerz, dass ich keine Gelegenheit finde, Ihm zeigen zu können, wie ich Ihn liebe. Meine Seele tut nichts anderes, als nach Gott zu seufzen. Nach dem Abendmahl erfasst mich so starke innere Glut, dass ich mich kaum zurückhalten kann.

Ich beklage das Elend derer, die nicht die Güte Gottes kennen und Seine Süßigkeit nicht kosten. In meinem Innern bilden sich Worte gleich Feuerbränden, die die göttliche Liebe entflammen und mich in großer Sehnsucht nach Gott erhalten. Ich stöhne ohne Unterbrechung, dass ich Ihn entbehren muss. Folgende Worte bilden sich in mir: „Ich bin in deinem Herzen, Ich gefalle Mir darin, Ich werde für dich sorgen, Ich werde an dich denken, Ich liebe deine Sehnsucht, überlass Mir die Sorge für alles, was dich betrifft, damit es Mir zum Ruhm gereicht!" Mein Geist hat Visionen von dem vollkommenen Gott und von Unserem Herrn Jesus Christus. Doch das huscht nur so vorüber. Alles, was mir davon zurückbleibt, ist der Gedanke, was das Wesen Gottes ausmacht und welche Reinheit eine Seele besitzen muss, die von Gott ihren Ausgang nahm und nun zu ihrem ersten Ursprung zurückkehren will.

Seit einiger Zeit spüre ich viel Bitterkeit in der Unterhaltung mit Personen der Außenwelt, von welchem Stand auch immer sie sind. Was mich hemmt, ist der Zwang meines Amtes und der Gedanke an den Willen Gottes, der mich fesselt."

Unterm 5. September 1646 schreibt sie ihm Folgendes: „Je mehr ich voranschreite, um so mehr wächst mein Verlangen, ganz Gott zu sein. Neulich wurde mir innerlich nach dem Abendmahl gesagt: „Halt dich nicht so sehr damit auf, Mich zu begehren. Du besitzt Mich! Genieße Mich! Du wirst Mich bewahren durch meine Loslösung von allen Dingen!"

Diese Worte erweckten in mir die große Idee von einer Seele, die sich von allem entblößt hat. Mir kommt es vor, als fühle ich in mir eine treue Sehnsucht, nichts zu wollen als nur Gott. Er hält mein Herz an Seine göttliche Gegenwart gefesselt, die mir seit einiger Zeit einen sehr ernsthaften und von den Sinnen abgewandten Geist einbringt.

Unser Herr gewährt mir eine gewisse Erleuchtung über die Unendlichkeit Gottes, in der ich mir wie ein kleines Atom vorkomme, und aller Kreatur erscheint mir wie ein Nichts. Wann wird es sein, dass ich völlig Gott genießen darf? Oh, wie mühselig ist noch der Rest!

Meine unsichtbaren Widersacher quälen mich noch oft genug, indem sie mich gewalttätig schlagen. Um mich abzulenken, stellen sie lächerliche Dinge während meines nächtlichen Gebets auf. Ich finde nicht, dass das irgendeinen Eindruck auf mich macht. Bei der Barmherzigkeit

Gottes, alles, was sie anstellen, dient nur dazu, dass ich mich vorsehe. Zuweilen nehmen sie die Gestalt meines guten Engels an. Sie sprechen von geistlichen Dingen; doch ist da immer etwas, woran ich sie erkenne.

Mein guter Engel besucht mich ziemlich häufig. Zuweilen erscheint er mir, ohne dass er die Zeichen erneuert. Bei seiner letzten Unterhaltung bewog er mich, alle Dinge zu vergessen, die außerhalb Gottes liegen. Er sprach: „Gib dich nur wenig mit meiner Gegenwart ab! Ich bin bloß der Vasall des Meisters, dem du dienst!" Er sagte dann noch weiter: „Die meisten geistlichen Personen begehen in diesem Punkt einen Fehler. Du musst mehr Wert auf eine gut vor Gott im Gebet verbrachte Stunde legen als auf die Unterhaltung mit mir! Du begehst oft genug einen Fehler, auf den ich dich schon früher aufmerksam gemacht habe. Denn du gibst leicht deine Beschäftigung mit Gott auf, um auf mich zurückzukommen! Sei davor in Zukunft auf der Hut und denk daran, dass Gott über allen Dingen der Sinne steht! Eine Seele, die einzig an Ihm hängt, bewahrt sich leicht vor den Ränken der Dämonen!"

Ich fragte ihn, was ich tun müsste, um diese Ränke zu vermeiden, da er mir doch meistens durch sein Erscheinen und seine Unterhaltung die Zeit zum Gebet wegnehmen würde. Daher sei es für mich schwierig, nicht wieder in den alten Fehler zu verfallen. Er gab zur Antwort: „Du darfst nicht besonders auf mich zurückkommen, um mir Ehre zu erweisen! Vielmehr musst du mich innerhalb Gottes, von dem ich abhängig bin, anschauen! Von Ihm musst du empfangen, was ich dir sage, und Ihm Dankgebete darbringen! Du kannst eine andere Zeit erwählen, um mir

Fragen vorzulegen! Meine sichtbare Gegenwart hast du nicht nötig, um mir Fragen vorzulegen!" Hierauf verschwand er. Ein andermal empfand ich Schmerz wegen etwas, das mich ärgerte. Da gab mir mein guter Engel folgenden Rat: „Du darfst dich nicht zu einer solchen Selbstliebe hinreißen lassen! Wenn du auf Dinge zurückkommst, die dich stören, dann rührt dies von einem inneren Prinzip der Eitelkeit her. Eine demütige Seele verteidigt sich nicht selber im Inneren! Hüte dich vor solchen Gedankengängen, weil sie deine Seele verzärteln, obwohl sie ihre Einwilligung nicht dazu hergibt!"

Ein andermal wieder hielt er mir vor, dass ich mich zu einer geistigen Unruhe gegenüber den von Gott erschaffenen Wesen habe hinreißen lassen. Er zeigte mir, wie leicht zugänglich meine Natur hierbei sei und wie bequem ich mich verwirren lasse, wenn dies passiere. Ich müsste dies verhindern. Dann sagte er: „Du erwartest nicht genügend Schutz von Gott, sondern verlässt dich vielmehr zu sehr auf deine natürliche Klugheit und willst die Erleuchtung aus deinem eigenen Geist herausholen. Bei diesen Vorkommnissen musst du vor allen Auskunftsmitteln, die sich mit Unruhe darbieten, die Augen schließen, zu Gott deine Zuflucht nehmen, deinen Geist auf Ihn richten und nur von Ihm Erleuchtung erhoffen!"

Am 6. November 1660 fühlt ich zwischen drei und vier Uhr morgens ein heftiges Verlangen, Gott zu bitten, er möge doch mit meiner guten Schwester Gabriele Erbarmen haben. Wenn sie noch nicht den Ruhm genießt, bei Gott zu sein, so möge Er ihr dies in Seiner Güte gewähren bei den Verdiensten Jesu Christi, Seines Sohnes und der

Vermittlung der Heiligen Jungfrau. Diese Bitte hatte ihre Ursache darin dass ich die ganze Nacht über nur an diese gute Schwester dachte. Das passiert mir oft, seit sie verstorben ist. Obgleich ich nicht glauben wollte, dass sie Gottes Gegenwart schon genießt, bekam ich sehr heftiges Herzklopfen, sobald ich an sie dachte. Kurz, ich fühlte das Verlangen, Gott zu bitten, er möge mich den Zustand dieser guten Schwester erkennen lassen, wenn dies zu Seinem Ruhm dient und meinem geistlichen Heil und ebenso dem Heil von mehreren anderen Personen förderlich ist. Bald darauf erschien mir diese Schwester in sehr sanfter Art und Weise und mit einem Gesicht, das mehr demütig als leidend aussah, obgleich ich sehr wohl bemerkte, dass sie stark litt.

Zuerst, als ich sie dicht vor mir sah, bekam ich einen großen Schreck, was natürlich ist. Aber da sie nichts Furchtbares an sich hatte, beruhigte ich mich bald wieder. Ich schlug das Zeichen des Kreuzes über mich und betete zum Herrn, Er möge nicht zulassen, dass ich bei dieser Begegnung getäuscht werde. Ich empfahl mich meinem heiligen Schutzengel und bat dann die Schwester, sie möge mir sagen, in welchem Zustand sie sich befinde und ob wir ihr irgendeinen Dienst erweisen könnten. Sie antwortete Folgendes: „Ich genüge der göttlichen Gerechtigkeit im Fegefeuer!"

Ich bat sie, mir zu sagen, was sie denn an diesem Orte festhielte, falls Gott dem zustimme und dies zu unserer Belehrung diene. Sie stieß einen tiefen Seufzer aus und sagte dann: „Ursache sind zahlreiche Nachlässigkeiten gegen den üblichen Gehorsam der Religion, die Leichtigkeit, mit der ich unvollkommenen Gefühlen der Schwestern nachgab, aber mehr noch meine Gewohnheit, kleine Besonderheiten an mir zu bewahren, indem ich nach meinem Bedürfnis oder meiner natürlichen Neigung verfuhr!"

Ich erwiderte ihr: „Aber du hattest doch die Erlaubnis!" Sie erwiderte darauf: „Jawohl, meistenteils, oder vielmehr setzte ich die Einwilligung meiner Oberen voraus! Doch das hat kein Gewicht vor Gott! Das Gelübde der Armut und der Zwang zur religiösen Vollkommenheit verlangen eine ganz andere Genauigkeit! Gott sieht die Dinge mit anderen Augen an, als wir sie sehen! Wenn die Seelen in ihrem sterblichen Dasein das Unrecht wüssten, das sie Gott und sich selber damit antun, indem sie sich nicht ernsthaft der Vollkommenheit befleißigen, und wenn sie wüssten, wie sehr man leiden muss, um diese Schwächen und diese feige Selbstgenügsamkeit zu sühnen, so würden sie sich in diesem Leben mit größerer Treue überwinden und mit stärkerer Festigkeit den Erleuchtungen der Gnade folgen!"

Ich bat sie nun, mir doch zu sagen, wie unsere Gemeinschaft und ich dem Übel gegensteuern könnten. Sie antwortete: „Im Allgemeinen gibt es sehr viele Vergehen bei der geistigen Unterwerfung, der inneren Sammlung, beim Ertragen des Nächsten und dem Gehorsam. Hierbei habe ich selbst viele Fehler zu Lebzeiten begangen. Du, meine Mutter, musst dich hüten, dass du den Sinnen nicht so leicht und blindlings in Kleinigkeiten nachgibst! Du musst daran arbeiten, all die Sonderwünsche in der Gemeinschaft schon im Keim zu ersticken und den Geist der Einfalt und Gefügigkeit zu verbreiten! Ich empfehle dir diejenigen, die mir nahestehen und die oft von Gottes Wegen abweichen!"

Ich fragte sie nun, ob wir ihr irgendeinen Dienst erweisen könnten. Sie antwortete: „Ich begehre glühend, Gott zu schauen und zu besitzen. Doch bin ich schon zufrieden, Seiner göttlichen Gerechtigkeit so lange zu genügen, wie es Ihm gefallen wird!" Ich fragte sie, ob ihre Schmerzen groß seien. Sie antwortete: „Sie sind unfassbar für den, der sie nicht fühlt!" Ich bat sie, uns bei Gott als Vermittler zu dienen, bestellte ihr einen Gruß von einer gewissen Person und empfahl ihrer Barmherzigkeit die Sorge um sie. Sie antwortete: Eine Seele strebt nach Gott! Sag ihr, sie soll für mich beten, und auch du bete um meine Erlösung!" Als die gute Schwester das letzte Wort gesprochen hatte, näherte sie sich mir mit dem Gesicht, gleichsam als ob sie Abschied nehmen wollte. Mir kam es vor, als hätte mich eine glühende Kohle verbrannt, obwohl sie mich nicht berührte. Mein Arm hatte ein wenig ihre Hand gestreift und fand sich hernach verbrannt und sehr schmerzempfindlich. Gleichzeitig verschwand die Schwester.

Am selben Tag sah ich meinen heiligen Engel wieder. Ich fragte ihn, ob die Erscheinung, die ich am Morgen gehabt hatte, wirklich gewesen wäre. Er antwortete: „Aus der großen Fülle Seiner Gnade tut euch allen Gott dies an, damit ihr erkennet, um wie viel größer die Fehler sind, als ihr selbst glaubt. Diese Seele war gutwillig und ihre Läuterung wird bald zu Ende sein. Zieht Nutzen aus diesem Ereignis!"

Am Tage des heiligen Andreas (30. November) erschien mir die teure Seele wiederum nachts. Sie gab mir zu verstehen, dass sie einen großen Teil des Fegefeuers unter uns zubringe. Sie hoffe, am Tage der unbefleckten Empfängnis Mariens zu Gott zu kommen. Ihr Fegefeuer hätte lange gedauert ohne den Beistand der barmherzigen Mutter Maria und den des glorreichen Heiligen Joseph. Außerdem sagte sie zu mir, die Mehrzahl der frommen Seelen hätten im jenseitigen Leben der Gerechtigkeit Gottes Genugtuung zu leisten, weil sie die gewöhnlichen Handlungen der Religion nicht ausgeübt hätten und ein großer Teil der Handlungen im Leben in lässige Gewohnheit umschlägt. Aber dies findet vor Gott keine Entschuldigung.

Weiter sagte sie zu mir: „Man vernachlässigt es oft, in die wahre Erleuchtung der Gnade einzudringen, um nur der Natur keinen Zwang aufzuerlegen. Jeder Seele im Besonderen fehlt es nicht an Erleuchtung, um den Zug Gottes in sich zu erkennen. Aber der Zwang der Natur und der des eigenen Geistes widerstrebt dem. Daher finden sich so wenig Seelen, die den Absichten Gottes völlig entsprechen. Dies ist eine der wichtigsten Quellen des Fegefeuers der frommen Seelen!

Ich fragte nun, was denn die Seele im Fegefeuer erleide. Sie antwortete mir: „Sie verspürt in sich ein glühendes Verlangen gleich einem verzehrenden Feuer, das sie zur Vereinigung mit ihrem Gott drängt. Aber sie ist gefesselt und zurückgehalten von tausend Fäden und kleinen Stricken, die sie hemmen und die die Tätigkeit des kochend heißen Feuers allmählich und sehr langsam aufzehrt. Ihr Verständnis ist durch die Mittel erhellt, die sie besaß, da sie auf dem Weg ist, die Fäden zu brechen. Die Vorwürfe ihres Herzens lehren sie zu erkennen, dass sie feige den geraden Weg verlassen hat, um den der Natur und der Sinne einzuschlagen, den sie doch selber verdammt. Sie sieht die Leitung Gottes, die Absichten, die Seine Majestät mit ihr vorhatte, und wie wenig sie dazu beigetragen hat. Dies alles verursacht bei ihr eine große Qual, weil sie durch die Güte Gottes ihr Wesen erkennt. Deshalb wird dies dazu angetrieben, Seine Leitung zu rechtfertigen!

Am 8. Dezember 1660 zwischen fünf und sechs Uhr abends erschien mir die gute Schwester wieder in leuchtender Klarheit. Sie näherte sich mir und sprach: „Die Güte Gottes erlaubt mir, dir zu sagen, dass ich Seine Gegenwart genießen werde. Lebe wohl, teure Schwester, arbeite für die Ewigkeit, nach der du strebst, und gib den Menschen die Versicherung: „Was nicht für Gott getan, gesagt oder gelitten wird, dient in der anderen Welt nur zu Schmerzen und Qualen. Es gibt viele Seelen, die das Werk der Frömmigkeit missbrauchen!"

Ich bat sie, uns als Mittler vor Gott zu dienen. Sie versicherte, sie würde es tun und für uns beten. Ich empfahl ihr bestimmte Personen, die mich darum gebeten hätten. Sie nahm meine Worte gütig und sanft auf, ohne noch etwas Weiteres zu reden. Sie näherte sich dann dem Gitterfenster, das nach dem heiligen Sakrament hinausgeht, erwies dem heiligen Sakrament und der Ölung des heiligen Joseph mit einer tiefen Kniebeugung ihre Ehrerbietung. Dann fasste sie mein heiliger Engel, der bei ihr war, bei der Hand und beide entschwebten zur Höhe. Alles zerfloss mir vor den Augen. Ich empfand höchste Freude über den glorreichen Zustand unserer lieben Schwester. Ein sehr süßer und angenehmer Geruch blieb im Zimmer und an meiner Hand, auf der die Zeichen seit dem Hinscheiden dieser Seele nicht erneuert worden waren.

Am Pfingstheiligabend erschien mir mein heiliger Engel in Begleitung meiner lieben Schwester vom Kalvarienberg, die von großer Glorie erstrahlte. Sie sprach: „Der Herr hat mir erlaubt, meine Sehnsucht und das dir gegebene Versprechen zu erfüllen, dich nach meinem Tode zu besuchen!" Ich dankte ihr für diese Gnade. Sie sagte darauf: „Ich danke dir, meine teure und viel geliebte Mutter, für die Mühe, die du dir mit mir gegeben hast. Du hast sehr viel zu dem Ruhm beigetragen, den ich nun besitze. Ich bitte dich, für meine Schwester zu sorgen und ihr zu sagen, wenn sie das Glück und den Ruhm kennen würde, den Gott einer sich Ihm ganz hingebenden Seele gewährt, so würde sie keinen Augenblick leben können, ohne sich selbst Gott zum Geschenk zu machen. Sie soll sich vorsehen, dass sie Seiner Majestät nicht untreu werde, damit sie die Gnade der Berufung erlange!"

Ich fragte sie, ob ich die Schwester benachrichtigen lassen sollte, damit sie sie gleichfalls sähe. Sie erwiderte, Gottes Befehl ginge nicht dahin. Ich fragte weiter, welche Tugenden am meisten zu ihrem jetzigen Ruhm beigetragen hätten. Sie antwortete, es seien die Reinheit und Unschuld des Lebens zusammen mit der vollständigen Hingabe ihrer Selbst an Gott. Ich bat sie, mir zu erzählen, wie es der Schwester Anna vom heiligen Augustinus ginge. Sie erwiderte, sie habe hierzu keinen Befehl von Gott.

Mein heiliger Engel ergriff nun das Wort. Er sagte, die Schwester hätte der Gerechtigkeit Gottes noch nicht völlig genügt und sie bedürfe noch unserer Gebete. Danach verschwand alles. Ich vergaß noch zu sagen, dass sie mir die feste Versicherung gab, sie werde mir im Himmel als Mittler dienen und Gott sehr für mich bitten.

Am Tage des heiligen Sakraments fragte ich meinen heiligen Engel, was das Geräusch bedeute, das ich in dem einen Zimmer hörte, und die Vision, die meine Schwester Laubardemont gehabt hatte. Er antwortete: „Mach dir keine Sorgen darum! Das wird weiter keine Folgen haben. Es handelt sich nur um eine Buße, die diese Nonne an jenem Ort zu Ende geführt hat. Fahre nur fort, wegen ihr zu Gott zu beten!" Ich fragte noch, warum ihr die Erscheinung denn gekommen sei und ob sie ihr etwas zu sagen gehabt hätte. Er entgegnete: „Wenn sie gefragt hätte, so hätte sie eine Antwort bekommen und wäre ermahnt worden, sich ohne vielen Rückhalt Gott hinzugeben. Denn sie vernachlässigt die Gnaden und die Regungen Gottes zu sehr, so dass Er ihr keine innere Ruhe lässt, bis sie Seinen Willen ausgeführt hat, der ihr hinreichend bekannt ist.

Ich fragte dann, ob die Schwester vom heiligen Augustinus noch im Fegefeuer bleiben müsste. Er gab zur Antwort: „Es ist nicht notwendig, dass du dies erfährst!" Ich fragte weiter, in welchem Zustand sich meine kürzlich verschiedene Schwester befände. Er erwiderte: „Steh ihr mit Gebet bei, soviel du kannst. Sie schuldet der göttlichen Gerechtigkeit sehr viel. Die Mehrzahl der Seelen, die auf Vollkommenheit Wert legen, vergnügen sich mit unnützen Dingen und arbeiten nicht daran, sich zu reinigen von den vielen Unvollkommenheiten, unter denen sie doch schon in diesem zeitlichen Leben aufräumen könnten. Dadurch müssen sie lange Zeit auf den Anblick Gottes verzichten. Denn alles muss geläutert sein, bevor man Seiner genießen darf; nutze also deine Zeit wohl!"

Montag, den 8. Mai (1661), erneuerte mein heiliger Engel die Zeichen, die ich trage. Ich bat um Nachricht über meine Schwester vom Kalvarienberg, Er antwortete mir: „Sie ist im Besitz einer glorreichen Ewigkeit, wurde am Samstag um sechs Uhr früh von den Qualen des Fegefeuers erlöst und wird das dir gegebene Versprechen erfüllen!"

BIBLIOGRAFIE

Soeur Jeanne des Anges:
Autobiografie d'une hysteriques possidee
Herausg. Gabriel Legue u. Gilles de la Tourette; Paris 1886
Dtsch. Übers: Memoiren einer Besessenen; Stuttgart 1910
Nachdruck Cannstatt 1961; Stuttgart 1965 u. Nördlingen
1998
Die dtsch. Übers. von 1910 ist unvollständig bzw. die
Nachdrucke dieser Übers.
Es fehlen 84 Stellen des franz. Originals von 1887

Aubin, Nicolas: L'Histoire des diables de Loudun;
Amsterdam 1693
Dtsch. Übers. Die Geschichte der Teufelin von Loudun;
Birkenau 1974

Balducci, C.: Priester, Magier, Psychopathen Grenze zwischen Teufel und Wahn;
Aschaffenburg 1976

Bechtel, G.: Sorcellerie et Possession; Paris 1972

Bertrand, T.: Les possidees de Loudun et Urbain Grandier;
Paris 1908

Bleau, Alphonse: Precis historie su la ville et possidees de Loudun; Poitiers 1877

Bouguignon, E.: Posession; San Francisco 1976

Bründl, J.: Masken des Bösen; Würzburg 2002

Charcot, Jean Martin, u. Richer, Paul: Les demoniaques dans l'art; Paris 1887
Dtsch. Übers. Die Besessenen in der Kunst;
Göttingen 1988

Claret, B.: Geheimnis des Bösen. Zur Diskussion um den Teufel; Innsbruck 2000

Dam van, W. C.: Dämonen und Besessene; Aschaffenburg 1970

De Exorcismis et Supplicationibus Quibusdam.
Rituale Romanum; Rom 1999.
Enthält die neuen Vorschriften für die Duchführung des Exorzismus.

Ernst, C.: Teufelsaustreibungen. Die Praxis der katholischen Kirche im 16. und 17. Jh.; Bern 1972

Figuier, Guillaume: Histoire du marvelleux dans les temps moderns; 4 Bde.; Paris 1860
Bd. 1 behandelt die Vorgänge in Loudun

French Romantism; Baltimor 1990
Behandelt die Ereignisse in Loudun

Gayral, L. u. J: Le delires de posession diabolique;
Paris 1944

Huber, G.: Weiche Satan! Der Teufel heute; Stein am Rhein
1997

Huxley, Aldous: The Devils of Loudun
Dtsch. Übers. Die Teufeln von Loudun, München 1955

Kaspar, W., u. Lehmann, K.: Teufel, Dämonen, Besessenheit;
Mainz 1978

Legue, Gabriel: Documents pour servir a histoire medicale
des possidees de Loudun; Paris 1976

Urbain Grandier et les possideeas de Loudun; Paris 1884

Leimgruber, U.: Kein Abschied vom Teufel; Münster 2004

Leriche, Abbe: Etudes sur les possessions sur celle de Loudun en particulier; Paris 1859

Lhermitte, J.: Vrais et faux possides; Paris 1956

Mac Casland, S.V.: By The Finger of God Demon Possession and Exorcism in Early Christianity in the Light of
Modern Mental Illness; New York 1950

Marc Roberts: Lexikon des Satanismus und Hexenwesens; Graz 2004

Monden, L: Theologie des Wunders; Freiburg 1961

Niau, Monsieur des: Le veritable histoire de Loudun Poitiers; o.J. Engl. Übers. The History of the Devils of Loudun; Edinburgh 1887

Nieman, Ullrich, u. Wagner, Marion: Exorzismus oder Therapie; Regensburg 2005

Niemann, Ullrich: Besessenheit – Teufelswerk und oder Psychose Orientierung 46 (1982)

Oesterreich , T. K.: Die Besessenheit; Langensalza 1921

Prince, R.: Trance and Posession State; Montreal 1968

Probst, M., u. Richter, M.: Exorzismus oder Liturgie zur Befreiung des Bösen; Münster 2002

Rapley, R.: A Case of Witchcraft The Case of Urbain Grandier; Montreal 1998

Ringger, Peter: Das Problem der Besessenheit; Zürich 1953

Rodewyk, A.: Die dämonische Besessenheit in der Sicht des Rituale Romanum; Zürich 1963

Dämonische Besessenheit heute; Aschaffenburg 1976

Sauze, Jean Charles: Essai medico-historique sur les possidees de Loudun; Paris 1839

Schott-Billmann, F.: Corps et possession; Paris 1977

Schudel-Benz, R.: Die Besessenen von Loudun; o. O. 1927

Starobonski, J.: Besessenheit und Exorzismus; Frankfurt am Main 1978

Taczak, T.: Dämonische Besessenheit; Münster 1903

de Tonquedec, I.: Le Maladies nerveuses ou mentales et le manifestations diaboliques; Paris 1931

Werner, Helmut: Die Hölle; Erfstadt 2005

Zilborg, G., u. Henry, G. W.: History of Medical Psychology; London 1941

Zutt, J.: Ergriffenheit und Besessenheit; München 1972